“十三五”国家重点出版物出版规划项目

丝路文库
SILK ROAD LIBRARY

丝路文库

历史概论

〔突尼斯〕伊本·赫勒敦 著
陈克礼 译

華文出版社
SINO-CULTURE PRESS

مقدمة ابن خلدون

目录

绪　论

第一章　史学综论

史学是一种艺术，各民族各世纪均有之，朝野爱好，军民争学，智愚皆需，雅俗共赏。历史综述世界状况，古人经验，思想学说，沿革变化，进化过程，兴亡原因。读史使人得事实教训、宇宙奥秘、万物原理，增广见闻，丰富学问，扩大眼界，知行有据。故史学为据理之基础，一切学术之总汇。

伊斯兰史学家编纂史书，综述往事，以往鉴今。无聊文人，专传人言，铺张演义，矫揉造作，不顾事实，以假混真，缺乏考证，无有选择，只凭测想，错误百出，贻误后人。人们目光如豆，因袭成习，鱼目混珠，是非莫辨，混淆视听，愚弄众生，斯害大矣。真理之权威不可抗拒，虚伪邪说定遭陨灭。传述者发挥之，批评者考订之，真相自明，学理必大白于世。

写史者比比皆是，然成名者寥寥无几。伊本·伊斯哈格、泰伯里、伊本·凯尔比、瓦基迪、赛义夫·本·欧麦尔·阿萨迪诸氏，毕竟出类拔萃，与众不同。及瓦基迪之书，虽非白玉无疵，但其言大部可信，经得起批评，为学者法，对社会文化，不无贡献和可取之处。

伊斯兰学者有写世界通史者，前自创世纪和人类志，后迄伊斯兰史及著者时代，如麦斯欧迪等人便是。有的专写国别史，如安达卢西亚史学家伊本·哈彦及伊非利基亚（突尼斯）史学家伊本·拉基格便是。后辈史学家创业者寡，承业者多，萧规曹随，亦步亦趋，无分析鉴别之力，无治史成学之才。故事传说，稗官野史，精粕杂陈。不能追本溯源，探精入微，还原其时代，说明其背景。不察因果关系，不明国情之异同，有说法而无证明，有资料而援引失当，现象罗列，事件堆砌，有躯壳而无生命。有些学者，如伊本·拉希格之辈，草率求成，专写史略，除帝王年表外，空洞无物，读之无益，不足论也。

余博览群书，触目惊心，恍然大悟，欲编撰史书，分门别类，条分缕析，揭示史实真相，阐释国家社会发展原委，并且推陈出新，深入浅出，风格新颖，方法出奇，尤重社会文化之演变及一切事物之哲理，超凡脱俗，避泥古因袭之弊，使智愚皆能得其益。书分一部绪论和三部历史：绪论讲史学之重要，流派及治史之错误原因；第一部讲社会文化；第二部讲世界诸国史及阿拉伯史；第三部讲柏柏尔人。命名为“史鉴”（义白尔）。凡过去之时代、国家、民族、朝代、宗教、社会、文明、学术、制度、变革，不分文野、巨细、内外等等，皆译述之，证明之。学问无穷，个人能力有限，望明达通人，不吝批评指正，则感激不尽矣！

第二章　史家评判

历史是一门高尚的学科，目的优越，裨益良多。历史使人回顾先民之伦理，圣贤之行传，帝王之政治，给从事政教者以法规和借鉴。治史需要博学多闻，阅历渊深，静观沉思。如是始能避免过失，获得真理。只凭传述，不懂习惯原理、政治规律、社会本质、文化状况，单纯以古比今、以今论昔，如此治史，必出偏差，失掉信实。经史学家常犯错误之原因，即其仅靠传闻，照录逸事，抄袭史迹，不分皂白，不加考证，不追本溯源，不事类比，不诉诸研究，不以哲理为准则，不穷通宇宙万物之真谛，失掉正轨，陷入幻想。尤其对财政、军队数目之统计，多为想当然之揣测，与事实出入甚大，不合情理，违背治史原则。麦斯欧迪等史学家记载，先知穆萨（摩西）在旷野所率领之以色列兵丁，共六十余万人，而忽略埃及、叙利亚等国当时是否能容纳这么庞大的军队，这么多的人，如何能两军对垒，排开阵势。以今证昔，知其不可能。过去与未来，互相类似，不过两滴水而已。众所周知，波斯国比以色列国强大得多，这从尼布甲尼撒二世征服以色列，毁其宗教中心巴勒斯坦，使其臣属于波斯，便可得到明证。波斯拥有伊拉克、叙利亚、呼罗珊、河外地区诸地，版图之大，远非以色列能比。但波斯之军队，尚未达到上述之数目。据赛义夫·本·欧麦尔·阿萨迪传述，在卡迪西亚一役，波斯军最多达到十二万人；阿伊莎和祖海里传述为二十万人。穆斯林军以赛尔德为首，向波斯军猛攻，罗斯图姆所率领之波斯军才六万人。假设以色列军队如此之多，则其领土必广。因为国土与国防力量成正比。约旦、巴勒斯坦、叙利亚、希贾兹，尽归其所有，亦无法容纳。又据《旧约》载，以色列为雅各（叶尔孤白）之号，由他而利未，而格希特，而阿姆兰，而摩西，之间不过四代。雅各携其子到埃及见约瑟时，共七十人，住在埃及，到其跟摩西出走旷野之时，不过二百二十年，期间，埃及法老王朝数易其帝，四代能繁殖这么多人数，太不近情理。有的说，以上数字，是在所罗门与以色列时代，这同样不合理。因为二者之间才有十一代，亦不能繁衍如此之速。二十多万人，容或有之，超乎此，即不合事实。以现在一做比较，即知其言之妄谬。据说所罗门国家最强之时，有军队一万两千人，近卫军一千四百骑士。不管传说如何，此说大致不错。现代人谈到当代或近代各国军队、穆斯林或基督徒军队、国家税收或者君主开支、富人耗费或财主积蓄，总爱夸大数字，超出习惯限度，故意耸人听闻，令人难以置信。俟一调查兵册和财政状况，则其实际数目尚不到所说之十分之一。究其原委皆在人心好奇，说话吹嘘，不管后果，不怕批评，不守中正，不调查研究，任意妄为，信口开河，胡说八道，造谣惑众，诱人迷误。此种歪曲事实者，必遭唾弃。

历史学家关于也门及阿拉伯半岛泰巴比阿王朝，亦有很多荒谬的传说。说其王曾远征非洲，其始王叫埃夫利格什，与摩西同时，征非洲时见到柏柏尔人野蛮操胡语，遂以此名呼之。从北非回国时，遇见希木叶尔族并居住下来，其中有辛哈哲族和库塔麦族。泰伯里、戈尔甘尼、麦斯欧迪、伊本·凯尔比、比里诸氏，均如此主张。麦斯欧迪又说，埃夫利格什以前之王叫祖依札尔，与所罗门同时代，曾远征北非，其子亚西尔，曾到北非之沙漠，因沙多无路而回。又说泰巴比阿末任君主叫艾斯阿德，与波斯帕提亚耶王朝耶斯塔细夫王同时，曾远征摩苏尔、阿塞拜疆，三败突厥人，派三子伐波斯、河间地和东罗马（拜占庭），长次二子至撒马尔罕，过荒漠到中国，虏获无数，回国后，留希木叶尔人居中国，至今不绝；三子伐君士坦丁堡，灭之，有罗马之地，后班师而归。这些传说，全是神话故事，尤其是齐东野人之谈。因为据地图看，阿拉伯半岛三面环水，南有印度洋，东有波斯湾，西有苏伊士河。泰巴比阿王居该岛，以也门萨那为京都。从也门赴北非，舍苏伊士，无路可通。这里与叙利亚之间，隔海相望。国王带领重兵，穿此异国之境，逻辑上不可能。此地为阿玛利格人属地，叙利亚为迦南人属地，埃及为科普特人属地。依据该地之史实，后来埃及虽为阿玛利格人所有，叙利亚虽为以色列所有，但均未闻泰巴比阿人与之作战。又从也门至北非，路途遥远，辎重粮草，运输困难，所过之处，尽行抢劫，人必抵抗，而侵略人地，彼此和平处之，不与之争，此亦不合情理。北非沙漠，四处之人经此者甚多，无人说其无路可走。说其征服东方，困难更大，抵抗力更大，同样不可能。历史只说泰巴比阿人曾在伊拉克边境、希拉及两河流域，与波斯人有过遭遇战，时在祖依札尔及艾布·克力白之间，但并未听说他们掌有波斯、罗马之说。伊本·伊斯哈格记叶斯里布时，虽谈及末任王东征伊拉克和波斯，但占领中国、吐蕃之说，实属无稽之谈。总之，读者莫轻信人言，应多用思考，以正确原则，对史实做合理之考核鉴定，庶几对而不谬也。

更离奇的是，一般经学大家对《古兰经》黎明篇伊赖姆城的解说。他们说阿德有二子，名夏迪德与闪达德。次子执政时，听说乐园之盛况，誓必仿建之，他共活九百岁，用三百年时间在亚丁沙漠中建起富丽堂皇的伊赖姆城，金墙玉柱，树木苍苍，河流潺潺。落成后，携国人前去参观，离一日路程，被天灾击毙。泰伯里、赛阿莱比、扎马赫夏里，均如此记载。并说圣门弟子伊本·格拉白，曾寻驼至是地，尽力带其所有。穆阿维叶闻之，问凯阿布·艾哈巴尔，答云果有其事。其实，普天之下，都找不着此城。人皆知亚丁在也门中部，但古今均未有人讲述此城。如说泯灭，倒还可以，但他们非说实有其地。有的说，此城即大马士革，因阿德人曾占领之；有的说，此城凡人看不见，唯术士知之。其实纯是穿凿附会。其错误原因，即把"伊赖姆"一词解作地名，其实是族名。差之毫厘，谬以千里，滑稽之至。皇王天经，亦任意曲解，真是可笑之至。

关于阿拔斯王朝巴拉密凯事件的原因，史家亦有失真的记载。说哈里发哈伦·拉希德的妹妹阿巴赛恋着臣仆贾法尔·本·叶海亚，哈伦·拉希德怕其二人幽会，特设酒宴，准其正式结婚。不料一对情侣，迫不及待，竟私通而有孕。哈伦·拉希德大怒，遂惩罚男方，祸及其家族巴拉密凯。其实，这种说法是错误的。首先阿巴赛身为公主，为贵族名门之后，血统直溯至先知穆罕默德的叔叔阿拔斯，竟会私通异族仆人，降低其身份，侮辱人格。以今比昔，无听说哪位当代公主，会选中手下佣仆，故此事必不可能。而巴拉密凯家族遭祸之原因，乃是政治问题，不是私事问题。主要是巴拉密凯家族在朝居功过高，势力太大，仅哈伦·拉希德宫廷就有叶海亚子孙二十五人身居文武大官。

哈里发哈伦·拉希德本由叶海亚养大，直呼其为父。因此叶海亚专权跋扈，军、政、财一切大权，均操在一家之手，君主成为傀儡，失去权势，受其要挟。哈伦·拉希德本极英明，因欲实行自己的职务，故打击当道之佞臣，免其职，没收其家产。当时不仅朝廷如此，连叶海亚之妻弟亦因嫉其权位，而图谋颠覆之。此点可在伊本·阿卜杜·拉比著的《稀世璎珞》诗人篇中得到旁证。至于说哈伦·拉希德设酒饮宴之事，亦纯系诽谤。因为哈伦·拉希德父祖均为君主，祖父艾布·贾法尔在学术宗教方面颇有地位，曾命伊玛目马立克编著《穆宛塔圣训集》为从政准绳，其父马赫迪，一生艰苦朴素，衣服成缀；哈伦·拉希德离父祖不远，亲沐其德政，怎能享乐浮华？泰伯里记载，哈伦·拉希德宗教虔敬，诵经礼拜，毫无间断，每日竟礼一百副功拜。他为酒事，苛责医生伊本·布赫蒂修，监禁艾布·努瓦斯。圣教所禁之纯酒他决不用，所饮者只是伊拉克人所制的枣浆。有些人对哈里发马蒙及其法官伊本·艾克塞姆有同样之指责，说其如何堕落，甚而有好男之风。人们之所以如此造谣，原因有二：第一，贤者多受人嫉，道高一尺，魔高一丈。这些贤君英主，因才能过人，从政清正，不免得罪小人。小人不能升官，忌妒中伤，造谣毁谤，以逞一时之快；第二，一般无耻之徒，为非作歹，总找借口，推卸责任。有个贵族子弟好琴乐唱，有人指责他，便说易卜拉欣·本·马赫迪为琴唱之首领。凡事有主因与导因，人多混而不知。

国乱出妖怪，到了国末大乱时，谣言四起，邪说猖獗。史家在这方面记载最多的，是当政者的血统问题。如说凯鲁万及开罗的法蒂玛王朝什叶派哈里发，不是穆罕默德正宗，而是什叶派第七代伊玛目伊斯玛仪之后。其实，这完全违背事实。众所周知，该朝始祖欧拜杜拉及其子艾布·卡西姆，是由东方微服逃到非洲，其父艾布·阿卜杜拉，号库塔麦，为圣门之后。假设不是这样，群众绝不拥护其建国称帝，而与阿拔斯王朝分庭抗争。如艾格莱卜人，非圣门之后，结果宣传失败，革命不成。这在哈里发穆尔台迪德的信函中可以得到证明。诽谤其血统者，多为敌方之御用学者，欲借此以减其威。如艾布·哈米德、古杜里、塞麦里、伊本·艾克法尼、伊本·努尔曼等。一般巴格达学者，都是如此伪造，时值四百六十年嘎迪尔执政时代。其次，如对北非之伊德里斯王朝始祖之血统，有同样的诽谤。其实，其始祖伊德里斯之血统可直追到阿里，他到北非建起新朝，对抗阿拔斯王朝，若非先知宗室，人民必不立之。一般法学家，同样诋毁穆瓦希德王朝始祖马赫迪的血统，说他为方士之后。其实，人均知其为圣门宗室。这些都是出于忌妒仇恨，怒火中烧，故毁人誉。而史家不究底细，依样画葫芦，照抄、照录，传布开去。不辨真假，史学遂成谣言，史家则成为罪人。史家须深明政治原理、万事本质、伦理宗教、学说主义、民族特性、地理位置，今非昔比，时代异同，国家基础、社会状况、人类情形，事事之前因后果，百事皆通，一切皆有原则规范，合则传之，背者非之。古之史家有成就者，莫不本于此。圣教学人泰伯里、布哈里、伊本·伊斯哈格诸氏，颇具此种能力。但很多学者，疏忽此义，作品毫无价值。学识不博不精，无一定治学之根底者，所写之东西，都是半真半伪，似是而非，令人半信半疑，得不到要领。

历史学家常犯一种隐秘的错误，即疏忽时代之变化，影响民族国家之变化。变化非常隐秘，只有在很长时期以后，才能看出其迹象，一般人很少觉察之。世界、民族、风俗、宗教等情况，皆无永久不易的规范及固定之道路，一切随时变化和变迁。人、时、地，古今中外，天下四方，莫不皆然。此乃安拉之公律，一切循之而进化。古代世界有波斯人、叙利亚人、奈伯特人、泰巴比阿人、以色列人、科普特人，其国家、社会、政治、学术、语言、艺术、种植、建设，一切一切，皆有一定之特点。到了波斯后期，罗马、阿拉伯时代，一切又有变化，有同者，有异者，有大同小异者。到伊斯兰的出现，国家的建立，情况完全变化，与前不同，辈辈相传。

阿拉伯国家亡后，前人之光荣随去，政权移入异族之手，东有突厥人，西有柏柏尔人，北有欧洲人，后来统被灭亡，又发生了大的变化。社会习惯广泛变迁之原因，在于每个世纪之习惯，皆从属于君主之习惯。诗云："民奉王教"。君主有国后，对前代礼制有兴有革，有废有从，同时又有新的创设。如此代代相传，逐渐变化，最后全部变化，与前古全然不同。朝代常变，民族世纪随之而变，制度礼俗常有不同。比较、模仿乃人类之天性，若失正鹄，便出偏差。

人多以今论昔，而忽略因变化二者中间之巨大差异，因而常易陷于错误。如历史学家对哈贾吉之轻视，说其父亲为教师。其实教育之地位，今昔不同，伊斯兰初期教学与政教皆合，地位极高。到王朝后，教学成为职业，地位日低。以史家之时代眼光看往昔，虽都是教育，而本质不同。再如史家看到现代法官掌军政大权，权势很大，遂认为安达卢西亚伊本·艾比·阿米尔及伊本·阿巴德之地位，必因其祖辈皆法官所致。其实法官之地位，今昔不同。情况变判断亦变。否则，必出错误。再如史家写到国家时，只记君主之姓氏、家谱、称号、宰臣等等。殊不知，这是伍麦叶王朝及阿拔斯王朝写史之习惯。那时写史之目的，是让后辈君臣学习前辈，故需要此种格式。可现代历史学家不明历史之目的及时代之需要，仍因袭古人，用旧的撰写方法，像开流水账一样，记那些家谱、称号、宰臣，何益呢？当然，对国家有重大影响之大臣，是需要记述的，如哈贾吉、穆哈莱布、巴拉密凯、伊本·赛海勒、卡夫尔、伊本·艾比·阿米尔，等等。

时间既是常变的，故史学任务及史家之方法亦应常变。历史应记有巨大变化之世纪或时代，亦可记全世界各代之变化。如麦斯欧迪之《黄金草原》，上起创世，下至三百六十年，综述世界史地，为通史之范例。伯克里继之，撰成《省道记》，盖其时世界民族无大之变化也。今昔不同，北非之变化，天翻地覆。

五百年江山之阿拉伯政权尽落柏柏尔人之手。现在新旧交替，世界大变，万象更新，需要新的史学家，记载现代世界之变化，承前启后，给后辈史家以参考。余在拙著中尽力写北非之状况，以补麦斯欧迪氏之不足。他旅行四方，对东方熟悉，故其有关记载甚详。余因资料所限，涉及甚少。人各有长短，择美而从。能力有限，唯赖安拉默助，完成著述夙愿！

第三章　治史方法

历史的本质，在记述人类社会、世界文明、生活变迁、文野不同、团结精神、竞争方式、政治制度、国家性质、谋生之道、学术工艺以及由社会性质所引起的种种状况。

伪造失真为传史叙事之常道，其错误亦有其必然原因，重要者有以下数点。

一、党派成见。无党派成见，能心平气和，不偏不倚，考察研究，辨别真伪。有党派成见，眼目被遮，主观断事，缺少批判考实，合于已意者则采之，其他虽是亦非，无是非标准，一切以吾为对。

二、轻信史家。以为其资料都强过考信，真实无误，其实权威亦常出错。

三、迷信史料。以为凡史料皆正确，此由崇拜权威而来。

四、不根据事实，被假象所蒙蔽，或只根据局部事实，失掉全面，传述表面现象，忽略内在本质。

五、奉迎权贵，盼得财势，歌功颂德，虚美隐恶。

六、不懂社会现象及万事生于文明之性质。此点较前五项都重要。

一切事物，不论实体或行为，皆具其独特之本质和特性。明乎此者，必能借以考核，辨别真伪。从各方面讲，此为考信最有效之方法。一般虚假之传述，皆由无视此点产生。麦斯欧迪记载亚历山大大帝兴建亚历山大城时，海内动物皆阻之，他命人制玻璃箱子，乘之潜入海底，画出水妖形象，并制成偶像，立于建筑根基之旁，海怪遂去，大功告成。

此种说法，显然是掩耳盗铃、自欺欺人之谈。一则精灵妖怪无特具之形象可见，传说妖精能变形，有很多头，此只在吓唬人，非果真如此。再则，人潜水底，没有空气，焉能久存。生物需要冷热均匀之环境，人入深井，鱼到陆地，皆不能生活，即此义也。麦斯欧迪又记罗马有桑林鸟像，此类鸟每年在一定时日，皆带橄榄，齐集像前，人民用此制油。看这与制油之常规，相距多远。

伯克里记载的“多门城”，在三十多站路范围内，约有一万门。建城为了防御，此城如此之大，不知如何建围墙和工事。麦斯欧迪记载，西吉勒马塞沙漠有铜城，一切均用铜造成，穆撒·本·努赛尔出征北非时，克之。客旅踏遍该地，均未见其痕迹。这些皆反乎建城之常理，五金皆做器具之用，未见用之筑城。

诸如此类之瞎话甚多，皆因不知文明之性质也。社会文明性质之考证，必须先于史家人格之考证及史料之可靠性的考证。前者如妄谬，则后者之考证徒劳无益。传述伪史者，因其解说不合理，故一看即知其妄。宗教事件，皆为定好需行之律例，故考信重传述人，不重资料。一般史实之正确，必须符合客观，故应判断其可能性。此比人与史料之考信更为重要，因二者皆由此而来。有此，始谈到治史和著述。

由此可见，可能与否，为辨别史实真伪之法则。既然如此，吾人极应研究人类社会及文明性质，以此辨别各种后生现象，可能发生者承认之，否则否定之。这便是判别历史真伪信假之准则，其证据确凿，理由充实，不容置疑。听一史实，以此断之，必知其可接受与否。此乃吾人之标准尺度，史家可以之衡量所述史料之真伪。此乃余著本书第一部之宗旨也。

第四章 新学初探

这门独立的学问，其研究对象，是人类社会、文明本质。其范畴包括由社会文明而产生的一切现象和情况。一切学问，不分文科与理科，皆有其对象和范畴。这门学问，是新的艺术，倾向高，功效大，内容浩瀚，越钻越深。它不同于演说学，因其目的，在用生动言辞，折服公众，接受一种思想，或抛弃另一思想。它亦不同于政治学，因其目的，在给群众一种可循之规范，已收修身、齐家、治国、生存之效。新学虽与这两门学问之主题有类似之处，但彼此又大有区别。它似乎是一门新生的学科，从未见人谈之，可能是前人忽略之，或有关著作散失。学无止境，哲士辈出，历史如此之久，失传之学必多。波斯古学、迦勒底古学、叙利亚古学、巴比伦古学、科普特古学，何去哉？吾人所见者，只有希腊民族之古学，此乃哈里发马蒙捐资新学翻译之功劳。他国学术，所知者概寡。凡自然的联系的事实，均应研究其规律及现象，故每种真理皆可以因概念构成一门专门学问。学问之根确实重要，但学者只注意其果。人们以为一切学问之果是历史，但其真正之果是历史考证。考证不易，故人多弃之。

本学范围既广，所谈之问题，难免涉及有关部门之学理，故亦引哲人学士之名言，以做论证，而定原则；或予以补充发挥，赋予新义。皆在用典而不为典所用，创新说而不照录。如信仰学之确定先知云：“人互助而存，故需总裁。”法理学之确定语言云：“人须群居，故须表意，语言生焉。”法学之禁恶云：“奸淫混乱血统，杀害种族，暴坏社会。”波斯哲人穆伯赞云：“王凭法荣，法依王兴，君靠兵，兵靠财，财靠民富，民富靠公道。公道为上天所立之准衡，做社稷之基础。”波斯王阿努席拉旺云：“君靠军，军靠饷，饷靠税，税靠民，民靠公，公靠良吏，良吏靠忠臣。一切皆靠王之爱民和教民，如是始治国、平天下。”希腊亚里士多德《政治学》有云：“世界系花园，其墙为国家，国无君不立，君无道不存，道即政治，国即制度，兵以卫国，财以养兵，财由民给，民依公富，公道仁义，乃世界之要素。”这些言论，都是东鳞西爪，语焉不详。余在论国家各章里，均予以阐述和发扬，并非道听途说，拾人牙慧。要之，皆有新结论也。

伊本·穆卡法氏，亦有类似之政论书，但偏重言说修辞，缺乏内容和明证。法官艾布·伯克尔·图尔突西，有《帝王明灯》之作，虽能分门别类，加以叙述，但内容空泛，说理欠通，传抄波斯布祖尔·贾密希尔及穆伯赞之格言，摭拾印度但以理及赫耳墨斯之箴论，东拼西凑，述而不作，如醒世训诲、道学说教，无有体系，无有原则，无有证据，无有创见，未抓住问题之实质，未触及本门学问之门户。余蒙安拉感召，恍然悟彻新学之理。拙作若完璧无疵，那是安拉之眷顾；若有缺漏，通人应予以补正。铺平道路，打下基础，抛砖引玉，为后者倡，无功劳亦有苦劳也。

现在说明本书之内容。人与别的动物不同，主要区别有四：一、人有思想、科学、艺术，故人为万物至灵，最为优秀。二、人类社会群居生活，需要政治权力之统治。蜂蚁虽亦营组织生活，但系出自本能，非出自思想，二者相差，不可以道里计。三、人有生活、工作、实业、技术，以各种生活资料，保持种族之繁衍。《古兰经》云：

“安拉赐人以万物，并予以开导。”四、人有社会与文明，定居互助。社会分布于不同地域，如乡野、山区、荒原、沙漠等；有固定的，如都市、城镇、寨堡等。由社会生活，产生许多社会状况。社会现象非常复杂，故本书分六篇述之：一论人类社会，二论原始社会，三论国家政治，四论都市社会，五论生活方式，六论学术文教。各篇之次序，皆由重要性而定，主要者在前，次要者在后，如此类推。

第一篇　人类社会概述

第一章　人类社会之需要

人类社会是必需的。贤者有言，人类具有文明之天赋。即是说，人类必需社会。此之谓文化之意义。申言之，安拉造化人类，赋予形体，其生存唯借营养，人有求生之本能及能力。但一人之力量有限，实不足以获得全部生活资料。比如一日之食粮，又须磨面和烹饪，二者所需之用具，又须铁匠、木匠、陶匠制造。即如无加工之原粮，亦须经过耕种、收割、打辗种之手续。每项工序所需之工具，又需许多专业来供给。一人很难具备全能，必须同类殊多能力之集合，始能满足个人和集体之需求，互助解决人们一切所需。

其次，人人为保护生命必须借助他人之帮助。盖动物天性不同，力量差异，人皆不如一般兽畜之气力。如马、驴、牛、狮、象等物之力量，比人不知大若干倍。侵凌既为动物之通性，故天生以来，皆有特殊之肢体，以抵御之。人类之武器，即思想和双手。手受思想支配，从事技艺，制造工具，代替动物天然之防护肢体，如枪之代替角，剑之代替爪，甲之代替壳等等。正如盖伦在《肢体的功用》一书中所讲的那样，一个人既不能够抵抗野兽，具备全部武器，故必须赖同胞互助，而对付之。

无御敌之互助，便无法获得物资，生活便不完满，生存便无保障，人类便为野兽所食，全体定要沦亡。有互助，便有衣食以维生，有武器以抗敌，安拉使人生存、保全其种族之真义，始臻完善。由此以观，故社会为人类所必须。否则，人的存在便无价值，不能实现代天治世之重任。这便是文化之真谛。吾人以文化为史学之对象，专家肯定学科之内容，虽有背乎逻辑之规定，但为学者所允许，故说明范畴，不无裨益。

人类既赖社会而生存，世界文化既靠人类而完成，故需要总裁，抑强扶弱，铲除侵略暴虐之兽性。制止野兽侵袭之武器，不足抵御人类同类之欺凌，因为武器为人类所共有，故必需另一种力量约束之。但这种力量，必产生于人类内部，不能产生于缺乏理性之动物。故总裁必为人类一分子，有强权而统治庶民，无人敢于为乱害人。此之谓政权之意义。

由此可见，人有服从德才兼备领袖之特性。此种特性，有时普通动物亦有之，如蜜蜂和蚂蚁。但人类是根据思想与政治而定，动物是由于本能与天启而有。哲人欲据此而给教权以理性的证据，说教权乃人类必具之特性，予以旁征博引，大加肯定。故人必须有教律，教律由安拉命之，并由先知传之。先知必须有得天独厚之奇能，令人信而从之，不怀疑或冒充，以完成其统治。这种判断，如人所知，毫无理由。因为人类生活，无宗教一样能成，凭王法或政纲，即能国泰民安。世上信教者，究属少数，不信者居多。无宗教，仍可以有国家，有事迹和生活。现在南北极的人，便是如此。但社会无总裁不行，国无主则乱。由是观之，可见哲人肯定圣位之荒谬。宗教不能以理性而定，只能以教律而成。此乃先贤之主张。

第二章　文明之地理基础

地理书都说，大地系球形，四面皆水，好似水上漂浮的葡萄。安拉要创造生物，繁殖人类，统御万物，便令部分地区干涸。有人设想，水在地下，这不正确。下面是地的背面，中央是其重心，余皆其边缘。周围之水，皆在地下。说水在地下，是对别处而言。变为陆地的地方，是地球半面的一半，四面环水，称为海洋，又叫“勒卜俩耶”或“乌基亚努斯”亦即绿海与黑海。这块陆地，荒野较多，南部比北部荒凉，可住之地偏北。北方是平圆形，北迄球线，南到赤道，水陆之间有山岳，有雅朱者、马朱者闸坝，山岳蜿蜒东去，东西皆至水。这块陆地，面积不足地球的一半，可住之区仅其四分之一，分作七区。赤道把地球自西至东，分为两半，赤道是地球最大的纬度。黄道分三百六十度，一度是地距的二十五个法尔萨赫，日期变更线把地球自北向南分为两半，这里与两极之间，各有九十度，赤道以北可住区到六十四度，余因冰冻，不可居住，如南极因过冷不能居住一般。

托勒密的《地理学》，《海洋志》的著者及一般地理学家，均讲到这个可住区的疆域、城镇、山脉、江河、荒漠等等，并把它们分为七个部分，称作七区，全凭想象划分，东西之间经度相同等，纬度不同。第一区最长，以下类推，第七区最短。每区自西至东，又分十个部分。在第四区的西方大洋中流出地中海，两峡极窄，只有十二海里宽。在丹吉尔与塔里法之间的直布罗陀海峡，与此相同。继往东流，海面宽达六百海里，终于第四区第四部尾，流长一千一百六十法尔萨赫。经过地方，有叙利亚沿岸。南有北非沿岸，由湾口的丹吉尔开始，次到伊非利基亚、巴尔嘎（利比亚）和亚历山大。北有湾口君士坦丁堡，次达威尼斯、罗马、法国、安达卢西亚和直布罗陀海峡附近的塔里法。它被称为地中海和叙利亚海，这里有很多开化的大岛，如克里特岛、塞浦路斯、西西里岛、马略卡岛、撒丁岛等。自北由此流出二海湾：一是君士坦丁堡的姆萨米特，开始海面极窄，流速如射箭，经三个海，与君士坦丁堡接起，宽约四海里，流六十海里，叫作君士坦丁堡海峡。然后由六海里宽的海口流出，到黑海。由此向东，经比希尼亚地，终达黑海区，全长一千三百海里。两岸有罗马人、突厥人、保加利亚人、俄罗斯人。二是威尼斯海湾，出自罗马北，到山岭前折向威尼斯，终于阿奎莱亚，全长一千一百海里。两岸有威尼斯人、罗马人等民族，称为威尼斯海湾。海洋以东，赤道北十三度，有大海，南流到第一区，西流到第五区，终达埃塞俄比亚、赞吉和曼德海峡，全长四千法尔萨赫，称作中国、印度、埃塞俄比亚海。其南部有赞吉国和乌姆鲁勒·盖斯诗中所说的柏柏尔国，这与北非的柏柏尔部落不同。其次是摩加迪沙国、索法拉国、倭格倭格（日本）等国，此外是荒凉区。其北部有中国、印度、信德、艾哈嘎夫、也门、宰比德、赞吉、埃塞俄比亚诸国。由此流出二海：一自曼德海峡北流，向西直到一区五部的地中海，全长一千四百海里，叫作古勒朱姆或苏伊士海。它离埃及的弗斯塔特城，有三站路，东面是也门、希贾兹、吉达、米甸、埃拉特、法兰，西有赛尔得（上埃及）、尔扎布、萨瓦金、泽拉、埃塞俄比亚。二是绿海，出自信德和也门的艾哈嘎夫，经西北流向二区六部巴士拉沿岸的阿巴丹，全长四百十四法尔萨赫，叫作波斯海。其东面是信德、莫克兰、克尔曼、波斯、阿巴丹，西面终点巴林、叶麻麦、阿曼、希赫尔、艾哈嘎夫沿岸。在波斯海、红海之间，阿拉伯半岛好似由陆入海，南面由埃塞俄比亚海所包，西被红海、东被波斯海所包，直通叙利亚与巴士拉之间的伊拉克，全长一千五百海里。这里有库法、卡迪西亚、巴格达、法尔斯、希拉等地，有突厥、哈扎尔诸民族。阿拉伯半岛西有希贾兹，东有叶麻麦、巴林、阿曼，南有也门，也门沿岸临埃塞俄比亚海。还有一海，在德莱姆以北，与各海不通，称作戈尔甘和泰伯里斯坦海，长一千海里，宽六百海里，西有阿塞拜疆与德莱姆，东有突厥与花剌子模，南有泰伯尔斯坦，北有里海与咸海。

以上是著名的海洋。此外有四条大河，即尼罗河、幼发拉底河、底格里斯河和阿姆河。尼罗河发源于一区四部十六度赤道外的卡麦尔（月亮）山，为世界一大山，涌出许多大泉，有的注入湖中，有的汇入海内。湖内流出诸河，汇入赤道附近的湖中，离山有十站路。还有两河：一道北去，经努比亚、埃及，分诸支流，皆称湾，汇入亚历山大地中海中，是为尼罗河。东有上埃及，西有绿洲。另一道逶迤西去，汇入海洋，是为苏丹河。民皆居两岸。幼发拉底河发源于五区六部亚美尼亚，南经罗马、马拉蒂亚到曼比季，再经隋芬、拉卡、库法，巴士拉与瓦西特之间的川壑，由此汇入埃塞俄比亚海，途经诸河，有些支流汇入底格里斯河。底格里斯河，也发源于亚美尼亚的赫拉特，南往摩苏尔、阿塞拜疆、巴格达，流向瓦西特，分许多湾，均汇入巴士拉湖，再注入幼发拉底河右岸以东的波斯海，有很多大河汇入。摩苏尔岛，在幼发拉底河与底格里斯河之间，对着叙利亚与阿塞拜疆。阿姆河发源于二区八部的白勒赫，由诸泉汇成，与大江交流，自南向北，经呼罗珊，到五区八部的花剌子模，注入戈尔加尼亚城下的湖中。此湖一月途程，注入的还有来自突厥的费尔干纳河与锡尔河。阿姆河西有呼罗珊与花剌子模，东有布哈拉、铁尔梅兹与撒马尔罕。由此至河外地区，有土库曼、费尔干纳、哈萨克及诸异族。

以上所写，均见于托勒密及伊德里斯著作中。他们均绘出地图，详志可住地区的山河川谷等。本书重点，在于柏柏尔人的家乡马格里布（北非）及阿拉伯人的家乡东方，故毋庸赘述。

第三章　北半球之进步及其原因

我们由亲身经历和连续传述均可看出，开化区的一区和二区，都不如其他各区进化得快，其间尽是荒原和沙漠。该两区的东部是印度海，居民稀少，城市不多。二、四等区，迥然不同，荒原甚少，人烟相当稠密，城市亦较繁多。三至六区，开化程度，相差无几。整个南部，是荒凉一片。考其原因，太阳近顶，过于炎热。北部二至七区，进化较速。

天体的南北两极相合，有大的圆环，把轨道自东至西分作两半，此之谓“昼均点”。天文学说，最高天体，自东而西，做日的运行，以此带动一切天体。这种运动，是可感知的。一切星体，各循轨道，自西而东做相反的运动，其速度因星体的快慢而不同。与星体运行相配合，有日道十二宫，将最高天体分作两半，与昼均点处于相对的两点，即白羊座和天秤座。昼均点将之分为两半，一偏北，由白羊座至处女座。一偏南，自天秤座至双鱼座。两极相合，地面上有一线，自西至东，经过昼均点，是谓赤道。据勘测，赤道位于第一区开端。北部整个开化，直到六十四度，七区边缘，渐趋荒凉。高出地极九十度，在极轴和昼均点之间，地极以上六个星座是为北部，以下六个星座是为南部。六十四度至九十度之间，皆不开化。因为有时间距离，冷热不调协，故不易建设。太阳照在赤道白羊座及天秤座的顶端，偏于巨蟹座及山羊座的顶端，终于超过昼均点二十四度。北极高于地平线，昼均点偏过诸天顶，与之成正比。南极同样低下，与之对称，此之谓地面的纬度。昼均点高于诸天顶，北部宫分便高于巨蟹座，南部宫分低于山羊座，倾斜于地平的两边，北极渐高，变为北部最远的巨蟹座顶端，这时在希贾兹的纬度为二十四度。巨蟹座顶端偏过昼均点时，它便因北极的上升而上升。极轴高过二十四度，太阳偏下，直到极轴高到六十四度，太阳低下，南极随之低下，因为天气冰冷，时间过长，故不易建设。日光成直角，光线便散开，成钝角和锐角则否。太阳在赤道附近时较热，因为光是热和温暖的原因。

太阳行到赤道白羊座和天秤座，每年两次。偏过时不远，偏到巨蟹座及山羊座时，气候之热相等。太阳上升，日光成直角，经久不变，气候非常炙热。太阳两次在赤道外，行至二十四纬度，日光照射各地，临近赤道，万物晒干，缺乏水分，无法建设，因为万物离不开水分。巨蟹座偏过天顶二十五纬度，太阳下斜，热力渐小，可以建设。最后日光益少，天气严寒，日光成钝角，不易建设。但严寒总比炎热的破坏力小，热最易使万物枯死，冰冷能保存水分。故一、二区开化较少，三、四、五区适中，六、七区较多。最初冷并未比热的破坏力大，因此，北半球比较开化。

有的人非难说，以亲身经历与连续传述，皆证明赤道附近是开化的，那么学者们为何说赤道附近是荒凉的呢？显然，学者们并未说赤道附近毫无进化可能，而只是说因过于炎热，其开化的可能性不大，虽能开化，但进步不大。

伊本·路世德曾说，赤道位于正中，其南北对等，可以开化。

但这并非说，它不具破坏性，完全可以建设。只是说，南部水分少，气候燥，不如北方适于进化。至于说赤道附近的不易开化，那是连续的传述所反对的。

第四章　开化区之划分

学者把开化区自北而南，分作七部分，每部分称为一区（带），每区纬度从西而东。一区有荒漠，少开化，北部一至七区皆开化。七区以外，皆荒漠，至达南一区的海洋。北方荒漠不如南方多。这些区域，因太阳的偏向昼均点及北极的高于地平，故昼夜不同。在一区尾，太阳行至夜之山羊座顶及昼之巨蟹座顶，昼夜各十二小时。靠北的一区，也是这样。太阳行至巨蟹座顶，即变为夏季，昼长十三小时半。冬季在山羊座顶，夜长如此。短的昼夜，不及于十三小时。日行一周是一昼夜，共二十四小时。三区昼夜达十四小时，四区达十四小时半，五区十五小时，六区十五小时半，七区十六小时。这些区域，长的昼夜各区相差半小时，由南至北，平均分配。这些区域有地方纬度，表示地方天顶及赤道天顶之间的距离，即相等的三度。每一区自西至东各分十部分，每部分皆有城镇、山河、道路。详情载于伊历六世纪中叶伊德里斯为西西里岛国王杰罗二世所写的《漫游天下消闲录》一书里。麦斯欧迪、伊本·胡尔达兹比赫、伊本·哈乌盖勒、伊本·伊斯哈格、托勒密诸位史地家，均提及之。现摘其要略，笔之于此。

一　区

其西是加那利群岛，托勒密自此开始计算经度。海洋中有很多岛屿，大而著名者有三个，皆开化。据称欧洲的船队，于本世纪中叶过此，杀掳甚众，抢劫无算，将部分俘虏售于北非沿岸，为素丹服役。他们学会了阿拉伯语，说明故乡情况，他们数世纪都种地，不产铁，靠大麦为食，家畜有羊，战争用石，向后射击，崇拜太阳，不懂宗教。这里因为海洋风涌浪大，又无路标，船很难到，故不易发现之。

本区一部有尼罗河，河畔有锡拉、塔克鲁尔、加纳诸城，现在均属苏丹族马里王国所辖。北非商贾，常到此地。其北临利姆图奈国，有拉姆图奈部落，逐牧于荒漠中。尼罗河南有苏丹人，叫拉姆拉姆，不信教，炙其脸和发骨，加纳人和塔克鲁尔人常袭击之，掳去卖给商人，运到北非，沦为奴隶。南部有野人，住山洞，食野草野果，互相吞食，与兽无异。苏丹水果，产自北非沙漠。据说加纳有萨利哈人建过国家，现在已亡。本区三部有咕咕国，临河，河由山泉出，西流入二部沙漠中。咕咕国本来独立，后为马里王所并，因战乱已破败不堪。其南有苏丹族卡特木国。尼罗河北岸有温伽拉国，其东有扎伽瓦国，与本区四部努比亚相接。埃及尼罗河，由此经赤道流入北部地中海。尼罗河本出赤道附近的卡麦尔山（月亮山），因该山皎洁如月，故名。雅古特说它是印度族名。伊本·赛尔德考定，该山出十泉，五泉汇于一湖，二湖相隔六海里，各出三河，统汇于一个山谷，下为横山，此面成湖。水分两部，西流苏丹，注入海洋，东流埃塞俄比亚和努比亚等地，在上埃及分开，三支流入地中海，一支流入咸湖。

尼罗河穿越努比亚、埃塞俄比亚、部分绿洲、阿斯旺及河西努比亚首邑栋古拉，其次是阿勒瓦、比拉格。比拉格北六站路，有哲那底勒山，到离此十二站路，上埃及首邑阿斯旺，西有绿洲，现成空墟，留有古迹。

本区中央五部是埃塞俄比亚国，有川谷自赤道外来，至努比亚，注入尼罗河。托勒密等都以此为月亮山之尼罗，其实则否。印度洋自中国方向来，到本区中央五部，淹没大部地区，除内部一些岛屿外，皆不开化。据说有千个岛屿。一区有东方的中国和也门。本区六部有红海与波斯海，自印度洋往北流去。阿拉伯半岛，界两海之间，包括也门、希赫尔、希贾兹、叶麻麦。

西海岸有泽拉，与埃塞俄比亚接界，有伯伽在其北方，界于上埃及阿拉基亚山与红海之间。本部以北，泽拉以下，为曼德海峡，海面甚窄，与山轧挤，经也门，自南至北，长十一海里，宽两海里许。因港口过窄，故称曼德海峡，也门船经此驶往苏伊士。曼德海峡以下是萨瓦金与达赫拉克群岛，其西是苏丹人伯伽区。

本部之东是也门，沿岸有阿里·本·叶尔孤白城，南有泽拉，西岸有毗连的柏柏尔村落，由南部至第六部。其东是赞吉（僧祇）国，其次索法拉国，南岸是倭格倭格国，在海洋入口处，与本区十部相接，此海岛罗列，最大者为锡兰岛，圆形，有名山，为世界最高者，面对索法拉国。其次是卡麦尔岛，长形，由索法拉曲折东去，接近中国沿岸。此海南部有倭格倭格岛，东有锡兰诸岛，盛产香料、药材、五金、宝石等物，民皆信拜火教，各有国王，有很多珍闻。

本区六部北海岸是也门国，红海方面有宰比德、穆海杰姆、也门帖哈麦及栽德派教领首都萨达城，此城离南海、东海甚远。其次是亚丁城，其北是萨那，东有艾哈嘎夫和佐法尔，其次是哈达拉毛和希赫尔。本区中央六部有海，九部较少，十部最多。

这里有中国，名城有康府（广州），在锡兰岛的正东。

二 区

北接一区，西向海洋，有加那利二岛。一、二部上有格奴利亚，东有加纳、扎伽瓦，下有尼萨尔沙漠，由西而东有荒原，北非及苏丹商人由此经过。森哈杰系的蒙面人住此，分凯朱勒、拉姆图奈、麦斯拉泰、瓦里凯等族。荒原东有费赞及柏柏尔部落艾尔凯尔住区，东至三部上游。其北是沃丹地区，东是森特利亚地区，称为内部绿洲。四部上为巴吉威因，赛尔得横贯其间，尼罗河经本部山峡，其西为瓦哈特山，东为穆格塔姆山，上游有艾斯纳及艾尔曼特，继流向艾斯尤特、古斯、苏勒，由此分两支，右到拉宏，左到达拉斯，之间为埃及国。称穆格塔姆山东有伊扎布沙漠，经五部至苏伊士，是为红海。本部东有希贾兹地，自耶拉姆拉姆山到叶斯里布（麦地那），中有圣地麦加，沿岸有吉达城，与伊扎布沙漠相对。六部西为纳季德，由南部的图巴勒、久拉西，至北部的欧卡兹。纳季德下为希贾兹，东有奈季兰、海白尔，下为叶麻麦。奈季兰东有萨巴、马里卜、希赫尔，到波斯海。海在本部西流，中有二角区，上为格拉哈特城（马斯喀特），下为阿曼和巴林。七部为印度洋，有信德、莫克兰，对面是信德属的图兰，整个信德西陲与本部相接，与印度之间有荒原相隔，印度河流入海，沿海首地是东部的伯莱哈拉，下为喀布尔，东为古奴杰，介于内外克什米尔之间九部为印度西陲，十部为东陲。下接中国领土，有石翁城，中国至海，处整个十部。

三 区

北接二区，一部约三分之一为达兰山脉，横穿东西，以迄于海洋。居民为柏柏尔人，数目不详。山与一区间有马萨关隘，东接苏斯、努勒、东为德拉、西吉勒马萨，其次是尼萨尔沙漠。此山俯瞰本部各地，西部少孔道和山路，到谷地，路渐多。这里住有麦撒米德、汉塔奈、泰纳麦勒凯、凯德缪、麦西库拉、森哈杰诸部落。本部边区住有扎纳塔人，住地与欧雷斯山（库塔麦山）接壤，此外为柏柏尔人。

达兰山西邻马格里布，为山所环抱，南为马拉喀什、埃俄玛特、塔迪莱，滨海为艾斯菲要塞和塞拉城，中为非斯、梅克内斯、塔扎和库塔麦，此之谓“极远之马格里布”（北非）。沿海有艾西拉、阿拉伊什，东为中马格里布，首都是特莱姆森。滨地中海，有哈尼、瓦赫兰、阿尔及尔。地中海出自大西洋，经四区四部的丹吉尔海峡，东到叙利亚，由峡口流出，分为南北，入三、五区，因此三区沿海地多人广。阿尔及尔东为贝贾亚，次为君士坦丁堡。一部中马格里布南为阿谢拉、姆西拉、札卜，其首邑为欧雷斯山下之比斯克拉。二部与一部同，达兰山约占南部三分之一，自西至东，分为两部，北为地中海，西为荒漠，东为欧雷米斯、达兰之地，山和海之间为乌亚斯、泰贝萨、欧雷斯，海岸为安纳巴。安纳巴之东是伊非利基亚，沿岸有突尼斯城、苏萨、马赫迪亚，南为杰里德、托泽尔、卡夫萨、内夫泽瓦，中有凯鲁万城、瓦斯莱特山及斯贝特拉。其东为滨地中海的的黎波里，南对都麦拉山及哈瓦拉部落住区纳格拉，与达兰山接壤。本部东为萨维格·本·麦什库拉，南为阿拉伯住区沃丹。

本区三部，也经达兰山，山逶迤北去，至地中海，称为吴萨奈边区。山南与山西，是沃丹、阿拉伯住区、扎维莱·本·哈塔布及荒原。西部山海间，有苏尔特、阿拉伯牧区、艾季达比亚、拜尔盖、图勒迈塞，东为哈白及鲁瓦哈区。本区四部西为伯尔基吉格沙漠，地中海入本部南流，与另一部之间有阿拉伯牧区。东为法尤姆，扼尼罗河口，河入法尤姆湖。其东为埃及，各城均在第二支流，在下埃及分夏特努弗和札弗提二支，右边古尔木特又分二支，均入地中海。其西为亚历山大城，中游有拉西德城，东有杜姆亚特城，在密昔尔、开罗与沿海之间为下埃及，皆为开化之区。本区五部为叙利亚，有红海流入，苏伊士外为弗尔玛、图尔山、埃拉特、米甸、侯拉，此为地中海，海西为阿里什，近古里祖目，有峡口，口西为不毛之地，以色列人出埃及后四十年住此。本部有塞浦路斯岛，沿岸有阿里什、阿斯凯隆、加沙、凯撒里亚、阿卡、苏尔、赛达诸城。有大山，出红海埃拉特沿岸，东去越本部，称里卡姆山，似埃及与叙利亚间之屏障。埃拉特附近有埃及赴麦加朝觐所走的山道，先知易卜拉欣（亚伯拉罕）的坟在其北部的苏拉特山下。东为希杰尔、赛莫德人古址、泰马、杜马特·金德勒诸城，南有拉德瓦山、海白尔城堡，泰布克沙漠界于苏拉山与红海之间，山北有耶路撒冷、约旦、太巴列，东为奥尔和艾兹鲁阿特。里卡姆山北为大马士革、贝鲁特，其东有巴勒贝克城、霍姆斯城，再东为泰德穆尔成及游牧区。六部有牧区，在纳季德与叶麻麦下，界于欧吉尔和萨曼两山间，至波斯海的巴林和哈贾尔。本部有希拉城、卡迪西亚、幼发拉底河流域诸城，东有巴士拉城，北有乌布莱和阿巴丹。底格里斯河分很多支流，又与幼发拉底河支流汇合，交汇于乌布莱附近，注入波斯海。上游宽，下游窄，西有巴林、哈萨、艾赫塔布、萨曼、叶麻麦属地。本部南有克尔曼的嘎法斯山，霍尔木兹下为法尔斯，有萨布尔、达尔·艾伯杰尔德、纳萨、埃斯塔赫尔、夏哈简及首邑设拉子。法尔斯北为胡齐斯坦，有阿瓦士、图斯塔尔、萨达、萨布尔、苏萨等城。两国国界为库尔德山，绵延至伊斯法罕，住区叫鲁苏姆。七部西为嘎法斯山，南北为克尔曼和莫克兰，有鲁丹、希拉简、吉罗夫特、亚兹德希尔、伯哈拉杰诸城。克尔曼北为法尔斯属地，伊斯法罕城在本部之边，东为锡吉斯坦，南为库哈斯坦，中为广袤的荒原，甚难行走。锡吉斯坦有名城拜斯图和塔嘎，库哈斯坦为呼罗珊属地，有名城萨拉赫斯与古哈斯坦。八部西南有突厥族贾勒哈住区，西接锡吉斯坦，南接印度喀布尔之地，北有古尔山，其首邑为加兹尼。山北为埃斯特拉巴德，西北为呼罗珊属地赫拉特，有伊斯法拉因、卡尚、布先杰、木鹿·罗德、塔卢坎、朱兹詹。呼罗珊属地至阿姆河，河西有巴尔赫城，东有铁尔梅兹，巴尔赫是突厥国的京都。阿姆河发源于与印度靠近的巴达赫尚属的瓦贾拉，自南而北，西流本部中央，称为赫尔纳布河，北流经呼罗珊，注入五区的花刺子模海。本部中央，自南而北，有五条大河，来自东部的赫特勒与瓦赫什。其他河流，出自东部的拜特姆山，鸿沟宽大，不能容纳。五河之一的瓦罕河，发源于本部东南的吐蕃，西北流向九部，有大山横阻，经吐蕃，把突厥与赫特勒国分开，只有东部一条路可通，法德勒·本·叶海亚之闸门于此。瓦罕河流向瓦赫什，在巴尔赫附近注入阿姆河，北经铁尔梅兹至朱兹詹，东经古尔，古尔与阿姆河之间为呼罗珊属地纳珊。河东有赫特勒（黑契丹）国，多为山区，此为瓦赫什国，其北为拜特姆山，起自阿姆河西，东至吐蕃后面的大山，瓦罕河在山下流过，接法德勒闸门，阿姆河经过山区，有瓦赫什河与巴尔赫河汇入。河西有呼罗珊属的阿米德城，河东有突厥属的粟特、埃萨拉、夏奈，再东为费尔干纳。拜特姆山贯穿突厥全境，至其北部。九部自西至中为吐蕃，南为印度，东为中国。吐蕃以北为突厥属地赫兹勒吉耶，西接费尔干纳，东为突厥泰埃尔吾儿。十部之南均为中国属地，北为泰埃尔吾儿属地，其东为突厥种黑尔黑儿国，其北为突厥种的库特曼国。海洋有红玉岛，四面环山，无通道，登之甚难，岛有毒蟒，宝石甚多，当地人设法取之。居民皆为九、十部，山区均住突厥人，以畜牧为生，牛马羊甚多，阿姆河流域穆斯林不少，常伐不信教的人，将奴隶售给近邻，他们常去呼罗珊、印度和伊拉克。

四　区

北接三区，其第一部西为海洋，由南而北，南有丹吉尔城。其下自海洋至地中海，海面不宽，自北面的塔里法、绿岛至南面的格斯尔·穆加兹和塞卜泰，约十二海里，东去至本区五部中央，流布渐广，及于三、五区，是为叙利亚海。岛屿很多，西部较大的为伊维萨岛、马略卡岛、梅诺卡岛、撒丁岛、西西里岛、巴隆斯岛、克里特岛、塞浦路斯岛。威尼斯海峡，自本区三部地中海流出，北去至中部，西至五区二部。君士坦丁海峡，自五区东四部地中海流出，北去水面甚窄，至六区四部，与黑海汇，东至六区五部及六部半。

地中海与海洋汇合处有丹吉尔城，次为塞卜泰、得土安、巴迪斯。本部北方最开化，即安达卢西亚全部，界于大西洋与地中海之间，海口有塔里法，东有绿岛、马拉加、曼格布、阿尔梅里亚，西有赫雷斯、拉布拉，对面是加的斯岛，其东为塞维利亚、埃西哈、科尔多瓦、麦迪来、格拉纳达、哈恩、乌韦达、瓜地克斯、阿尔瓦塞特，其西为圣玛丽娅港、锡尔韦什，东为巴达霍斯、马力达、雅比拉、伽菲格、巴兹贾莱、卡尔特拉瓦。特茹河以东为圣塔伦、穆瓦兹耶、赛夫水坝。里斯本东有夏腊特山，由西而东，至萨利姆城。山的北麓有塔勒比拉、托莱多、希贾腊石谷，山顶有格勒梅里亚城。以上是安达卢西亚的西部。其东部临地中海岸有阿尔梅里亚、卡特赫纳、莱夫塔、达尼亚、巴伦西亚、托尔托萨。北有利尤拉格、夏古拉、阿尔瓦塞特、穆尔西亚、夏蒂巴、夏格鲁、塔尔库奈、明贾勒、里德、阿夫拉加。萨利姆城东有安优卜城堡、萨拉戈萨城堡、莱利德。

本区二部皆水，唯西北有山峡，自五区一部到此，通陆地名加西库尼亚，有赫里德和格尔格修纳。地中海岸有巴塞罗那和纳博讷，岛屿甚多，过小不可住，西有撒丁岛，西有辽阔的西西里岛。该岛周围七百海里，名城有锡拉库萨、巴勒尔姆、塔拉比额、玛兹拉、麦西尼、墨西那。该岛与非洲相对，二者之间有阿杜什岛和马耳他岛。

本区三部全是水，唯西北三块陆地，即格罗里亚地区、阿布克拉德和威尼斯东部。四部同前，岛屿虽多，都不可住人，开化地区为西北的巴隆斯岛及自中部长达东南部的克里特岛。

本区五部西南皆海，呈三角形，仅东部有三分之一的陆地，南半叙利亚中有里卡姆山，至东北，呈连山，到五区，有孔道，通亚美尼亚，此部多山脉。沿岸有安塔尔图斯城，与三区的的黎波里接壤，其北为杰卜莱、拉塔基亚、伊斯肯德伦、萨鲁基亚，再北为东罗马（拜占庭）。里卡姆山西有伊斯玛仪派中阿萨辛支派的哈瓦尼城堡，又叫麦斯亚特堡，该派现以牺牲派著称。与之相对的，是霍姆斯以北的塞莱米耶城。山海之间有安塔基亚，与麦阿拉相望，东为马拉盖，北为麦西撒、阿达纳、塔尔苏斯，西为吉纳司林、艾因·祖尔白，东为阿勒颇、曼比季。

杜鲁布山右边，临海者，为罗马故地，今属突厥国，素丹为伊本·奥斯曼。沿海有安塔基亚和阿拉耶。亚美尼亚，界于山道与连山之间，有马拉什、马拉蒂亚、麦阿拉诸城。四区五部的亚美尼亚，有杰伊汉河，东为塞伊汉河。杰伊汉河南流，穿杜鲁布山、塔尔图斯、麦西撒，折向西北，在萨鲁吉亚入地中海。塞伊汉河与之相望，经麦阿拉和杜鲁布山，而至叙利亚，过艾因·祖尔白，折往西北，在麦西撒附近与杰伊汉河合。岛区被之包围，南有腊菲达、拉卡、哈兰、苏鲁杰、拉哈、纳绥宾、萨姆萨特、阿迈迪诸城。发源于五区的幼发拉底河、底格里斯河，经本部中央，南遇亚美尼亚和西勒西拉山区，向东流入第六部。

六部西有岛，东为伊拉克，西南有伊斯巴罕山，西与五部连山相接。本部分两部，西南为幼发拉底河发源地，北为底格里斯河发源地。前者经格尔吉西耶，有河岔流入全岛，南经哈布尔，到腊罕白西，有河岔，东流分支，半经库法，半经伊本·侯伯拉地区和贾米阿因地区，流入三区，断于希拉东，由腊罕白流至希特、扎布、安巴尔，在巴格达附近与底格里斯河合。该河经杰济拉·伊本·欧麦尔岛、摩苏尔、提克里特，到哈迪塞，经大小扎布、卡迪西亚，至巴格达，与幼发拉底河合，南经杰尔杰拉耶，到三区，分支流，在阿巴丹附近入波斯湾，两河之间为杰济拉地区。东北一河，经纳哈拉旺地区，汇入底格里斯河。河与伊拉克山之间有杰劳拉城，东为赫勒旺、绥玛拉地区。西有横断山名夏哈拉祖尔山，东起波斯山，以迄本部。分为两处，西为胡万疆域，北为伊斯法罕，是处称为呼鲁斯地区，中有纳哈万德城，北为夏哈拉祖尔，东为迪奴尔地区。第二处是亚美尼亚属地，首邑马拉盖。巴里耶与之相对，此为库尔德人地区。其东为阿塞拜疆，有大不里士、柏德甘，东北为里海。

本区七部西南主要为呼鲁斯，有哈马丹、加兹温诸城，伊斯法罕南有山，由西经三区、六区、四区，与伊拉克接。山下有卡尚、库姆，东有拉伊城。其余脉，东北去，至泰伯里斯坦，山间为塔巴尔海，西入八区。山间为戈尔甘、比斯塔姆，山后在法尔斯与呼罗珊之间为荒漠，山前为埃斯塔拉巴德，东为呼罗珊的内沙布尔、木鹿，北为迈哈拉甘、赫兹隆、图斯。山下为纳萨，东北被荒漠所包。

本区八部西为阿姆河，自南而北，西岸有呼罗珊属的拉姆、阿姆鲁，花刺子模属的扎西里耶、戈尔甘尼耶，西南被七区的埃斯特拉巴德山区所包，经赫拉特与朱兹詹，与拜特姆山接。阿姆河南为布哈拉、粟特地区（即河外地），首府为撒马尔罕，次为萨尔达尔、乌希奈、赫詹德。北为易莱格地区，再北为夏什地区，夏什河经八部入阿姆河。易莱格地区有河，来自吐蕃，与费尔干纳河汇合。伴夏什河有贾布拉欧山，绕夏什，自五区南至九区。山与河之间为法拉卜城，与布哈拉间有荒漠相隔。东北为赫詹达地区，有伊斯比甲卜、塔拉兹城，此为赫兹勒吉耶地区，东部为克玛凯耶地区，与古基亚山相接，山在十部，有海洋，有雅朱者、马朱者山，民族均为突厥人。

五　区

一部除东南，多沉于水，五至七区均被大洋所包，南有三角形陆地，与安达卢西亚接壤，西南滨海有萨尤尔，东有萨拉曼卡，中有萨莫拉，再东为阿拉维、卡斯蒂利亚，有塞哥维亚城，北为莱昂、布尔戈斯、贾利基耶。临大西洋有圣地亚哥城，即雅各城。安达卢西亚东有西提里耶、卡斯蒂利亚，东北为韦斯卡、潘普洛纳，其西为卡斯塔莱、纳吉兹。大山面海，纵横其间，入四区，在安达卢西亚东变为石山，有孔道和峡口，通往欧洲人之地比斯开，其四区有巴塞罗那、纳博讷、赫里德、格尔格松尼。五区有塔鲁沙。本部东有陆地，呈锐角形，与比利牛斯山接，有纽纳城，东北为欧洲、本图之地。

本区二部西有比斯开地区，北为本图，西入地中海。有热那亚，北为约翰尼特山、伯尔贡纳。海西为尼斯城，东为欧洲京都罗马城，有主教，有庞大教堂、庙宇和建筑。中有河流，自东而西，黄铜铺底，堪称奇迹。有基督教彼得大教堂和保罗大教堂，二人均葬于此。罗马北为佛罗伦萨，南为那不勒斯，东接法国属卡拉布里亚城，北为威尼斯海湾之一端。海洋北六区，有英凯莱亚。

本区三部西为卡拉布里亚，界于威尼斯海湾与地中海之间，东为安克拉德地区。有大山，出自四区，直到六区日耳曼人的英凯莱亚国。海山间，北为威尼斯，西有哈垃瓦亚及日耳曼国。四部为地中海，流出君士坦丁海峡，入六区。东为君士坦丁堡城，是恺撒京都，很雄伟，建筑很多。地中海与海峡之间，为希腊人的马其顿国，其领土由此直达巴图斯之地。该地现为土库曼人所有，国王为伊本·奥斯曼，首邑为伯尔撒。五部西南是巴图斯，北为阿穆里耶，东为卡帕克布河，发源于山区，南流与幼发拉底河合，西为塞伊汉河、杰伊汉河及玛亚法里金地区，东南有玛亚法里金城，北有伯尹莱甘，接阿穆里耶，幼发拉底河口有哈尔夏纳城，东部为黑海之一部。

六部西南为亚美尼亚，西南为乌尔顿，北为第比利斯、都伯勒，东为赫拉特城、伯尔达阿。库尔德山，亦名乌尔米耶山之东，为马拉盖城。东为阿塞拜疆及阿尔达比勒，北为里海区之一部，居民为土库曼人。北部山脉连绵，峡口如门，南有埃布瓦比国，有巴布·埃布瓦比城，西接亚美尼亚，东为扎布。山之西北有萨里尔国，有埃特拉伯齐达城，其与里海间有山为屏障，有苏勒城。

七部之西，被塔巴尔湖所没，有泰伯里斯坦、德莱姆山，至加兹温，西接四区六部，北接六部，西北有埃色勒河，东有陆地，为突厥人古兹族牧区，南面临山，入八部，北部入六区，称为西雅海山，西至六区六部。

八部统为突厥人古兹族牧区，西南为花剌子模海（咸海），周围三百海里，该地河流皆注入。东北为奥尔温湖，周围四百海里，为淡水湖。北有米尔加尔山，意即“雪山”，四季不融，与寸草不生的硬石山奥尔翁山相接，山区流泉不计其数。

九部为突厥人埃尔凯斯国，在古兹国以西，克玛凯耶国之东，东面包围着雅朱者、马朱者的古基亚山，自南至北，入十部，再入八区九部，这里有闸坝。东北隅，即为雅朱者、马朱者之地。十部与雅朱者相接，只东南有一片海，古基亚山贯穿其间。

六　区

一部大半为海，东北至南，有陆地，皆为不列颠之地。东南有萨吉斯，与五区二部本图接壤。二部其北为大洋，西有长形陆地，大于北部一半面积，有英格兰，很大，城市棋布，国有王，余为七区。本部西半为诺曼底地区、弗朗德勒地区，西南为法兰西，东为布尔戈尼亚国，统为欧洲。东半为日耳曼国，南为阿基利亚地区、洛兰地区和萨克森地区，东北为弗里西亚，均为日耳曼人。三部西为波黑米亚地区，北为萨克森地区，东为匈牙利，北为波兰，中有喀尔巴阡山，入七部，北去至萨克森地区。四部南为加苏利亚，北为俄罗斯，有喀尔巴阡山隔开，东为日耳曼，东南为君士坦丁堡，海岸有麦西纳哈城。五部南接海峡，东经全部，到六部，长六百五十公里，宽三百公里，西为长形陆地黑拉克利亚，接五区伯勒甘，东为兰尼亚地区，首邑苏特利，北为塔尔汗地区，其东为俄罗斯，皆为沿海区。俄罗斯东起七区五部，西至本区四部，环绕塔尔汗。

六部西为黑海，东为卡马尼亚，接黑海区，其东为巴尔塔斯地区，东北为保加利亚，东南为巴兰加尔地区，西雅山经此至七部，入五区六部，接艾布瓦比山，里海区位于此。七部南为西雅山，西北为巴尔塔斯，东为夏哈拉布、耶赫纳克部落，皆为突厥人。八部南皆为突厥人胡勒赫之地，有“臭地”，为建闸前雅朱者、马朱者所毁，世界最大河流之伏尔加河，发源于此，经突厥，流入五区七部里海。“臭地”有山，出三泉，汇于一河，西流七区七部，折回六区六部，出河岔，经保加利亚、西雅海山、里海区，入里海。九部西为突厥人赫芙夏赫族之地，格芙加格、塞加利亚族，亦属之。东为雅朱者地，为古基亚山所包，亚历山大于此建闸坝。《古兰经》提及此事。伊本·胡尔达兹比赫在《道里邦国志》中说，哈里发瓦西格梦见闸开，惊醒，派萨勒迈·特尔朱曼往视之。十部为马朱者地，东北被海所围，北长东宽。

七　区

北方至五部中，皆为大洋所没。一、二部除英吉利海岛，均为水乡。岛北为拉斯兰岛，长形，自西而东。三部如此，唯南有陆地，接法鲁尼亚，北为伯尔·阿基白岛。四部北为水，南为陆，西为突厥人基马扎克之地，东为塔斯特、拉斯兰。本部东陲，经年有雪，少开化，接俄罗斯。五部西为俄罗斯，东为卡玛尼亚，至塔尔玛湖，此为甜水湖，有诸水汇入，东北为突厥鞑靼人之地。六部西南接卡玛尼亚，中有阿苏拉淡水湖，有诸水汇入，源自东部冰山，东为俄罗斯，东北为保加利亚，中有伏尔加河。西部西为突厥人耶赫纳克族之地，东为苏哈拉布族人之地及“臭地”。八部西南接“臭地”，东为深穴没底，昼有烟，夜有火，证其开化，有南北河，东为连接闸坝之废墟。九部西为赫芙夏赫，古基亚山贯穿其间，东为雅朱者地。十部皆海。

以上七区讲完。《古兰经》云：“天地的创造，昼夜的往复，对于世人很有教训。”

第五章　自然环境及其对人类肤色、生活之影响

南方过热，北方过冷，开化区居住，两极分化，热冷矛盾，故而人们日渐向中部发展集中。四区最开化，三、五区次之，二、六区又次之，一、七区更次之。因此，中央三区的学术、工艺、建筑、衣着、食粮、水果、牲畜，一切均极合适。居民的躯体、肤色、性格、宗教，都很中正。这里圣贤辈出，道流不绝，南北各区则否。圣贤为品德健全之人，必出于美好之地。《古兰经》有云："你们为杰出之民族。"如是，始能接受列圣之教化。该区之人，衣食住行，无不合宜，有石筑美室，用精良工具，以金银交易，产五金之属，一切中庸，不偏不倚。他们为北非人、叙利亚人、希贾兹人、也门人，伊拉克人、印度人、信德人、中国人、安达卢西亚人、欧洲人、加利西亚人、罗马人、希腊人，以及与之接近地区的人。伊拉克与叙利亚，为天下中心，故一切最为中正。一、二、六、七等偏僻地区，一切皆差，住茅棚，食草芥，衣树叶兽皮，多赤身露体，鲜果稀少，又无金银，以铜、铁、皮交易，性近下等动物。如一区苏丹人，多住洞穴，食野草，野蛮不驯，互相蚕食。北部斯拉夫人，亦是这样。原因即其环境恶劣，远于人道，近于原始。其信教情况亦然，多不识教义教理，例外者为数甚少。如与也门为邻的埃塞俄比亚，在伊斯兰来临前，皆奉基督

教。与信伊斯兰教的北非马里人、咕咕人、塔克鲁尔人相比，信基督教已七百年。北部的斯拉夫人、欧洲人、突厥人，同样奉基督教。除此而外，南北偏僻之区的居民，皆无教化，近于茹毛饮血时代。但不能以一、二区的也门、哈达拉毛、艾哈嘎夫、希贾兹、叶麻麦等阿拉伯半岛相提并论，因为该岛三面环水，气候不燥，虽地处热带，又有海潮调节，故能开化。

有些谱系学家，缺乏自然常识，根据神话，说努哈（挪亚）曾祷告安拉，使其子含的后裔肤色变黑，代为人奴，苏丹人既为含子孙，故有祖先血统，肤色皆黑。其实《旧约》只提挪亚诅咒含为其兄弟后辈之奴，未说黑色缘由。含之黑，实与气候冷热有关联。一、二区地近太阳，四季皆夏，因遇与炙热，皮肤晒黑，故该区居民，皆为黑色。北六、七区，地远太阳，四季皆冬，因过于寒冷，肤色变白，眼蓝发疏，皮有斑点。三、四、五区，天时地利，无此情况，四区最佳。南一、二区之人，名为埃塞俄比亚、赞吉、苏丹，皆为“黑化”的同义词。埃塞俄比亚一名虽专指与麦加、也门相对之居民，赞吉虽专指与印度洋相对之居民，但这些名字均非由黑种人或含血统而来。靠近中部的苏丹人，其后裔肤色，逐渐变白。反之，靠南之北区人，其后裔肤色，日益转黑。由此足证，肤色以气候为转移。伊本·西那在《医典》里吟道：

赞吉炎热身变黑，遍体乌黑似焦炭。
斯拉夫人恰相反，周身如雪真耐看。

北区之人，无因肤色命名，因白色为其本色，无奇异之处。因此，突厥人、斯拉夫人、图格尔人、赫扎尔人、兰尼人、欧洲人和雅朱者、马朱者诸族，年久代灭，名目互异，各不相同。

中三区之人，其体态、性格、作为，因自然条件好，均极优良。生活、居住、工艺、学术、政治、政府，都颇文明。有先知、君主、国家、法律、教育、城镇、建设、武备，各种职业，应有尽有。该区居民有史可考者颇多，如阿拉伯人、罗马人、波斯人、以色列人、希腊人、信德人、印度人、中国人等。

谱系学家，从外表看民族差异，以为差异生自血统，认南方黑人皆为含之后。北方之人皆为雅弗之后，中部进化之人皆为闪之后。此种推测，对人类谱系说，虽偶有道理，但仅系传说，并非演绎归纳之言。南方苏丹、埃塞俄比亚人之命名，实与含血统无关。其错误之原因，在于相信民族之差异，仅以血统为断。实则不然。盖其差异，有因血统者，如阿拉伯人、以色列人、波斯人；有因环境外表者，如赞吉、埃塞俄比亚、斯拉夫、苏丹；有因风俗习惯者，如阿拉伯人；有因其他特征者。把差异原因笼统地归诸血统，忽略自然环境之影响，实为妄谬之至。盖一切皆变，继续转化，绝不停滞。此乃天道之常，安拉之规律不变也。

第六章　气候对民族性之作用

苏丹人的性格，大体言之，轻浮、鲁莽、好乐、多戏，时歌时舞，愚诚迟钝。考其真正原因，皆因其处境所决定。

哲理是：乐观欢愉之实质，乃由生物精神之兴奋和机栝之舒展。悲观忧郁之实质，乃其精神之抑制和机栝之收敛。热能蒸发空气，增其质量。酒能生热，活跃心机，故欢愉之情无限。沐浴、歌舞，皆能给人以热，激情怡神，故乐趣无穷。

苏丹既处热带，人身心被热所振奋，故民性热情而活泼，轻浮而粗狂。滨海居民，因海面日光反射，气候倍热，故民性与热带同。比之寒冷的山区，情况迥乎不同。

三区岛国，因偏南部，气候亦热，情况同前。埃及近似岛民，只顾玩乐，不管明天。一般都无存粮，现吃现买。

北非之非斯则反之。地处丘陵，气候温凉，民性沉闷，重视后事，一般皆有二年余粮，每晨赴市场，购买当天食物，注重储蓄，以防意外发生。

扩而大之，推及各区各国，足见气候对人性之影响。

麦斯欧德引据盖伦、肯迪之言，试图说明苏丹人轻妄、多戏之原因，认为系他们大脑迟钝和思想薄弱所致。此乃无稽之谈，肤浅殊甚。

第七章 人类体质及文化之物质因素

适中区不全是富庶的，其居民不都是生活富裕的。有的地区，土地肥沃，条件具备，五谷丰登，果品齐全，细粮美味，应有尽有。有的地区，土地贫瘠，寸草不生，生活相当艰苦。如希贾兹人、也门南部人、住在柏柏尔和苏丹之间沙漠边境及北非大沙漠的森哈杰族蒙面人；这些人一般无有五谷杂粮，只以肉乳为主食。再如荒野里的阿拉伯人，虽有时也食用粮食，但日常生活仍以奶为主。这些居民的体质，优于生活奢华之人，其体质、面貌、性格、心智、意识，均极完美。此乃经验证明，考察一下阿拉伯人、柏柏尔人、穆兰塞密人、图鲁尔人及各民族的情况，即知此说之不虚。

原因是，过多的营养及液汁，堆积腹内，产生劣等杂质，由肥胖而形态丑恶，颜色难看；杂质之气，上升于脑，遮蔽思维意识，而鲁钝、昏愚和偏激。考察动物，野牲与家畜，虽系同种，但差异甚巨。如羚羊为山羊同胞，鹿为骆驼之同胞，野驴、野牛为家驴、耕牛之同胞，但毛色、形态、构造之不同，不可以道里计。其原因无他，营养有节与否之故耳。比之人群，物阜民丰，佳肴美果，尽享口腹之乐，饱食终日，无所用心，思想迟钝，体态粗鲁，柏柏尔人即属之；而食大麦、玉米、粗粮便饭、饮食有制之麦撒米德人、厄玛勒人、苏斯人，其体质心智，均较优越。再如行乐作福的北非人，就不如蔬食淡饭的安达卢西亚人身心发达，易于教化。再如北非乡村之人，与城镇市民，亦有差别；市民虽生活富裕，常吃肉，食细粮，但因烹调熟食，一再加工，粗质养分已失，故体质显得苗条羸弱，不若乡民之茁壮、结实、彪悍；习惯于饥饿之乡民，体无余质，居文野之间。

贫富不仅影响体质，亦影响信教情况。无论城乡，凡节制饮食、清心寡欲之人，皆比饕餮好食、残暴不仁之徒，有道心和操守，故城市之宗教，一般不如乡下意识浓厚。富人没穷人耐苦抗灾，凡遇饥饿灾荒，富人一饿即死，受不起挫折。如北非柏柏尔人、非斯城人、埃及人，就比较脆弱。荒漠的阿拉伯人，以椰枣为食的奈赫勒人，食大麦与麻油的小非洲（突尼斯）人，食橄榄油的安达卢西亚人，就比较坚强，抵抗力强，因饥饿而毙命者颇少。原因是肥胖多食之人，饮食经常超过肠胃之需，肠胃因而膨大，一旦饮食减少，肠胃便松弛抽缩，随即生病而亡。死于饥饿者，都是被已成习惯之过饱所杀，非受骤然之饥所害。体瘦忍饥成为习惯之人，虽乍然减食，肠胃变化不甚悬殊，故能保持正常，无生命之危。饮膳要道，皆凭习惯，有节有制。违反习惯，超出定量，便为病害。病从口入，多余之食如毒药，不惟无益，反而伤身。以奶和青菜代替面粉，完全可以，同样有营养。节欲缩食的道学家，可以生活得很好。关键在于习惯，习惯成自然，习惯有多种多样，日渐修炼，皆可养成优良之习惯。忍饥抗饿，即其一种。医学家认为饥能害命，盖指全部绝食而言。倘如玄秘哲人一样，逐日减少食量，便毫无损伤。渐进之法，颇为需要。恢复食量，同样守此要道，猛然增多，同样有害。常见连续四十多日不食之人，照样活着。有两个妇女是绿岛和龙达人，数年不食，驰名遐迩，被送给艾布·哈桑王，教长皆出席试验，果不虚传。有的同道，以羊奶为食，日夜一餐，如是达十五年之久。典型事例，不胜枚举。总之，饥饿总比多食对身体有益，对智力有利。

又，体质决定于物质，以什么为营养，便有什么效果。如以强大之动物为食，则其族人必体大力强。其次把城乡之人加以对比，即可得到验证。再如吃驼肉，饮驼奶之人，其性格必艰苦耐劳，忍辱负重，肠胃亦同样健康受用，虽饮毒汁亦无妨害；如丹吉尔前的苦西瓜汁、迪雅斯汁、卡尔巴优汁等。假设把他们的食料给予羸弱的市民用，马上便生疾症。农民及有经验之人常说，以熟食拌驼粪喂母鸡，用它下的蛋孵鸡，其体格必比普通鸡子大。这种鸡子虽不照前法饲养，其蛋孵出之鸡子体格仍很大。这样的例子，俯拾即得。多食与少食，对身体同有影响。矛盾之物，必有相反之作用。饥能清除戕害体质之腐败杂质和汁液，饱则伤身害性。有德之人，当择善而从，岂不慎哉！

第八章　先知之特征及启示之真谛

安拉自人类中，选拔圣贤，耳提面命，天纵有智，为人主间之介绍，教人认识利弊，从正避邪，获得解脱，永离火狱之苦。安拉借先知，传授真知，表现奇能，揭示宇宙秘密，使人类恍然觉悟有主。先知为证实其圣格，必具一些特点和特征。

第一，先知的第一特征是诚实。先知受天启时，完全超出现实，为人眼所不能睹，以其超人的意识，与精神界的天使会晤。天使降低身份，与人接近；或振振有词，令其解悟；或化为人形，以传主谕。时过境迁，先知记其印象。至圣穆罕默德论启示说："天使来临，有时声如铃响，使我万分紧张，全身欲碎，记其所云。有时显为人形，对面谈话，记其所云。"圣训说启示是一种大事，先知以毕生之精力接受之。圣妻阿伊莎谓，穆罕默德受天启时，虽在严寒的冬季，也是额部流汗。《古兰经》云："我将授予你有重量的言辞。"即此之义。因此，庶物教徒攻击先知为疯魔，为中邪，为神祇作祟，实则他们被现象所蒙，不知究竟也。

第二，先知受命前，必品行端正，一尘不染，此之谓"免罪性"。先知有避恶抗罪之本能，罪恶与其天性水火不容。穆罕默德幼时同叔父阿拔斯修天房古庙，把石头装进库内而睡去。有一次他被请去参加宴会，见有戏乐便睡去，受主庇佑，不接近丝毫非理之事。他天生不吃生姜生蒜一类有恶气味的东西，因为常和安拉交谈之故。穆罕默德初受天启，圣妻赫蒂彻试验之，有她在天使即去，可证天使不同于邪魔，是天启无疑。听穆罕默德说，天使爱白色和绿色的衣服，白、绿二色为善和天使之象征，黑色为恶和邪魔之象征。由此足证是天启，不是邪魔作祟。

第三，先知皆劝人信教、礼拜、施散和节操。赫蒂彻及艾布·伯克尔，均以此证实穆罕默德之圣格，不求其他之证据。《布哈里圣训实录》载，穆罕默德曾致书罗马皇帝希拉克略，劝其奉伊斯兰教。希拉克略把穆罕默德的同乡同族招来，问其情况，内有古莱什领袖艾布·苏富扬。他问："穆罕默德教你们干什么？"艾布·苏富扬说："教人礼拜、施散、济贫、节操等等。"他说："你的话若属实，则穆罕默德必为先知，我之国土必归他所有。"希拉克略所指之操守，即免罪性。他亦以穆罕默德之人格及使命，证实其为先知，无须其他之奇迹应验。

第四，先知都是有威严的。《布哈里圣训实录》云：安拉所派之先知，在名族中皆有权势。艾布·苏富扬答希拉克略说："穆罕默德是门第高贵的。"易言之，先知皆有群众和力量，以防止昧徒之伤害，完成替主传教之任务。

第五，先知有反常之奇能。他们能为之事，别人则否，以此证实其使命。人们对奇迹的产生方式，言人人殊，说法不一。认主学家，根据自己行为之说，主张奇迹之实现，系凭安拉之大能，非由先知之行为。人类之行为，以穆尔太齐勒派看，虽出自自发，但奇迹则非其行为之类。有的认主学家认为，先知只凭安拉之允许，以奇迹做强调，证明其使命之真实。奇迹之前，先有"挑战"，实现之后，便为其使命之断然证据。奇迹表示“反常”与“挑战”之结合，故挑战为奇迹之一部。“挑战”是“奇迹”同“贤征”和“邪术”之间的区别点，后二者无须挑战和证实。贤征偶尔有之，只是证实“上人权”，不是强调“先知权”。是故，艾布·伊斯哈格诸位学者，不承认有超常之贤征存在，以免与“圣验”混淆。其实二者有别，二者虽都有挑战，但目的内容，各不相同。穆尔太齐勒派否认圣征，主张反常之事，非人类之所行，人类之行为，皆常见之事。骗子混淆是非，表演邪术，即不可能。艾什尔里派主张，奇迹之本质，在于证实和引导。假设有与此相反的奇迹产生，则证据必变为疑案，引导必变为迷惑，真实必变为虚伪。本质既变，表现本质之事便不可能实现。穆尔太齐勒派主张，颠倒黑白、混淆是非是坏行，不能出自安拉。一般哲人主张，奇迹是先知所为，因为事件相生，虽有赖条件因缘，但终于还是决定于主观行为。先知既有特殊之性能，支配万物之权力，故能随意表现奇迹，不论挑战与证实。故奇迹非断然之证据，无须以挑战与贤征、邪术做区别。先知为善止恶，奇迹无恶，邪术家则反是，其作为纯属罪恶。先知的奇迹，都有一定，如上天、钻物、起死回生、与天使谈话、空中飞走等。上人的贤征则不然，如以少化多，预言来事等，都与奇迹相差甚远。先知能做上人之贤征，上人不能做先知之奇迹。玄秘哲人，皆如此承认。

穆罕默德最大之奇迹，莫过于一部《古兰经》。一般奇迹，往往与启示有别，以奇迹帮助启示，理由不够充足。而《古兰经》本身就是奇迹，就是启示，用不着外界因素证实。因果一致，证据和所证者合一，理由充足，信者必众。穆罕默德说：“一般先知皆凭奇迹，招人信教。唯余凭启示，故来日余之信徒最多。”即指此而言。

第九章　天赋本能与智力锻炼

宇宙万物，皆有一定形式和规律，因果关系，有条有理，互相联系，彼此转化，奇妙无穷，永无终止。可感的物质世界，怎样逐渐进化，由土而水、而气、而火，相互制约，依次转化，上升下降，变为时间。继续上升，变为星界，玄妙、叵测，互相维系，皆有定型，人只能觉察其运动。有些人，能借运动，认识其质量和范畴以及有迹可循之诸实体。物质世界，怎样由矿物演变为植物、动物，由渐进而趋妙，美之定型；矿物之尾，联系植物之头，如草类及各种植物；植物之尾，如椰枣和葡萄，联系动物之头，如蜗牛和介类，二者仅有触觉。万物联系之意义，即其终有转化为有思想之人类。人类不止步于感性意识世界，乃要由感性界向更高的阶段发展。此乃吾人所见之终极。宇宙尽管复杂，森罗万象，但仍能觉察其迹象。感性世界有天体及元素运动之迹象，人类世界有发展及意识运动之迹象。凡此皆证宇宙必有与物体不同之精神效因，与万有取得联系，世界与万有亦有联系，这便是知性与运动性。其上必有另一存在，赋予意识力和运动力，且与之紧密联系，其实体纯为意识和思维，此即天使界。人有超凡脱俗、登入天使界之天赋，在其精神实体由实践而趋完美后，便能顿时臻于天使之境，入圣成仙。盖其亦与上界联系，此乃万物演进之总规律。人类精神有向上、向下之两面；下与肉体相连，借之获得感性知识，由行而思；上与天使联系，借之获得理性认识和预见真知。现象世界皆存于人之理念中，无时间限制。宇宙之秩序，实体和力量，皆互相联系，而不脱节。人类之心灵，虽为肉眼所不能窥，但为肉体所体现。身为心之器，周身肢体皆为心力而服役。行为即手握、足行、舌言，整个活动，皆以身体为主力。意识因具意识力，不断发展为较高的力量，借语言表达其思维力。外感力，借听官、视官等工具，由表及里，达到内感。内感以统觉为首，此种意识力，能把一切具体的感性事物，归纳为一种情况。统觉不同于外感力，因后者不能一时总知一切可感事物。由统觉而到想象，想象是感性事物反映于内心的力量，是客观事物的抽象。此二者皆为大脑一区所支配，前部支配统觉，后部支配想象。想象经而为理想力和记忆力，想象专门意识与有关实物的概念，如张三的诈伪，李四的诚实，父亲的慈爱，豺狼的凶恶等。记忆是一切意识之物的储备，像仓库一样，随时供人需要。此二者皆由大脑后区所支配，前部支配理想力，后部支配记忆力。这些内感力，一同发展为思维力，思维力为大脑中枢所支配。思想活动，理论见解，借之而生。心理借思想永远活动，思想有一种倾向性，从天赋的储能，到人为的效实，把可能性变为现实性，向最高精神境界，不断运动，持续发展。最后整个由人性升入灵性，与天使界交游。此乃由天赋本能而成，非由人力而为。

人类的心智活动，共分三类：第一类天然不能达到，因向下运动而中断，如有一定规律的感觉和想象，由记忆和理解而构成意境，人们借以获得肉体所寓思想能够达到之概念知识及判断知识。这些均为想象，范围有限，由开端至于先天阶段，不能跨越之。想象错乱，结果皆糟。这就是智力的有限性，受肉体物质之约束。一般学者的智力，只能到此止步，不能上升。第二类借思想运动，向天赋不需感官的精神理性和意识发展，其觉识超越了人类先天阶段的范围，驰骋于内识现象的太空。这种直觉，始有范围，终无限制。宗教学者、神学者、上人，皆具此种觉识。后世问壁幸福之人，亦即此种觉识。第三类天赋本能，肉体和精神，整个由人性向最高天使界发展，瞬间成为真正的天使，瞻仰仙境，聆取神谕。这是天赋领受，非为人力营谋。借此非常觉识，体会天意，传授下民。有时就见反响，仿佛诏谕，会其意而记之。有时见天使化身为人，相与谈话，听其言而记之。待由此境返回人世，顿时可知一切，不受时间限制。因其迅速，故称“天启”。天启，阿文叫“瓦哈伊”，即有“迅速”之意。听取声响，乃“先知”之品。听天使传旨，乃“使者”之品。后者较前者完美，此之谓穆罕默德论启示之精义。前者较为吃力，因为它是潜能变为实践的开端，其中不无困难，仅属听觉，别的感官则不能及。启示多时，成为习惯，神领意会，比较容易。前者用过去式动词，后者用现在式动词，很有修辞妙用。盖声响非言语，意识随之尽而尽，故以过去式称述之。天使出现面谈，意识时听新言，故以表多样变化到现在式称述之。

启示状态，一般说，皆很困难吃力，严肃紧张。安拉称之为“重言”。阿伊莎说，穆罕默德冷天受天启亦要出汗，即次谓之。考其原因，启示仍使人由人性上升为神性，听取内在言语，自我蝉蜕，由下而上，好不吃力，谈何容易？穆罕默德受天启时，精疲力竭，昏厥恍惚，初不能读经，经一再锻炼，始渐之容易。故《古兰经》陆续颁降，麦加篇章节较短，麦地那篇章节较长。如麦加篇曙光章，仅有数节，却分几次颁降，麦地那的忏悔章很长，穆罕默德在塔布克之战，骑着骆驼，一次接受。

巫术占卜，也属心理活动。人即有由人性上升为灵性的本能，先知能通过启示，渐趋天使之境，故人有另一种“理性分析法”，虽不如前者健全，但经过智力有意识地推动思想运动，可以不借感官，取得知识。此种认知，都是局部的或幻想的，如稀薄物体、兽骨、韵言、鸟兽等。长期练习，即能得到巫术占卜之知识。巫祝博士，不能卜知全称理念，其受邪魔驱使，借和韵和俳句，蒙蔽人之感觉，所出之言，有时正确，有时错误，不足凭信，只能令人玄测，不能给人确知。穆罕默德以符箓为巫术之主要特征，从穆罕默德答复伊本·萨雅德的话中可知，巫术常假借外力，客观印象投入巫祝意识，产生混乱与欺昧。先知之启示则反是，凭天赋，真实无欺。符箓表示预卜，比可听可见之事物，容易掩人耳目。有的人以为预卜之术，自先知奉命为圣之日，已经灭绝。正如天经所述，因邪魔阻止天机，天使以火星射击之。巫祝既跟随邪魔习天机天理，故自有圣之日，巫术即失。但此说法有证据，因为谶纬之学，可以出自邪魔，亦可出自巫师。天经只证明邪魔盗泄有关为圣之一项天机，非偷听一切天机。又，此种防止，只限于先知，因为先知为最大之光，万光因之而灭。如阳光大照，灯和星即失其明。故巫术之学，在先知时代全绝。但先知而后，此学又复活矣。有的哲人说，巫术行于先知时代，以后渐失，因为先知的存在，需要符合天运。巫祝的作为虽有缺陷，但能补足先知措施之完备。巫祝数目可能不止一个，但据天象，察天理，对先知事业不无益处。巫祝与先知同时，能认识其奇迹，信仰其不妄，因巫祝对先知之事有觉知之故。然而亦有妄图为圣、顽抗先知者，如伍麦叶·本·艾比·萨尔特、伊本·萨雅德、穆赛利迈之流。正信胜，妄念绝，巫祝必能接受最好之信仰，如图莱哈·

艾塞德、萨瓦德·本·格里布，因其信教笃实，对伊斯兰的开拓，颇有影响。

梦兆，是人在其精神境界见到现实之映象。梦境虽为精神的，但现实的映象仍系实有的。一切精神实体，都是物质、肉感的抽象，而成为形而上的。有时借睡眠登时实现，借之测知所盼之来事。梦兆有时隐晦不明，印象不够形象，概念模糊，暗示难懂，这就需要圆解；有时印象深刻，暗示清新，就无须圆解。人之享有梦兆，系因心具有肉感，亦有灵性之潜能，故人能成为纯理念之实体，具有纯精神之感觉，以补肉体实际之不足。但此种精神境界，不能及于天使界。这种本能，在上人为特殊之贤征，在凡人为普通之梦兆，在先知为最高精神之启示。梦兆与启示，虽相差甚远，但在灵感方面，有相同之处，故穆罕默德称梦兆为启示的四十六分之一，或七十分之一。相差之数不固定，取相差甚多之义，“七十”在阿拉伯人的习惯里，是泛指众多的意思。有的人说，圣训说“四十六分之一”，是因为穆罕默德受启示最初六个月是梦兆，为圣二十三年，六个月恰是其四十六分之一。此种说法，不合事实。穆罕默德受启示的期限虽是这样，但不能一切先知的启示期限，都是如此。况且此话，只是拿梦兆与启示的时间相比，并非以二者之本质相比。明乎此，即知此种差距，是由凡人与先知两种天赋的相比而来。凡人虽有此种本能，但很多物障，阻碍他进步。最大之物障，莫过于五官，故安拉借睡眠，使人超出感官限制，在唯理的境界，得到所求。穆罕默德称义人所见之清醒梦兆叫“喜报”。借睡眠实现此境，是因为心理活动，唯借机栝。盖伦解剖学说，此种妙气，以左心室为枢纽，随脉血管，回血管之血液而活跃，有感觉和运动，上升至脑，因其温凉而协调，完成内感动作。心灵借此妙气而感知和思索。造化的天机是妙体不能影响浊体。机栝即在肉体之内，前者为灵性，后者为物质，前者要想影响后者，必须借肉心，因心之构造，具备妙浊两种性能。认识分两种：外识五官，内识脑力。二者皆不同于精神实体之觉识。外感既为物质，便有疲乏用尽之时，而障蔽精神。因此，安拉赋予意识以完美的形式，使机栝全离外感，趋向内感。夜间凉爽，身体之热由外而内，深入体内，与机栝合，故梦多在夜间。精神摆脱外物，专注于平时所积于记忆里的映象，由统觉加以综合，由想象加以提高，精神实体的内识力，借机栝将之真实化，便成真梦。据圣训可知，梦有三种："真梦，来自安拉，不圆自明；暗梦，来自天使，需要圆解；杂梦，来自邪魔，无须圆解。"梦兆为人类通有之本领，人人皆可在梦中见到醒时习见之事实，心灵能在梦中觉知未见之事。梦境既然可成，则任何情况之下，皆无不成。盖意识体是统一的，其特性可遍于一切情景之故。梦境所见之事，皆出于下意识，非人力故为之。平素常想什么，梦中便见什么。《目的论》及一般圆梦书中所讲，睡时提说某些词句，能在梦中见到所盼之事，称之为"梦诀"。麦斯莱迈在《目的论》里说到"印号梦"，即人熟睡后，念一定的外国话，如"特号埃斯、耶司民德、埃达斯、突菲那、亚底斯"。即能揭示梦中之所求。相传有人做数夜试验，居然有人出现说："我即你印记。"将其想望，全部告知。但这不足以证明，梦为人有意识之作为。爱做性之所近的事，不一定就能实现之，理想不等于事实。

第十章　预言及玄理

有种人，从事预言卜辞，不凭星象，不经学习，只凭天资。如算命家、阴阳家、风水家、骨相家、鸟兽占卜者、狂人、暇眠者、假死者、道学家等，皆能以一定方式，探索玄理，做出预言。

这些皆属社会意识，现在依次论述，先做前提。前文讲到，人类心灵，具有预见事理之本能。人皆有储能之机体，向实践之肉体发展。凡储能，皆有物质及形式。心灵赖以健全的形式，即意识和思维。心灵最初具此潜力，接受全称概念及局部映象，然后借肉体之感性认识，使之变为实践。心为原质，映象循环不已。思维与行动，如此交替，永无终止。儿童初无自识力，思维尚不完备，不能掌握一切全称概念，其意识本身即是意识形态。意识随身体发育而完备，产生感官意识和非感官认识。感官的本性是由外而内，把意识力向外吸引。物障暂借人类之特性而消失，如凡夫之睡眠、术士之卜算，玄学家之修炼等，此时能窥见上界实体，与之取得联系。这些纯精神、纯理念的实体，具有一切实物的映象，借之呈现而获知识。映象到达想象，便有习惯形式，然后诉诸感觉。这便是心理具有预见意识本能之分析。以下分述之。

风水家、骨相家、谷物占卜，均属占卜，其地位最低。一般卜士，无须多的困难而超出物障，而这般术士需要将全部觉识局限于一种，故困难较多。其主要点是视觉，将精力集中于一般现象，结果意识对象即能预示其所求。有人以为，他们所见之景象，皆在镜面。其实则否，他们常注视镜面，最后镜面不在，有种帷幕似云，映出影像，即其所识，或肯定，或否定，指其所求。镜子及其映象，此时亦不可识，而产生一种非视觉的心理意识。骨相家、风水家所见者，即属此类。有的术士，专务气体、符咒，预示其所识，自称看见空气中有影像，暗示其所求。此种方术，较前者更容易蒙眼超感。世界真是无奇不有。鸟兽占卜，是心理想象力，借所见所听，导致如梦兆一样的知觉。狂士因体弱神衰，心理有了变态，暂时放弃病痛，沉醉于另外邪魔之境，胡言乱语，玄想幻象，真假混乱。其虽失感觉，亦借助外部概念。欺诈谎言，由此而来。算命者，与此种意识有关，集中思想，根据揣测，强调预见。其实则否。麦斯欧迪曾在《黄金草原》里不加考证地传述此事。阿拉伯人遇紧要之事，皆问卜占卦，以定吉凶。遇战争决斗，更是这样。文学书中，记载很多。蒙昧时代，有名的术士是西格·本·安玛尔及萨蒂哈·本·玛兹尼二人。后者只有须颅，浑身无骨，像布一样可以折叠。二人曾给拉比阿·本·穆达尔圆梦，解说埃塞俄比亚王告给也门的话，穆达尔王的话，至圣穆罕默德的为圣，给波斯王阿卜杜·麦西哈圆梦，这些都是传说的故事。阿拉伯的术士很多，诗歌中常提及之。如叶麻麦有拉巴哈·本·伊吉勒，纳季德有艾塞德族的艾布莱格·艾塞德。有种人初入梦乡，即能道出所想之事。头刚离体的被杀者，也能道出同类的话。有些暴君，杀囚犯做试验，果然不假。麦斯莱迈在《目的论》里说，把人放进香油缸内，吃无花果与核桃，停四十日，血肉全失，只剩须筋，然后取出晾干，不论公私之事，询之皆能答复。这是魔术之一种，足证社会之复杂，奇态百出。有种人以假死术，取得语言，使全身暂失机能，转给以诀咒。因绝食、意志集中，故能致此结果。身死感觉失，心灵即见隐奥之事。这种魔术，多在南北偏僻区，印度尤为盛行，印度人称之为“胡吉耶”，他们有专门著作，奇闻甚多。

至于玄秘道派，其功夫都是宗教的，没有妄图邪念，全部精神，倾注安拉，以得认主之真识感。他们借饥饿与赞词，进行锻炼，心有赞词则近主，心离赞词则中魔。他们的卜知，是后来偶然所得，起初并无此意。否则，必为二主矣。他们一心事主，戒绝杂念，杂念即二主，此道家所忌也。故大都避免修炼中产生预知玄理之副作用。他们称此预见为“悟彻”，称用心求知者为“贤征”。艾布·伊斯哈格·艾斯法拉伊尼大师及穆罕默德·本·艾比·栽德，均否认之，以避免与圣验混淆。辩证学家承认之，却以“奇迹”为区别点。有些愚蠢憨呆的玄秘道徒，近似狂士，仍能经过真人各个境界而成上人。有鉴赏力者，皆认识其情况。他们不受责成，能表述玄妙之事，不受约束，任意云答。教法学家多否认其成道情景，因其不行宗教责任之故。欲获上人品位，唯借功修，舍功修无由。大概有心灵，便能受安拉之殊恩。这些道徒既未失掉心机，则不像狂士一样神经点到，所失者只是受宗教责成之理性，未失掉生活常态，故并不妨碍得安拉之眷顾。但其中有的天生愚昧，好歹不分，不守教规，胡作妄为。

另有些星占家，借星象而行预言，其实只是揣测玄想，正如托勒密所述的那样。这些人称其方术为“沙卜”，设计出有四种奇偶不等形式的点，变出十六点形式，全部偶或奇是两个形式，一等奇数是四个形式，两等奇数共六个形式，三等是四个形式，共得出十六个形式。各有专名，根据星象，以定吉凶。并设十六段诗，如黄道十二座和四根幕柱，每一形式有一段诗、一道线、一种元素符号，由此演绎出占星术。占星术根据自然现象及偶然推测而定，无实在证据。他们说这是世界古代的启示，达尼亚理和伊德里斯先知均受此种启示。他们强调其合法性，引述穆罕默德之言为证："先知曾书写，合其书写者则正。"但圣训并未说画沙术为合法，只说先知受启示时，习惯上多在书写之时。此派称为"金星派"。

亚里士多德提到一种卜算术，能识别作战双方的胜负。用字母组成特殊句式，计算二者的表号，由一到千，算一词得出一数，依次推算，各除九九，两数均为偶或奇，则少者为胜；两数一偶一奇，则多者为胜；二者相等为偶，所求者为胜；二者相等为奇，求者为胜。他们定出九除律，把表示一的字分为四品："埃"表一，"亚"表十，"格"表百，"士"表千，合为一词，曰"埃雅朱者士"。再把表二的字合为三品："博"表二，"克"表二十，"尔"表二百，合为一词，曰"博克尔"。再把表三的字合为"哲勒斯"一词，如此类推，共得九词，即"埃雅朱者士、博克尔、哲勒斯、代摩特、海奈司、沃索赫、宰俄大、哈弗祖、特度阿"。这是古代通行的方术。现在艾布·阿拔斯·巴纳，发明另一九词法，比前者更正确，即"义尔卜、耶斯格特、哲兹鲁特、穆代沃素、海夫、台罕祖尼、阿士、海俄、塞度士"。而此种方法，详细考察，皆为骗术。

北非玄密道学家艾布·阿拔斯·赛义德，于伊历六世纪末，在摩洛哥发明一种所谓"扎耶尔哲"占卜图，非常神秘，人多爱好之。其图式是画一极大圆周，内画很多圆周，表示诸天体、元素、万物和灵界，每周分各部，每部经中心点，点有字数目形，周面有表，宽有五十五段诗，纵有一百三十一段诗，由塞维利亚学者马立克·

本·瓦希卜题诗句。欲解答问题，便反复诵读，足能由已知推出未知。赛海勒·本·阿卜杜拉，发明了一种与此相似的方术。这种方术的秘诀，在于根据问题的语气，进行解答。技术娴熟者，皆不难为之。

第二篇　论牧民、蛮族、部落及乡村社会状况

第一章　乡村与城市之形成

人类世代之不同，取决于他们生活方式之差异。人类社会，互助谋生，由急需者开始，渐及于次要者和多余者。有的耕地种植，有的牧畜，养蜂养蚕，需要广袤农场和牧区。城市既然人多地窄，故农民与牧民，不得不住乡野，此必然之趋势。居乡之人，自然从事耕牧。这样一来，其社会结构、物质生活、文化需要，当然简朴，只能图存，无法奢华。当其生活方式改变、生产富裕之时，便要求定居，提高生活水平，饮膳肥美、服饰华贵、居室宏丽。于是，城市出现，而享文明。谋生之道，有实业和商业，利润丰厚，阔绰富足，远非乡村能比，故其社会形态自别于穷乡僻壤。由此可见，乡村与城市之分，乃自然所需要，势所必然，不得不然也。

第二章　游牧人之习惯与阿拉伯人之天性

乡民生活方式既为耕牧，其衣、食、住、行生活资料，亦仅限于最低需求，无过高之追求。或住毛帐，或栖树上，或宿茅棚，或居山洞，只为避热御寒，别无他求。或食野生，或吃粗粮，或用原粮，生食熟食，均无不可，唯图充饥，不求易咽。

农民一般生活较苦，栖居深山大野，普通柏柏尔人及外邦人，均属之。饲养牛羊的牧民生活更苦，为找适宜牧区，常逐水草而居，辗转不定，来往于荒野，柏柏尔人、突厥人及其同胞土库曼人、斯拉夫人，皆属之。牧驼人的生活为最苦，为了驼的生息繁衍，必须寻找有甜水、有绿草、有树林的地带，适应气候，移动驼厩，颠沛流浪，受尽冷热之苦及生活之折磨，崇山峻岭，与野兽交往，远离人世，最为孤贫。阿拉伯人属之，北非柏柏尔乡民、扎纳塔人、东方库尔德人、土库曼人、突厥人，均属之。但阿拉伯人专事牧驼，其他牧民，兼牧牛羊，故阿拉伯人最艰苦，是标准之牧民。由此可见，阿拉伯人之天性，乃自然所形成，为文明所必需。

第三章　乡野为文明之基源

乡村生活限于必需，城市生活在于奢华，奢华来自必需，故乡村先于城市，粗野为文明之基础。盖人类要求，皆由低而高，由粗简而享受，由生存而生活，故文明为乡野发展之目标。乡民积蓄过多，便要求享乐，过文明生活，有能力领导城市。原始部落的情况，大抵如是。

市民不盼乡野生活，除非有迫切需要。考之城市居民最初多系当地乡民，渐因殷实致富而迁城市。可证城市由乡村演变而来，文明发源于粗野，后者先于前者。又，城市与城市，乡村与乡村，其情况亦不仅同。甲地区大于乙地区，乙部落胜于丙部落，丙城市较丁城市繁荣，诸如此类。由此可见，先有乡村，后有城镇，乡野第一，文明第二，前为根，后为梢。

第四章　乡民比市民善良

人有接受善恶的本能，近朱者赤，近墨者黑。穆罕默德云："人生来都是纯洁无邪的，后来父母使其变为犹太教徒，或基督教徒，或拜火教徒。"先入为主，善恶谁占先谁胜，习乎善则远恶，反之亦然。城市居民，因犯罪之因素较多，沉湎于现实嗜欲，故是习染恶德，不易为善，寡廉鲜耻，不服教化。乡民虽也有观世需求，但只限于最低限度，并不纵情放荡，纸醉金迷。间或有恶性丑行者，比之市民，为数甚少，实不足道。乡民一般来说，天性朴实敦厚，易受教化。文明为进化之终，却为罪恶之始，事事皆为相对。由此可见，乡民较市民为善良。安拉喜爱敬慎之人。

《布哈里圣训实录》所载哈贾吉之言，不能驳倒以上定案。哈贾吉对赛莱迈·本·艾克瓦阿说，他到乡下住，一个牧民劝他说："你复返为牧民吧。"他说："不，但穆罕默德许可我居乡村。"

迁移，在伊斯兰初期，为麦加人所当行，以便维护穆罕默德，完成其大业。但迁移不为乡民所当行。因为麦加人与穆罕默德有盟约，乡民则否。迁士常求安拉保佑，免于居乡野，而不得迁移。赛尔德·本·艾比·瓦葛斯病于麦加时，穆罕默德说："主啊！你准许我之门迁移，勿返于故居。”意即常居城市，不要离去。据说，这是在胜利之前，那时穆斯林人少、势弱，需要迁移。胜利后，穆斯林人多势众，穆罕默德受主护佑，不再遭人暗算，故停止迁移令。穆罕默德云：“胜利后，无迁移。”据称这是对胜利后奉教者而说。一说是对胜利前奉教而迁移者而说。学者公认，穆罕默德逝世后无迁移，这时圣门弟子分居四方，多居城市，此即迁移。哈贾吉之言，是指责赛莱迈之离城居乡，赛莱迈之言说明穆罕默德对他之特许，有如胡则默及义那格之证据。总之，迁移之规定，是为保护穆罕默德，非为贬薄乡村，故不能说乡村劣于城市。

第五章　乡民比市民勇敢

城市人迷恋于享受快乐，沉醉于舒服安逸。赖执政、警卒保卫其生命财产，靠城堡工事御敌挡匪。不练武，不打猎，逍遥自在，苟安偷生，文质彬彬，与妇孺无异。久而久之，称为自然，牢不可拔。而乡民远于社会，独处山野，没有城垣，没有宪兵。抵御之事，只靠自己，不赖他人。身不暇眠，荷枪骑马，巡视四方，治安保苗，深入大山，捕获行猎。故习武成为习惯，勇敢成为天性，救人除害，在所不惧。市民下乡或在旅途，自顾不暇，唯乡人是助。此种情况，比比皆是，到处可见，无用饶舌。原则是，人为习惯之产物，非为天性之儿子。习惯成自然，有何习惯便有何种性格和才能。多观察风土人情，即见此说之正确。

第六章 法制礼教对人性之毒害

官吏统治人民，人不得自理自治，被别人管制。但官对民来说，总是少数。行王道仁政，发刑法囹圄，则民性舒展，自成强悍。行霸道苛政，施暴虐恐怖，则摧残民性，自然萎靡堕落。卡迪西亚之役，朱哈拉·本·哈维耶追杀伽利努斯，获价值七万五千金币之战利品，统帅赛尔德夺之，曰："怎不待余命？"复致书哈里发欧麦尔，欧麦尔命他把战利品还给朱哈拉，莫损其心力和锐气。用法制刑罚，人不能自保，自然丧失勇敢，自卑自贱。用王化礼教，使人自幼奉公守法，惧怕服从，丧失蓬勃朝气，唯唯诺诺，没有斗志。因此，游牧的阿拉伯人，较王法辖治下的人民强悍，有魄力。跟学究先生读书念经的学生及受官方教养的政客，均失掉此种精神。伊斯兰的教理则不然，它给人以正信和教规，奖善惩恶，穆斯林受穆罕默德的薪传，圣门弟子以教法治理社会，不同于人为之教育，不惟不减弱人之勇气，相反，使人斗志昂扬，威力百倍，所向无敌。信仰即力量，对人有百利而无一弊。欧麦尔说："未受教法熏陶者，即未受安拉之教化。"安拉最知人民之利益，使人人独立自主，凡民皆王，尽量发挥天赋人权和本能。法制兴，宗教废，教律成为课读，人们守法以绳，民气不振，有如失魂。由此可见，王法王化是害民之贼。市民受其摧残最大，从小至老，从个人到团体，皆不能幸免。乡野受王法王化影响不大，故仍保持原始魄力及人性之常。穆罕默德·艾比·栽德在所著《师生规矩》里说：“老师不得打学童，最多三鞭。”即此之义。

第七章　部落靠团结精神生存

人性天生有向善之倾向。《古兰经》云："安拉示以善恶之道。"不受宗教教养，接近恶道，便易作奸犯科，除安拉眷顾者很少例外。最常见之人性，便是暴虐迫害，弱肉强食，互相侵略，抢劫人财，唯领袖能制止之。常言道："不义人之长，节操能御防。"

城市侵略，由政府法官制裁之，没收其赃，物归原主，受强权钳制，不得不停止作乱。除非执法者犯法，危害良民，无法抗除。城外侵略，或设城防，或调兵援，皆可以御之。乡野素由乡耆酋长处理争讼，民皆敬服，遇有侵略，他们便组织骁勇壮士而抵抗之。但必靠"团结精神"或宗法关系，始能团结坚固，万众一心，取得胜利。亲爱亲族，救护同胞，乃人之恒情，故人皆为血亲及党众效忠。如是，必能互爱互助，威震四野，使敌人不寒而栗。《古兰经》载优素福被其众兄长所害，他们回禀父亲说："我们本系同众，他被狼所吃，我们实为伤折之人。"义即同类不相残，不能同室操戈。不同血统之人，很少拔刀相助，患难与共者。

遇了大战，国内大乱，人皆自顾不暇，死里求生，免于毙命，不得不背井离乡，为外人所吞并、不得不离开故乡，奔命他方。由此可见，领土、宗教、国家、主义，无一不在防止人性之爱杀好斗。以杀止杀，以战争止侵略，战争既不可免，必须以团结精神为先锋，始能转败为胜，克敌制胜，共御外侮。舍此，必败亡矣！

第八章　血缘关系为团结精神之本

骨肉关系，为人类之自然，很少例外。一条根，亲顾亲，休戚相关，祸福与共，乃不移之天理。亲不相害，亲不相侵，盼亲人逢凶化吉，免灾避难，属人情之常。血缘越近，团结越密，关系越显，相助之责越重。血缘较远，情分疏离，又能以连带关系，尽应有之责任，以免内疚和良心之谴责。友谊和同盟，与血缘类同。邻居、友朋、党羽与亲族同样能激起相爱相助之感情，故能产生“团结精神”。借以可以理解穆罕默德所说“习手谱系，以接近亲”之真谛。易言之，血统关系之裨益，体现在互爱互助之团结精神。关系近则此精神存，疏远则失。求血统，而无此精神，是为儿戏妄举，毫无意义。常言道：“谱系之学，乃无益之知识，无害之愚昧。”意为空讲谱系之学，失却团结精神，虽有理论而无实效。

第九章　血缘关系唯在游牧之阿拉伯人中较为突出

孤居山野之阿拉伯人，环境恶劣，生活窘困，命运所需，不得不靠“血缘关系”生存。如前所述，他们的生活方式是牧驼。牧驼需要草木沙原，必得深入荒野。荒野最为穷苦，久而久之，成为自然，习惯养成团体，自成体系，与外隔离，参加者、逃出者，均不多见，故血统不乱，保持纯洁。因之，血缘关系，比较显著。

考证古莱什族之穆达尔、克那奈、塞基夫、艾塞德、胡扎伊勒及其为邻的胡扎阿诸族，皆无庄田，生活极苦，不比叙利亚、伊拉克乡民殷实，其血统毫不混乱，血缘关系分外突出。而居丰富牧区、生活较好的阿拉伯人，如希木叶尔、凯海兰、莱赫姆、朱扎姆、加萨、塔伊、古达阿、伊雅德诸族，相互通婚，血缘大乱。同时，又有异族加入，他们毫不在乎。欧麦尔说：“应学习谱系，莫如奈伯特黑人，问其根源，则说某村人。”义即阿拉伯乡民同富庶区之人交往，通婚，致使血统大乱。

伊斯兰初期，有迁居之风。据云基奈斯林军卒，可到大马士革、各名城及安达卢西亚。战胜的阿拉伯人只有特设住区，以此为标志，忽视血统特征。在各大城市，与异邦民族通婚，阿番杂交，故血统关系大乱，团结精神亦随之消失。而乡野仍保持如初，一切如故。“安拉乃世界人类之继承者。”天经之言，良有以也。

第十章　血统混乱之原因

某一族之人，因亲戚，或联盟，或友谊，或逃罪，参与另一族，强调其血统，行施血缘权益，予以照顾、援助、赔偿等。血统唯在权益，不享权益，空徒族名，毫无意义。行一族之法，始为一族之人。年深代灭，忘掉血缘，无人知晓，便永为另一族人矣。蒙昧时代及伊斯兰时代，民族血统就是如此转化、交融。考究一下蒙齐尔人血统之复杂，即知血统混乱产生之原因及其过程。比如阿尔法加·本·哈尔塞麦，原为艾兹德族人，因有血债，转入巴吉莱族，欧麦尔以为他原系该族，命之为该族领袖，后该族人揭发实情，另换贾利尔管理之。血统混乱，竟至如此。此种例子，古今很多。日久天长，源流已亡，始末概不可靠矣！

第十一章　霸权归强者所有

每一血族或部落，虽有共同的血统，而为一个社团，但其中亦有特殊的血统，而成小的社团。核心社团较大社团，更为团结。本家较远门亲、同胞弟兄堂兄为近。小族参与大族，行使双重权益。小族因较团结，故较强胜。霸权永归胜者，小社团互相竞争，必有一个胜者，故领导权永归强者之社团所有。如是，领导权即能巩固完美。倘若较弱的社团掌握领导权，则必易失。领导权转来转去，最后仍归最强者所有。盖社会、党团，有如合金，元素相等，成色反而不佳，必须有一特殊者。否则，便合不成。这便是团结精神必以强胜为条件之奥理。由此可见，领导权永归特强之嫡系所有矣。

第十二章　不能借他人血统取得领导权

领导权唯凭强胜，强胜唯凭团结精神，故统治其人，必有强大之党羽，把一切社团各个击破，使他们觉其威而服从之，脱离自己之血统而归属之。领袖与群众之间，没有血缘关系，只有结盟友谊关系。但无血缘关系，又不能战胜他们。假设他是参与他们之血统，那么，他及其以前的人，在此以前，是如何取得霸权呢？其最初必是规划血统。规划血统，无法取得霸权。由此推之，霸权必是由强胜的党团继承而得。很多领袖，因别的部落或社团之勇敢、仁义、名望、特种美德，而冒充为同一血缘，借以树立威信，取得政绩。其实心怀成见，瓦解被统治者之团结，灭其精神元气，以巩固自己之地位。此种例子，现在很多。如扎纳塔人，自称为阿拉伯人。希贾兹祖额拜支族拉巴布人，自称为苏莱伊姆人，其中舍力德人，自称为棺材匠阿米尔的后裔，而成该族领袖，称作希贾兹人。阿卜杜勒·嘎威·本·阿拔斯人，自称为阿拔斯·本·阿卜杜勒·穆塔里布的后裔，贪爱其尊贵血统，假托阿拔斯·本·阿提耶之名。人所皆知，没有一个阿拔斯人会到北非去。这里最初的建朝者，都是阿拔斯王朝仇敌阿里什叶派的伊德里斯王朝、欧拜德王朝（法蒂玛王朝），那么，阿拔斯人怎会变成阿里派呢？特累姆森国的扎雅奈家族，自称为卡西姆·本·伊德里斯之后，其实这只是为在本族逃罪，冒充成该族之卡西姆，而取得霸权。其实领袖取得政权，只凭党的团结精神，无须什么血统，这只是王的近臣亲信故为拉拢鼓吹，攀高结贵，遂驰名展扬，不可收拾。素丹耶额穆拉森说："红尘与王权借剑而得，非凭门阀而有"。祖额拜族赛阿德人自称为艾布·伯克尔之后，图津族赛拉迈人自称为苏莱伊姆之后，扎瓦维达人自称为巴拉密凯之后，东方塔伊王号称穆罕纳人，亦自称为其后裔。既为民众领袖，就不能强调这种血统关系，只能强调望族或强盛之宗派。穆瓦希德王朝马赫迪之归属阿里派血统，不能与前些同日而语。马赫迪不属霸权之原，其为领袖只在品学著名，加入麦撒米德部落之后，他与民不是直接同源，只是间接同源。

第十三章　有族党始有宗法门阀

祖光与门阀，唯凭行为。人皆爱夸祖上荣耀，以其丰功伟绩，鞭策自己，提高其身价。人之生殖同根同源，正如穆罕默德所说："人系矿物。蒙昧时代优秀者，伊斯兰时代必亦优秀。"由此可知，门阀之义，以血统为准。血缘之效果，在互爱互助之团结精神，有此精神血统才有作用。世家祖先，能增加血缘之功用，故宗法门阀为族党之要素。大团结之内既有宗派之分，吹比历史功绩，自属必要。分门另住之城市居民，亦有依次方式，强调门楣，夸耀先人之功，以此提高社会地位。实则他们并无真义的阀阅，只有喻义的世家，因其已无族党宗派之精神。有些部族，最初有显赫事迹，后因文明失掉团体，情况恶化，但仍憧憬过去，追求虚荣，自以为是贵族豪门之后。其实前后脱节，毫无关系可谈。阿拉伯和异邦初期住城之人，多有此种恶习。以色列人尤甚，其列祖列宗，固然在世界史上享有盛名，自亚伯拉罕至摩西，圣贤辈出，教典大备；又有英明君主，因团结精神而强胜。但后来时过境迁，一切皆变，他们卑贱可怜，流浪四方，临于迷途，达数千年。可他们仍迷古恋古，说某某为亚伦之后，某某为约书亚之后，某某为迦勒之后，某某为犹大之后。其实族党早失，每况愈下，不堪回首矣。不少失掉传统和族党之市民，多有此种梦呓幻想。伊本·路世德在“第一导师”著作的摘要《修辞学》里只说，门阀为古代城市人所有，没有提到吾人所讲之族党团结精神之条件，实为大谬。演说者皆为执政者，要人听从，只凭祖先无有实力，等于痴人说梦，谈何容易！城市人固属此类。伊本·路世德所居之山区和城市，可能已无族党团结精神，故泛之论述，如此肤浅，不若吾言之翔实。

第十四章　臣仆借职务而成世家

权豪势要，实际上，为朋党所有。奴隶、用人、臣仆，皆以职务，参与一般人之宗派，全凭人为的关系，不凭原有的血统。从者入主人之伙，即为主家之人，主仆皆一，仆从主行。穆罕默德说：“人之仆，则属之。”此包括一切主从关系，奴仆、家人、使女、臣宰、弱部落、附庸国，皆可归化其主人、上司及宗主之党团。其原来之势力已去，故不能用本初之血统而发迹，必借现有之职位而谋之。

但无论如何，在下者赶不上在上者之显赫。奴隶可升为臣仆，臣仆累代为宦，自然借官职形成豪门世家，后辈又以血统成为团体，称霸于世。比如阿拔斯王朝的突厥裔臣仆、巴拉密凯家族、诺伯赫特家族，都是借国家职位，形成豪门巨富，雍容华贵。

贾法尔·本·叶海亚之成为最大之家族，只凭服务于哈里发哈伦·拉希德之政治关系，非凭波斯血统。国家官吏，皆以人为的仕宦关系形成统治集团，并以此发家致富，有权有势，享有名望。其原来之血统关系，已失去作用。

有时以新的政治关系，代替旧的政治关系，以后一宗派的地位，替换前一宗派的地位。如巴尔密凯本为波斯世家，掌握火庙朝参大权，后为官于阿拔斯王朝，成为新的贵族。此乃由新的政治关系所造成，与旧的社会地位无涉。事实证明余说之不虚，其他迷惑人心之谬论皆不可信。《古兰经》云：“据安拉看，你们最优秀者，乃你们之最敬畏者。”

第十五章　兴亡不定及四代业败说

世界万物，无论实体或属性，皆循生灭兴亡之理而行。动物、植物、矿物及其从生现象，无不如此。人类犹然，科学、工艺等，先产生，而后泯灭。霸业、权势、富贵，既为人类派生之物，必然盛衰无常。没有一个人，自古及今代代尊贵，只胜不败。尊贵之伊始，亦即卑贱之开端。易言之，先无而后有，尊贵之先，必为庸俗，尊贵之后，必反于原初。业败于四代，因为创业者，深知惨淡经营之不易，尽量保持缔造之行为。其子亲聆乃父之教言，而遵守之，但子唯听创业之概念，不能体会其真情。三代亦能守业，但又不如二代熟悉。到了四代，全忘其传统及立业之家规，不知创业之艰辛，以为祖先传授，无甚稀罕，重视血统，小看党团，忽视作为，对人不逊，头掉臂助，强胜者崛起，抵人不过，自然业尽人亡。政权王位如此，部落、诸侯、酋长、党魁、都市家族，无不皆然。物极必反，此起彼伏，必然之理。《古兰经》云：“安拉意欲，便消灭你们，造出新人。此在安拉不为难事。”

业败以四代为限，系就大概而论，当然亦有迟到五、六代者。四代为最低限度，即创业者、守业者、承业者、败家子。穆罕默德说：“四代皆贵之人，为先知优素福，其父为叶尔孤白，祖伊斯哈格，曾祖易卜拉欣。”意即优素福达到光荣之顶点。《旧约》亦说，安拉以祖先之罪，祸及三四代子孙。由此可证，血统以四代为定。

《诗歌集成》载，波斯王问努尔曼说：“阿拉伯有尊贵部落否？”努氏说：“有。”波斯王问：“凭何德行？”努尔曼说：“其人三代接连为领袖，四代登峰造极，豪门世家，皆出其祖。他们是盖斯家族、夏伊班家族、艾什阿斯家族、哈吉布家族、盖斯·本·阿绥姆家族，他们均为其民首领，处理公事。其次是侯罕法、艾什阿斯、毕斯塔姆、哈吉布、盖斯等，他们皆向公众演说。”波斯王说：“他们为民之首，各得其所。”此外，哈希姆、祖布扬等，均为阿拉伯名门望族。由此可证，血统以四代为限。

第十六章　蛮族能够制胜

粗野为尚武之因，蛮族较他族强悍，故能取胜，攫其所有。一族之情况，辄以时而不同。居乡镇者，较牧民生活舒适富裕，故其勇敢性大减。野性受人圈养，生活改变，其性情亦变，不若原初之彪悍。野人与文明人杂居，变为驯良，勇气遂失。原因无他，习惯决定天性。勇则胜，最粗野之部族，虽人数力量与敌悬殊，亦能制胜。如穆达尔人战败有王权的希木叶尔人和凯海兰人，又战败居伊拉克乡镇的拉比阿人，掠其财物为己有。其原因即穆达尔人比较原始野蛮，他族比较文明享乐。塔伊人、阿米尔人、苏莱伊姆人等，比穆达尔、也门诸部族更为原始，更能保持勇敢性及团结力，故攻无不取，战无不克，无人能敌。阿拉伯各部落情况皆然，文不如野，富不如贫，愈原始者，愈强盛。此乃天道所使然也。

第十七章 政权为党团之目的

捍卫、防御、抵抗、要求以及集体的一切事情，均赖团结精神。人之天性是凡社团皆需要总裁，处理公众之事务，令其分工合作。故总裁必有党羽，而胜过公众，强制其拳拳服膺。否则，就不能驾驭之，完此重任。

强制就是政权，比领导权更进一步，更为有力。领导权只要求服从，没有强权法制。政权则有强权、强制。党魁的欲望无穷，要求很高，有了霸权，定要政权。公理强权并举，乃心理常情。欲达此目的，唯借党羽及其团结精神。故政权专制，乃党团之目的。

一个部落虽包含很多家族及族党，但其中必有一个较强者，领导一切，统理一切。否则，便分崩离析，各自为政，争执不已。《古兰经》云："倘若安拉不使人互相抵抗，则世界必乱。"

战胜本族之党团既成，必要求战胜他族之党团。如对抗不服，则诉诸战争，胜利属于强者。如此个个征服，人多势众，欲望益高，最后剪除群雄，独霸天下，取得政权，改鼎建号，是为国家。国力尽，不能与客观势力对比，则国必亡。借己党而立国者谓专制独裁，借他党而立国者成为附属傀儡。如突厥人之于阿拔斯王朝，森哈杰及扎纳塔之于库塔麦部落，哈木丹人之于阿里什叶派及阿拔斯王朝诸王。由此可见，政权为党团之目的。某族达此目的，某族便建国家，不论其形式如何。国家形式，以时代及对比力量为准。阻力多，故不能达，裹足不前，事业必败！

第十八章　奢华享乐为亡国之症结

民族以团结精神取胜，获得一定的财物，与富豪共享荣华，以政权参与其事。国有威，无人与之争，无人夺其权，朝野皆服，国泰民安，靠税赋贡物而享福，不再有领土野心。征服之年，一心沉醉于安静生养，物质享受，锦衣玉食，宫殿台榭，极尽奢华阔绰之能事，丧失原有之团结及魄力、朴实及斗志，满足于眼前富贵。代代如此，敷衍塞责，不理朝事，不尽党职，习惯成性，积恶日深，精神涣散，萎靡不振，当灭则国亡，一切皆成明日黄花。国靠团结精神以胜，无此便不能防御和进取，浮华能腐蚀之，如是必为异族所吞并。由此可见，奢华享乐，实为亡国之症结。

第十九章　自卑与屈服乃灭种之主因

自卑与屈服，能摧毁团结精神之锐气及威力。族党倘有此奴性，证明其党性及团结精神之消失。自卑成性，即不能防御，遑论抵抗与进取。以以色列人为例，先知摩西告诉他们，说上帝有命，要他们去叙利亚建国。但他们无能为力，说什么该地有顽民，要摩西表现奇迹，求上帝驱逐异党。他们如此无能与堕落，从《古兰经》含义看，即因他们长期屈服于科普特人，自卑成性、失却团结力所致。故不相信先知教言，不敢去叙利亚同命定失败的亚摩利人一决胜负，而建立国家。被奴性所占有，只会诽谤先知，违抗天命，结果造主惩罚，让以色列人在叙利亚、埃及之间的旷野流浪四十载，抵抗不了叙利亚亚摩利人的强暴及埃及科普特的凶残，进退维谷，既无城市，又无人烟，尝尽颠沛之苦。上帝如此惩罚的奥义，在于消灭卑屈成性、失掉活力的垂死的一代，代之以自尊、强盛、有团结、能进取、朝气勃勃的新生代，挽救民族的灭亡。由此可见，四十年为世代新陈代谢的最低年限。这亦充分证明团结精神的重要，有此始有自御性、抵抗性、向上性、战斗性，舍此万事皆休矣！

割地赔款，称臣入贡，是奴性的一种。亲手供而奉之，即自甘屈服卑贱之表示。除刀放脖上，健康之良心，孰愿受此侮辱。如此奴颜婢膝，即证团结精神之衰弱，不能自保自主，抵抗外侮和迫害，更谈不到进取强盛，唯有苟安偷生，日暮穷途矣！穆罕默德见辅士家铸犁即说："谁家有此，谁家必贱。"此证税赋为致残之因素。何况强权诈术，勒索苛敛，奇耻大辱，真欺人太甚。一个民族能安于此种压迫，而毫不在乎，便无立国之希望，永无前途。由此可见，某些人之错误，说什么北非牧羊的扎纳塔人，向当代君主纳贡。果真如此，则王不正，政府亦偏矣。阿卜杜·拉赫曼·本·拉比阿，求艾勒巴布王夏哈拉·巴拉兹保护，以归附之为条件，他说："今天我投顺你们，一切交给你们，愿安拉赐福，我们入贡，你们随意帮助，勿以贡赋贱虐我们，勿让敌人侵伐我们。"玩味此言，即证余说之可靠矣。

第二十章　竞善比美乃强国之标志

国家因含社会之性质，是为人类所必须。人有天赋本能及理性语言才能，故好善而恶恶。论动物性，人近于恶；论人性，则近乎善。国家政治，为人所独有，人与动物之别也在此。善为政治之标准，故美德道义，乃国家之特征。光荣之基础，是团结精神；光荣之枝干，是德政功绩。国家既为团结精神之目的，又为正义之目的。国家无道义，如人无肢体或赤身露体。世家和亲族只有团结精神，没有善行，即为缺点，何况为一切光荣、一切宗派之目的的国家，更不可对道义须臾或离。政治与国家，乃人民之保障，替其王执法治世之机器。安拉给下民之律令，乃纯善和利益，各种教规皆证明之。人为之法律，出自愚蠢与邪魔。与安拉之全能，不能相提并论。安拉善恶齐管，除他孰能为之。获得强盛之党羽，具备执行天法之政绩者，实堪为庶民领袖。此种证据比前者更为有力可靠。由此可见，德政乃国强之见证。伟人大国，皆竞争于正义善行。如仁慈、恕过、谦虚、好客、慷慨、济贫、忍辱负重、实践约言、保护名誉、遵守教规、礼待学者、接受建议、喜爱信士、欢迎祝福、尊敬老人、服从真理、善待弱者、扶难解困、为民纾难、听取冤诉、力行教义、实行功修、免用诈术、绝不爽约失信等，不一而足。这些都是政治道德，政治家有此风度，实堪为民之王，且为民所景仰。安拉以此德行，使党团强胜，故不可等闲视之。领袖受安拉重托，为百姓之表率，为一国之首脑，不可不重修养。道兴政举，道亡政息，清明之德政，乃国强之祥瑞。反之，作奸犯科，胡作非为，道德沦丧，政治黑暗，必为亡国之兆，不久政权落入人手，悔之莫及。《古兰经》云："余灭一地，必令其罪魁，大事破坏，卒应所言，彻底灭之。"先民之史例，其少也哉！有团结精神之种族，皆在道义方面，互相竞赛。争胜图强，乃大国之风度。大国皆尊敬贤哲、善人义士、正人君子、商贾技工、异族外宾，使万民各得其所，各安其位。在朝者需要在野者之支持，以便团结日固，势力扩张，故前者尊重后者，为事实所必须。争取有政治理想之人，使其参与政事，是为特殊之政治。联络一般大众，共襄政事，是为普通之政治。道德家为人模范，宗教家劝人为善，学者启发愚昧，商人供应物资，皆有利于国家人民。对之以礼，亦仁政之表现也。王以国存，国以民兴。国有道，一切皆胜。国无道，一切皆败。道为国之魂，安拉消灭一国之先，必夺去其道。在上者胡行，在下者乱碰，不知所为，只有走向死亡之途耳。《古兰经》云："安拉欲恶化一族人，则无人能挽救之。"诚哉斯言，可不慎欤？

第二十一章　蛮族版图无限广

蛮族因为尚武好战，强胜专制，役使他族，视为牛马，故所征无敌，版图极广。如阿拉伯人、扎纳塔人、库尔德人、土库曼人、森哈杰的蒙面人等，皆属之。他们无邦家观念，异国与祖国对他们都是一样，故其领土不受国界限制，普天之下皆可征服，各族人民皆为臣子。哈里发欧麦尔登基之日，鼓励人们进军伊拉克，他说：“你们希贾兹人没有国家，只有村落，民不能胜。受王重托之迁士，到何处去？天经所教，安拉让大地归你们所有，故大丈夫应驰骋天下，四海为家，以便正教战胜万教。”再看古代阿拉伯的泰巴比阿人、希木叶尔人，怎样从也门向北非、伊拉克、印度迁移。再如北非的蒙面人，为开疆拓土，从第一区的苏丹附近，直达四、五区的安达卢西亚。只有蛮族有此武力，故其领土最为辽阔，版图无限宽广。

第二十二章　国家命运决定于政党

一个民族，凭强盛取得政权，其他民族，无不服从。但胜者皆想做官，粥少僧多，官多爵位少，尔争我夺，结果能者上台，弱者被黜，上者为刀俎，下者为鱼肉，上层享乐，下层服役，矛盾愈深，日益腐化。被统治之民族，失意不满，觉悟形成舆论，意识形成团结，力量充沛，等待时机。作茧自缚，物极必反，统治者业尽祚亡，新党趁机而起，一举推翻旧朝，另建秩序。时过境迁，前伏后起，一切政变，新陈代谢，兴衰更迭，循环不已，国运皆循此定理而进。比如阿德人崩，其同胞赛莫德人继位，嗣后亚摩利、希木叶尔、泰巴比阿、艾兹瓦依、穆达尔诸朝，先后继起。波斯亦然，帕提亚王朝亡，萨珊王朝兴。最后皆崩，统一于伊斯兰。希腊政权，转入罗马之手。北非柏柏尔族麦额拉瓦、库塔麦人建立的诸朝，由后来的森哈杰人、蒙面人、扎纳塔人继起。安拉之社会规律如此，无法变更。万变不离其宗，一切在于团结精神和政党。政党因时代而有所不同。富裕能创造国家，亦能消灭国家。一朝衰亡，社稷必归最强大、最有威信之政党所继承。夺得专制权之政党，必为前朝之嫡系或关系较密者。世界不停地演变，如宗教的更换，文化的转变等等，皆为安拉全能所使然。有大的变化，才能由旧世纪过渡到新世纪，于是新的社会形态诞生。如穆达尔人，长久沉闷之后，居然战胜群雄，执天下之牛耳矣！

第二十三章　败者同化于胜者

人永远相信胜者强者之完美，这或者由于他目睹胜者之伟大，或者出于误解，以为凡胜者，一切皆好。故信仰胜者之主义，仿效之，追随之，邯郸学步，萧规曹随，此之谓同化。似乎胜者之胜，不是仗党团和武力，只是借主义和制度。因此，败者永远学习强者服装、武器、骑乘等全部生活，从内容到形式，无不亦步亦趋，依样画葫芦。子之学父，因其深信乃父一切皆善，为理想之人物。地方武装，皆取法素丹军警之装束。弱国亦常模仿强国，弱小民族亦复如是。如现代安达卢西亚人之加利西亚盖化，服饰、徽号、风习、壁画、建筑等，无不仿效之。智者触目惊心，以此为投降、占领之标志。俗云："民奉王教，民为王有，王胜民随，民信王善，如子信父，如徒信师。"

第二十四章　治于人者必亡

人有惰性，治于人便成人之工具，被人役使，寄生成性，丧气绝望，繁殖力弱，渐趋灭亡。繁荣唯凭志向，有志向始有活力。懒惰丧志，无有希望，万事皆休矣。

治于人者，失去团结精神，文化低落，事事退步，不能自御自立，成为霸者之牛马，不论有政权与否，皆为傀儡玩物。又，人天性有替安拉治理世界之本能，故人皆有领袖欲。此种欲望一实现，高贵理想便丧失。

因此，饱食终日，无所用心，懒惰成性，怠于进取。人性如此，野兽亦然。野兽被人管理便退化，受人奴役之民族必消亡。考之波斯民族，原来充满天下，但被阿拉伯人统治后，人数锐减。

据云，赛尔德统计麦达因国外的居民，原为十三万七千人，有三万五千户，阿拉伯人占领后，所剩无几矣。别认为这是苛政暴虐所致，如有伊斯兰的公正，保证不会有如此结果。而此只是自然淘汰，人之奴性所使然。

有的民族屈服于人，是由于落后，不够开化，如苏丹人便是。

有的民族是由于贪图高官厚禄、荣华富贵，如东方的突厥人、欧洲人便是。前者与后者，方式虽然不同，为人奴隶而已。

第二十五章　阿拉伯游牧人善袭平原

阿拉伯游牧人天性野蛮，对无戒备和危险的地区，尽量掠夺，抢劫后，马上逃回老巢。若遇防御，则不去进攻与交锋。凡有城堡或困难的地方，则避之，只找容易者取之。其他部落，在悬崖绝壁筑上山寨，即可免其扰害。盖地势与之不利也。平原地区，若兵少空虚，便成他们的囊中物，侵袭之、猛扑之、抢劫之、占领之，以各种手段害其民，毁其文化建设。但安拉是能够创造的。

第二十六章　阿拉伯游牧人破坏性强

阿拉伯游牧人是蛮族，习惯于野蛮生活，遂成天性，爱好豪放不羁，不受政治法律约束。这种天性，是与文明冲突矛盾的，水火难容的。其习惯是流动，其目的是扫荡，文明需要定居与安宁，二者正相反。比如石头，他们只用来支锅煮饭，因此便把屋壁扒坏。木材，他们只用来做帐橛，因此拆掉房屋的梁柱。建筑乃文明之基础，而在他们却为多余，为障碍。这是就一般情况而论。又，他们的天性，是见财起意，滥抢乱拿，觊觎垂涎，无有满足，有国者不保护民众生命财产，政治必定窳劣，文化定受损害。又，业务乃民生之本，工艺为业务之主，他们轻视工人和手艺人，不理会价值和重要，苛派人做工，不给工资，民无利则生活苦，无工作热情和兴趣，业务荒废，文化自然败颓。又，他们不注重法律治安，不奖善惩恶，不为民兴利除害，只知极征苛敛，悉索敝赋，压榨勒索，只要达此目的，别的一切置若罔闻，任社会糜烂倾轧，罚款受贿，贪赃枉法，助纣为虐，不除暴安良，不惟无益，反而有害，民受其统治，如无政府，惶惶不安，乱七八糟，乱则害民，文化更谈不到。国家为人类之特性，百姓与社会，唯赖国家而正。又，他们争权夺利，不信任别人，虽为父兄亲族，亦不能任用之，故其官吏日多，搜刮人民之方法亦多，文化岂能发达？一个朝见哈里发阿卜杜勒·麦利克的游牧人，赞扬哈贾吉的德政，王说："我任其一人暴虐矣！"阿拉伯人所征服之地区，满目荒凉，所到之处，一切皆废。比如也门，被他们占领后，很多城市皆破败不堪。伊拉克在波斯时代，相当文明，但他们占领后，一切变样。叙利亚、突尼斯、马格里布，也是这样。苏丹与罗马之间原来已很开化，有乡村和古迹为证，但自五世纪初希拉勒人、苏莱伊木人执政以后，经三百五十年的蹂躏，一切夷为平地，化为废墟矣！

第二十七章　阿拉伯游牧人唯借宗教建国

阿拉伯游牧人秉性粗野、彪悍、好争斗分散，意见很难统一，很难服从。有宗教，教主陶冶其性格，骄傲好斗之性必去，粗野忌妒之性自灭。如是，始能团结之、领导之，统一起来，而成民族国家。有先知、贤哲，劝他们履行主命，实践人道，禁止恶德邪行，借道统一起来，阐扬真理正义，如此始有社会团结，治人建国。阿拉伯游牧人天真无邪，如幼儿、如白纸，敦厚朴实，无积恶、无陋俗、无传统犯罪之意识。因有纯洁之心理素质，故一旦信教，最爱真理，最守正道。少壮民族之崛起，有正当的用武之地，故一切无不进步。

第二十八章　阿拉伯游牧人不善于政治

阿拉伯游牧人最原始，最流动，最艰苦朴素，生活粗简，无什需求，不赖他人，孤单成性，故难服人，受人领导。酋长为团结精神，常需要依靠他们，搞好彼此关系，以免沦亡。王与素丹，以强制为政治之本。否则，政纲不能实行。如前所述，阿拉伯人劫掠成性，有国之后，仍一味搜刮，不重法制，不务正业，民众陷于无政府状态，纲纪荡然，文化建设，无从谈起，足证其天性短于政治，不懂霸术也。欲变更此种劣性，唯借宗教，始能有贤君清政。阿拉伯人信伊斯兰教后，政教合一，以教法治国，文治武功，均极兴盛，哈里发国强有威。波斯罗斯图姆看见穆斯林合众礼拜，就说："欧麦尔定能吃余心肝，他能使恶狗驯服。"后来诸朝抛却宗教，失掉政治，一切恢复原初。到了哈里发政权瓦解后，大势已去，一切政绩，荡然无存，受制于异族，蛰居旷野，不闻国政，甚者连其远古朝代、光荣历史亦完全不知。他们虽建过阿德、赛莫德、亚摩利、希木叶尔、泰巴比阿、伍麦叶、阿拔斯诸朝，但皆短于政治。有时虽能征服弱国，如现代北非，但文化皆不进步也。

第二十九章　乡村争不过城市

乡村不如城市开化，文明必需之事乡村全无，只有农作，木匠、铁匠、裁缝等，生活所需全无，又无金银货币，只有拿田地、牧畜出产，去与城市交换。乡村需要城市者为主要之物，城市需要乡村者为次要之物，故乡村自然依赖城市。乡村往往无政权，必须服从城市执政。城市无执政，亦得服从其绅士、领导之人。否则，文明生活之所需必不能得到供应和满足。迁到别处，已不可能，到处皆然，均被城市所操纵。故乡村不得不服从城市，乡民势必被市民所败。

第三篇　论国家、政权、哈里发、素丹、官职及行政制度

第一章 政权、国家借民族及党团而立

取胜与防御，唯借党团精神。有此始能互相支援，忘我牺牲。政权是高贵且有意义之象征，包括国家全部福利及身心娱乐，人皆争之，恐他人夺去，常因此发生摩擦、战争和决斗，故国家舍党团精神不立。普通人对此理解不够，常忽视之。因为他们忘掉建国初期之情形及其艰苦过程，所见者只是泰平景象，政权巩固，文化发扬，人皆服从，世代相承。比如安达卢西亚人，便是这样因政权悠久而放弃党团精神。但失此精神，崩溃之兆即见矣！

第二章　政权巩固后团结精神即失

建国之初，人多不服，唯借强力震慑之。人们不习惯于新政权，到了政权巩固以后，连续数代，日久天长，人们习以为常，忘掉当初，经过长期宗教教育及王化，反对心理已去，拥护信念益坚，心安理得，以为有国者是天经地义，江山牢不可破，故只用礼教，无须党团精神。此时国君，或借朝臣朋党，或借异族诸侯势力而掌天下。阿拔斯王朝，就是这样。阿拉伯党团，瓦解于哈里发穆尔台绥姆及其子瓦西格时代。以后，朝廷唯靠波斯、突厥、德莱姆、塞尔柱诸臣仆。但群雄割据，诸侯跋扈，国几不保。侯鞑靼人攻陷巴格达，杀死哈里发，王朝于是灭亡矣！北非森哈杰人，五世纪时党团瓦解，国家靠马赫迪亚、贝贾亚等城堡和港口持续一个时期，以此抗敌，苟延残喘，终被以麦撒米德为党团的穆瓦希德王朝所灭。安达卢西亚的伍麦叶王朝，失了阿拉伯党团后，诸侯瓜分国家，相继独立为王，各霸一方，互相排斥，自立国号，偏安一隅。后来借助柏柏尔和扎纳塔人，伊本·艾比·阿米尔犹称霸一时，卒被以拉姆图奈为党团的穆拉比特王朝所灭。图尔突西氏，在所著《帝王明灯》里以为，国防力量，概指雇佣兵而言。此话只能用在国家末期，不能用于建国初期，因为伍麦叶王朝没落之时，阿拉伯人享受三百年，穆斯泰因及其子穆尔塔兹执政时，借助萨拉戈萨人，毫无团结精神。图尔突西只见国家没落时的情况，未见国家上升时的情况，故结论未免片面。国家归有党者所有，应深思之。

第三章　国家之正统观念

政党精神，战胜各个民族，经历各朝历代，威震四夷，边陲官吏皆敬服之。一旦国君出去，抛其京华，则他们必收留之，为其效劳，帮助他打天下，以期成功后，因功受赏，得高官厚禄。他们一切都可以代劳，不需要他对国务操心费神，对他拳拳服膺，唯命是从。原因只在党团之声望及国威之力量，使大家不得不循规蹈矩，而不敢轻易妄为。马格里布的伊德里斯人及突尼斯、埃及的欧拜德人，便是如此。伍麦叶族阿卜德·麦纳夫人及后来的哈希姆人，皆有德威，好事者既离开京都，由东方到边疆，欲与阿拔斯王朝分庭抗礼，柏柏尔人不断帮助之建立政权，使阿拔斯王朝鞭长莫及，失掉整个马格里布及突尼斯之领地，疆土日缩。欧拜德人，不断扩张，继掌埃及、叙利亚和希贾兹，与之分割伊斯兰版图。柏柏尔人虽立国，仍向欧拜德人称臣，因其深信哈希姆人之传统政权，古莱什人及穆达尔人之压服四藩。到阿拉伯国家彻底消亡后，这种正统威信始去不复返矣！

第四章　国家之宗教因素

政权唯凭强胜，强胜唯借党团。统一意志，团结民众，万众一心，唯赖天助，力行教规。《古兰经》云：“假设你用尽大地所有，也不能团结其心，然而安拉团结之。”奥义是：人心皆私，偏爱浮华，故必分歧。人心向理，去恶迁主，故必团结。无分裂必有互助。道之领域扩大，国家必定强盛。

第五章　教化增加活力

宗教熏陶，能洗雪党人之忌妒私见，而使其面向真理正义。遇事深思熟虑，高瞻远瞩，则所行无阻，一切皆成。目的一致，趋向相同，皆能为理想捐躯。此有国者所追求者。有宗教信仰者，人数虽少，必胜。不信教者，人数虽多，必败。国在强，不在大。民在质，不在量。万里荒原，乌合之众，有何益哉！伊斯兰初期，阿拉伯人东征西讨，穆斯林军队，在各次战役中均无敌方人数多，但均能克敌制胜。如卡迪西亚之役，穆斯林军三万多人，波斯军十二万人，结果对方大败。据瓦基迪氏记载，罗马大帝希拉克略，动员四十万精锐，仍被少数穆斯林击溃，以寡敌众，亦信教之故耳。宗教团结，能给党团以果断明智、勇毅牺牲之力量，勇往直前、所向无敌之斗志。无宗教信仰，虽有党团及原始游牧之彪悍，虽能战胜一般民族，但不敢与信教者较量也。如扎纳塔人，本来比麦撒米德人党团坚强、精力充沛，但前者不信教，后者宗马赫迪所传之教义，以补党团之力量，故能胜过前者。俟后者失掉宗教时，前者一切皆胜，后者成为阶下囚矣。由此可见，教化能补政党之不足，增加国家之威力。

第六章 教义无党团不兴

凡公众团体之事，皆需党团组织。穆罕默德云："安拉所派之先知，无有不凭借民众力量者。"天纵至圣还需党团，庸常之辈，又该何如。玄秘道尊、玄秘科学《脱鞋集》的著者伊本·嘎西，在安达卢西亚传教，比马赫迪宣传稍早，其门徒称为"穆拉比特"。该地无多的民族党团，拉姆图奈利用之，对付北非穆瓦希德王朝。他首先在安达卢西亚宣传，称为"穆拉比特政变"。但穆瓦希德党人占领北非后，他便归服其主义，随其建成筑堡。一般宗教起义，皆属此类，最初借修功办道、止恶扬善之名，以抵抗恶官暴政，兴利除弊，而博安拉之恩赐。从之者日众，官方恨之，必设法阻挠，很少不为此伤身败命者。然安拉并未命人如此冒险，只教人尽力而为。穆罕默德云："见罪恶当以手除之，不能则以舌，不能则以心。"国王政权强大有力，非有民族党团威力，实不足以摧毁之。先知奉天命传正教，尤需党团之助。假设安拉意欲，必以世界之力助之，然天意亦循常规而行，不率尔表演奇迹。人不能离群索居，脱党必遇害。有大为欲为人君者，更不可无党团和天助。上忠于主，下忠于民，始克如愿以偿。有眼光者，对此皆坚信不疑。宗教的此种倾向，开始于巴格达。斯时塔希尔之祸起，艾敏被杀，马蒙在呼罗珊迟迟不到伊拉克来，侯赛因的后裔阿里·本·穆萨·里达就位，阿拔斯人恨之，不从马蒙，另立易卜拉欣·马赫迪为哈里发，巴格达大乱。狡黠恶棍，侵害良民，截路行劫，将赃物公然售于市场，官吏惧之，不敢与之争。此时宗教家及仁义之士，群起为民纾难，以平流寇。巴格达有名哈立德·杜尔尤斯者，起而命善止恶，万人相应，战败敌寇，予以严厉打击。继后有赛哈勒·本·萨拉迈者出，号艾布·哈提姆，将天经挂于脖子，从事宣传，教人遵经守道，除暴安良，哈希姆人贵贱咸随之，驻塔希尔宫，设立衙府，巡视巴格达，捕拿强盗爪牙。哈立德·杜尔尤斯曾对赛哈勒说："我不攻击素丹。"赛哈勒却说："凡不遵天经圣训者，不分朝野，余皆杀之。"之后，易卜拉欣·本·马赫迪派重兵剿之，将其拿获，事业遂告失败。时在伊历二〇一年。后来起义者，皆循此路，以道做号召，而不知政变必须有党团及政纲理论，预悉事业之归宿及进程。有野心者，有的出于疯狂，需要治疗，有的出于闹事，需要正法，有的出于造谣，需要管制。有些不规之人，自称为"被期待之救世者"，其实对之毫无常识，风马牛不相及也。许多好事者，眼高手低，心有余而力不足，均想借一种旗帜，而实现个人之野心。无领袖之才干及修养，亦不能成大事。故理想成为泡影，原形毕露，无有不名裂身亡者。本世纪初，苏斯出了一位玄秘家，叫图拜兹里，以海滨马萨清真寺为根据地，自称"被期待之救世者"，以蒙蔽群众，柏柏尔人皆信之，官方怕事态闹大，麦撒米德人领袖欧麦尔·萨克斯维派人谋杀之。又有阿拔斯其人者，与前者同，下层阶级多无党团，既不能成功，招摇撞骗者不足论矣！

第七章　国家必有相应之领土

国家赖政党与人民而立，人民需要土地生活劳作，故国家必拥有领土，建立国防，抵御入侵，保障主权，执行法律，从事建设。国家版图须有限度，与中央力量相适应。过小固然不行，有人满之患，必定向外扩张。过大则僚属用尽，力量分散，党团松弛，边防空虚，外强中干，外寇有机可乘，丧失国威，政权易败。党团健全，版图适当，国防巩固，常保有潜力而不耗尽，蓄精养锐，有余力而谋发展，前途无量，人皆有希望。国家的力量，是团结精神，是力量皆发生作用，团结力量为一切自然力之首，故其功能最大。国家力量，总是中央比边陲较为强盛。如光然，离核心点近者，光线必强，远者必弱。国家衰老之时，先由边陲开始损弱，中央总到最后寿终。中央一失，边疆无用，马上全垮。盖中枢如心脏，心脏停止跳动，全身皆僵尸。国家亦然。考之波斯，其中心是泰西封（麦达因），穆斯林一占领是地，波斯全国皆溃，其王叶兹德吉尔德（伊嗣俟三世）虽掌有边疆之地，亦无济于事。反之，罗马国中心为君士坦丁堡，穆斯林虽夺其属地叙利亚，因中央健存，又不能给以致命伤，直到中央亡，全部亦随之亡。再看伊斯兰初期阿拉伯人团结力饱满之时，如何瞬时征服叙利亚、伊拉克、埃及、信德、埃塞俄比亚、伊非利基亚（突尼斯）、马格里布，乃至安达卢西亚。当他们分疆封土、各守要塞、人力分散之时，不能再东征西讨，受领土所限，国家不仅不进步，反而向后转，卒被灭亡。国家必有领土，领土大小必与居民人数多寡成正比。国大人少，人力用尽，便不能扩张取胜。此乃天道。

第八章　居民决定国土及国龄

国家唯凭党团。党员即国家卫士，分掌全国领土。居民、党员人数越多，版图越大。考之伊斯兰帝国，阿拉伯人被穆罕默德统一以后，在塔布克之战，穆斯林人数有十一万，包括穆达尔族与盖哈丹族，分步兵和骑兵，直到穆罕默德逝世，信教者益多。他们征讨世界，所向无敌，真是攻无不取、战无不克，消灭当时最强大之波斯、罗马，继征服东方的突厥人、欧洲人、北非的柏柏尔人、安达卢西亚的哥特人，从希贾兹至苏斯，从也门到极北之突厥，七区之地，尽归其所有。再如建立法蒂玛王朝的库塔麦人，比森哈杰人及麦撒米德人的人口多，故其领土甚广，包括突尼斯、马格里布、叙利亚、埃及和希贾兹。扎纳塔人，本来就不如麦撒米德人多，故其国家亦小。

再如现代的马林人及阿卜德·瓦德人所建之国家，亦较强大，前者最初三千人，后者一千人，国富民强后，党人逐渐增多。国土以居民及党员人数为转移。国龄长短，亦复如是。新生的国家，呈现混合力。国家混合力在于党团。党员多，混合力强，故国家之寿命亦长。其真谛在于：人多则国大，国大则耐久，走向腐败之时间较长，故国龄亦长。中央阿拔斯王朝及安达卢西亚伍麦叶王朝，到伊历四世纪后才全部灭亡。欧拜德人之法蒂玛王朝历二百八十年，森哈杰人之穆拉比特王朝从伊历三五八年到五五七年，麦撒米德人之穆瓦希德王朝历二百七十年。由此可见，国龄与居民及党员人数成正比。

第九章　多民族多党羽之国家不易治理

民族多党羽多，意见分歧，思想复杂，力量分散。各党皆欲造成自己之势力，党同伐异，夺取政权，政变多，不易统一，不便治理，国基不牢。比如伊斯兰初期及现代之北非，其居民柏柏尔人为多党多族，虽有伊本·艾比·萨尔哈统一起来，但政变暴动，此起彼伏，层出不穷。后来虽因信教，情况好转，但又借异端教派，不断闹事。伊本·艾比·栽德说马格里布的柏柏尔人，曾十二次发生叛变，伊斯兰只在穆萨·本·努赛尔执政后，始统一巩固起来。欧麦尔尝谓，非洲因其民心不同，故是分裂的，即指其多民族多党、不易管制而言。当时的伊拉克，则无此情形。叙利亚在波斯、罗马统治时代，市民本有党团，被伊斯兰征服后全部消隐。柏柏尔人民族成分最复杂，皆为游牧人，门户偏见最重，争执事变最多，一族下去，一族又起，故阿拉伯人在非洲建国，花的时间最多，而功效最小。以色列时代之叙利亚，亦是这样，有巴勒斯坦各部族、迦南人、以扫人、米甸人（麦德彦人）、鲁特人、罗马人、希腊人、亚摩利人、凯尔凯西人、摩苏尔的奈伯特人，五花八门，三教九流，无奇不有。因此以色列人很难建立统一而巩固的国家，各朝寿命不长，政见分歧，事变不断发生。结果，一亡于波斯，再亡于希腊，复亡于罗马。少民族少党朋的国家，却易于治理，国泰民安，秩序井然。如埃及及现代叙利亚，只有君民，没有党祸。埃及君主为突厥人及其党团，代代相承，以阿拔斯哈里发为国号。现代安达卢西亚，情况亦然，素丹伊本·艾哈麦尔的党羽，已不像当初那样强盛，奈斯尔人不是伍麦叶王朝阿拉伯宗室，他们仅剩少数。阿拉伯朝亡后，安达卢西亚被拉姆图奈王朝（穆瓦希德王朝）柏柏尔人所统治，穆瓦希德人厌恶其蹂躏，衔恨在心。穆瓦希德王朝末期，建许多城堡，加强首邑马拉喀什，团结阿拉伯宗室孑遗，党团坚强起来，如伊本·胡德、伊本·艾哈麦尔、伊本·麦尔德尼什等。伊本·胡德强调东方阿拔斯哈里发政权，鼓动民众背叛穆瓦希德王朝，推翻之，伊本·胡德在安达卢西亚独立。伊本·艾哈麦尔反对之，拥护穆瓦希德王朝马格里布领袖伊本·艾比·哈芙赛，组成朋党，安达卢西亚因只有君民，缺少党团，故无人与之争衡，势力甚大，世代承袭。由此可见，少民族少党羽之国家，易于治理，反之亦然。

第十章　君主之独霸功劳性

政权凭借团结精神，团结精神由多党多派形成，各党竞争，必有一最盛者出，统一社会，领导人民，建立国家。如同化合物，必由多种元素组成，相同之元素化合不成，必有一个较强者。党团亦然，必有一个强大之党，将较次的党派团结在自己的周围。全民之大党，必有大能之领袖领导之。家无二主，国无二君，人有主宰性和独裁性，为王之后，必骄傲自大，专权独断，怕他人分庭抗争，与之对立。独裁政治，乃国家之所需。《古兰经》云：“除安拉外，世界尚有多神，则世界必乱。”王既专政，一切独断专行，党团之功劳独居，大家之光荣独享，一切总揽于一身，别人不得问津。此种局面，虽不能维持长久，然为国家不可避免之现象。

第十一章 人民之享受性

战胜的人民，取得前代人民之所有，财多物富，于是仪式礼节越来越多，生活必需之外，一切模仿前人，衣食住行，一切极尽奢侈豪华之能事，讲求花样和美观，山珍海味，绫罗绸缎，骡马轿车，与他族争胜，不肯人后。后代学习前代，尽量挥霍浪费，直到国家末日。人民之目的，唯在幸福之生活。享受之程度，应与国家地位相称。超出力量限度，便有害无益。

第十二章　国家之安定性

民族借进取性取得政权，进取之目的在于制胜和政权之执握。目的既达，则努力已尽。既有国家，人们不愿再受争天下时之艰苦，只愿过安静之生活。兴建宫殿楼阁，打理山水湖泊，繁殖树林花木。饮食起居，文化娱乐，一切如意。尽享富贵，永享太平，高枕无忧，乐不思蜀矣。困难日子，早已忘掉，一旦大祸临头，悔之晚矣！

第十三章　国家衰亡之征兆

国家衰亡之征兆很多。

第一是独裁。光荣归党所有，人人愿为集体之荣誉效劳，团结一致，至死不渝，维护党团之生存，立功立德，树立大我之威信。光荣一旦被君主霸占，则党员失去斗志意义，都不愿为君主一人卖命。大我为小我之集体，个人失掉工作兴趣，党团自然瓦解。人们好似奴隶，与领袖毫无关系，只是他的雇工。做官成了职业，为了年俸，谁也不愿卖命出力，免得领袖一人窃取大家之斗争果实。国家到此，奚不衰亡！

第二是享乐。享乐多，耗费广，入不敷出，得不偿失，增加赋税，贫者受害，富者叫苦，盗匪为乱，有国者既要享受，又得打仗，为了家天下，把百姓搜刮一空，民穷财尽，国家自然不能生存。又，享受的水平日高，税收有限，减少俸禄，官吏退职，国防不固，内忧外患必至。又，浮华使人丧志败德，招致社会罪恶，美德正义为国家之标志，国体既被罪恶之病所腐蚀，已到风烛残年之境地。

第三是安静。安静舒服成了习惯，养成文弱消极之性情，失掉原有之勇敢、好战、吃苦耐劳等优秀品质。斗志一失，团结一去，党团必垮，政权亦命在旦夕。上下官吏都成贪生怕死之徒，靠其强国，难如上天。故有国者临此，常选异族耐苦能战者为军师，以治国家之衰老病。如东方突厥国，多雇其奴隶当兵，非洲（马格里布）的穆瓦希德王朝雇扎纳塔人和阿拉伯人当兵，输入新的血液，可以延缓国家之寿命。

第十四章　国家之自然寿命

据一般医生及星象家说，人之自然寿命，是一百二十岁。星象家以为这是最大的太阴年龄。各代人的年龄，因条件的不同而不同。有一百岁者，有五十岁者，有七十、八十岁者。但总超不过一百二十岁，很少例外。如先知努哈及阿德人、赛莫德人的年龄，是特殊的过高。据圣训所载，伊斯兰民族的年龄，在六十到七十之间。国家寿命，也以条件为定，但总超不过三代。一代人的中等年龄，即四十岁，此乃发育完美之成人阶段。这是《古兰经》的明训。因此，可以说，一人之年龄，即为一代，以色列人在旷野流浪四十年，可资为证，四十年即一代之亡，另一代之生。由此可见，四十年一代说之正确。说国家寿命超不过三代，其理由是：第一代尚保持游牧的艰苦生活、尚武精神，光荣共享，党团巩固，威震四夷，万民皆服。第二代由游牧到文明，由简朴而享乐，由群治而独裁，党团松弛，有些建国元勋，尚能维护传统光荣，但有些已经数典忘祖，沉湎于腐化生活。第三代完全不知先人创业之苦及党团之重要，纸醉金迷，坐享其成，醉生梦死，寄生国家，空有外表，胆小如鼠，妇孺不如，行尸走肉，如何能御外侮，求臣仆外援，已来不及矣。此即国家盛衰之三代。到了第四代，整个崩溃，可证之前述四代业败说之推理。三代共计一百二十年，大体言之，国家年龄，不能超出此限。提前错后，偶有例外。争国者能掌握此种规律，无有不立竿见影、水到渠成。《古兰经》云：“其寿限之实现，一是不能推迟，一是不能提前。”国龄与人寿一样，发展到一定限度，就要下降还原。常言道：“国寿百年。”研究一下历史，推算一下朝代递嬗表，三代之说，大致不错。

第十五章　国家由游牧过渡到文明

国家之发展阶段，乃自然趋势。因为国家赖党团而有，有党团才有威力。游牧社会有此精神，故国家之原始阶段，必为游牧。有国之后，情况大变，奢华随至，文明产生。文明及享乐之多样化，生活方式之翻新，生活水平之提高，技艺之花样繁多，欲望之满足，故文明为国家之进化阶段。有国者，在文明阶段，总是效法前朝或先进之国。阿拉伯人出征波斯、罗马之时，还不懂文明，把细绢当白纸，把樟脑当盐吃，贻为笑柄。后来他们利用当地人民，从日常生活、社会制度，事事模仿，日日进步，逐渐脱离野蛮，走向文明，一切皆较前有增无减。遇着年节喜宴，奢华之程度，令人称奇。麦斯欧迪及泰伯里描写哈里发马蒙和首相哈桑之女的婚礼，可谓极一时之盛，双方所施之费用，可谓空前无有。男方带着仪仗、数船彩礼去迎亲。女方家长哈桑把来宾分为三等：一等酬以麝香袋，二等酬以金币袋，三等酬以银币袋。每袋一万。马蒙之花费更多，仅在花烛之夜，便给婚礼宝石一千袋，每夜点龙涎香一百斤，被褥满饰金银珠宝。厨房为新婚宴席，光烧柴就准备一年，每天用一百四十匹骡子驮运，在两夜就用完。点燃枣枝，倒上香油，照明底格里斯河岸，请达官贵人乘船到皇宫，出席婚礼，光火箭船就准备了三千艘，车水马龙，好不热闹。伊本·巴萨姆及伊本·哈彦记载伊本·子农的婚礼，亦有同样盛况。相传哈贾吉的孩子行割礼，让人告诉他波斯设宴的最盛场面，据称波斯王请客，每桌只坐四人，桌子是银的，碗碟是金的，每桌四个宫娥轮流端饭，直到客人辞去。哈贾吉听罢，知道自己办不到，便下令宰驼待客，赠礼奖品，亦是这样。伍麦叶王朝，还是原来习惯，多用骆驼。阿拔斯王朝及之后的法蒂玛王朝，改用金钱、布匹和马匹。次如库塔麦人之于北非的艾格莱卜王朝、埃及的伊赫什德王朝、拉姆图奈之于安达卢西亚的穆拉比特王朝、扎纳塔人之于穆瓦希德王朝，情况大抵皆然。文明传承，由前朝而后朝，波斯传于阿拉伯，伍麦叶王朝传给阿拔斯王朝，安达卢西亚伍麦叶王朝文明传给北非穆瓦希德王朝和现在扎纳塔人的马林王朝，阿拔斯王朝文明传给德莱姆（布韦希）、突厥、塞尔柱、埃及奴隶王朝及伊拉克的鞑靼人。文明程度，决定于国家力量。因为文明由奢华而来，奢华由富裕而来，富裕由国家而来。文化与国力成正比，文化从属于政治，文化为政治、社会之反映。先有物质生活，后有文化。由此可见，国家是由粗野向文明过渡。

第十六章 建国之初富裕能增强国力

有国之民必享乐，生活安逸，生殖力强，人口增多，党团官吏，各业人员，与日俱增，皆在升平享乐之气氛中养育起来，造成繁荣景象。前两代已过，国家开始衰败，这些官吏仆役，皆成闲杂人员，寄生人民，为国家赘疣，无治国之术，无一技之长，求其建国立业，谈何容易。根既去，梢亦不存，一切皆糟，朝廷危在旦夕。考之伊斯兰阿拉伯国家，穆罕默德及四大哈里发时代，阿拉伯官兵才十五万人，穆达尔人与盖哈丹人与此相近。后来国家繁荣，生活富裕，军政人员日多，人数竟增加一倍。据云，哈里发穆尔台绥姆攻下阿莫利亚城时，带一千九百人临此。这个数字，近于事实。因为近卫军、臣宰、仆役、关隘驻军等，加在一起，亦就差不多。麦斯欧迪记载，哈里发马蒙时代，食俸禄之阿拔斯人，共为三千，男女各半。前后不足二百年，竟达这个数目。其主要原因，即生活安逸所致。否则，初胜之时，阿拉伯统治者人数，不会发展如此之速。

第十七章　国家之发展阶段及其特征

国家不断地发展，日新月异地变化，各阶段有其不同的具体情况，故各具互异的特征。国家一般不外五个阶段：第一是开创阶段，武力进攻、防御、占领土地，夺取政权，奋发图强，保国爱民，充实国库，党团坚强，共谋光荣。第二是独裁阶段，君主专政，依靠臣仆，防止同党干涉政务，独断独行，功劳自居。前代是对付异党，现在是对付同党，后者比前者更困难，因为全党对外容易，一人对同党较难。第三是静养阶段，利用国家财富，从事建设，稽征税赋，计划收支，扩建城市，修筑大的工厂、建筑、神殿、宫院。训练军队，提高爵位年俸，提倡一切福利事业，与外邦修聘友好，酬谢外宾，与和平国家竞争，向好战国家示威，朝野思想独立自由，承前启后，一切皆呈盛世景象。第四是保守阶段，有国者事事步武前代，不敢稍微变动，只能守成不能进步。第五是破败阶段，有国者重用奸佞，挥霍浪费，尽毁先代建筑，指鹿为马，乱搞一气，迷信武力，不信忠谏，衰亡之症毕露，国势日落西山矣！

第十八章　国家建设以其力量为准

建设由力量产生，建设程度应以力量强度为限。宫殿及宏丽建筑，皆以国家基本力量为限。大的工程，皆凭劳力的互助和劳动量的巨大。大国地广人多，劳力亦多，由全国调动劳力，即能完成较大的宫殿建筑。可以回忆一下《古兰经》所讲的阿德人和赛莫德人的工程，参观一下波斯宫殿。哈里发哈伦·拉希德同大臣叶海亚商讨，欲毁灭波斯宫殿，而不可能。一代能建设，一代毁坏不了，破坏比建设容易得多。由此可见，两国力量之差距。再观察一下大马士革瓦利德宫殿，科尔多瓦伍麦叶时代的大寺、科尔多瓦河谷的巨大拱桥、北非舍尔沙勒古迹，埃及金字塔等，都可看出各国各朝强弱之不同，力量之悬殊。

古代浩大之工程，皆凭精密设计及劳力众多之集合，并非小说家所谓古人体高力大之所致。从古迹看，古今人体不会相差太大。传奇家所讲阿德、赛莫德、亚摩利诸族之故事神话，皆齐东野人之谈，不足凭信。最荒唐者，莫过于奥吉·本·阿纳克的传闻，说他身躯之高，可在大海中捞鱼，放近太阳烤熟。人们不懂世事，更不谙天文，以为太阳发热，离其越近越热。殊不知，发热者为光线，光越近地球越热，因地面反光之故。超过放射点便无热，到高空反而较冷。太阳本身无所谓热冷，只是一个简单的发光体。据云，奥吉为亚摩利人或迦南人，以色列人攻克叙利亚时消灭之。巴勒斯坦的城门虽然已破损不堪，但原形仍可辨识，证明当时以色列人体格与现代相近。奥吉与当代人体高差距甚大，其错误原因，在于人们过于尊敬古迹，不知国家社会互助力量对古迹之影响，遂幻想出古人体高之神话。其实不然。麦斯欧迪传述哲学家之言说：安拉初造人类之时，身体之本性，非常完备，故人高体壮。后来本性退化，遂有死亡。如不退化，寿数还要增加。世界也是这样，最初健全完善，后因物质匮乏，遂变得缺陷落后。长此以往，世界必有崩溃之日。此话只是臆断，无真凭实据。观察古人的住室、门窗、宫殿及其建筑方式，可知此说之虚妄，及余说之正确。

比如赛莫德人所居之石室，面积很小，门户窄矮。穆罕默德曾指出之，禁人住之并用水。否则，必遭同样之祸。阿德人的住处，埃及、叙利亚及东西各地，情况皆然。

建筑如此，国典国礼，国际来往，一切排场应酬，无不限于国力。如布兰婚礼、哈贾吉及伊本·子农的设宴等，前已述之矣。再如伊本·兹耶扎尼赐赏古莱什使团成斤的金银、数十个仆婢、一坛龙脑，给阿卜杜勒·穆塔里布的礼品又十倍于此。他那时仅有也门之地，受波斯辖制，如此表现，以显其威，与伊拉克、印度、马格里布诸国争胜。北非森哈杰族酬谢扎纳塔使节，以成驮的财物布匹。伊本·拉基格史书记载最多。阿拔斯王朝巴拉密凯家族赏赐宾客，常给以封地，使其享用不尽。法蒂玛王朝统帅昭海尔攻克埃及时，从凯鲁万准备一千匹牲口，装运财物，真是空前绝后。艾哈迈德所写的哈里发马蒙时代的国库收入档案资料，表明了全国各地所缴的贡税情况：

萨瓦德：两千七百万银币，又八十万银币，奈吉拉尼布两百捆，金泥两百四十斤。

坎卡尔：一千一百万银币，又六十万银币。

底格里斯：两千银币，又八十银币。

赫勒万：四百八十万银币。

阿瓦士：两万五千银币，砂糖三万镑。

法尔斯：两千七百万银币，蔷薇水三万瓶，黑香油两万镑。

克尔曼：四百万银币，又二十万银币，也门布五百匹，枣两万镑。

莫克兰：四十万银币。

信德各地：一千一百五十万银币，印度药材一百五十镑。

锡吉斯坦：四百万银币，布三百匹，羊绒二十镑。

呼罗珊：两千八百万银币，银雕一千个，梅果三万镑，马四千匹，奴隶一千名，布两万匹。

戈尔甘：一千两百万银币，绸缎一千匹。

吉麦士：一百万银币，五百个银雕。

泰伯里斯坦及奈哈旺德：六百三十万银币，塔巴尔铺毡六百个，衣料两百件，布五百匹，手巾三百块，杯盏三百只。

腊伊：一千二百万银币，蜂蜜两万镑。

哈马丹：一千一百三十万银币，石榴糕一千镑，蜂糖一万两千镑。

巴士拉及库法：一千万银币，又七十万银币。

马萨拜赞及第纳瓦尔：四百万银币。

摩苏尔：两千四百万银币，白蜂糖两千万镑。

阿塞拜疆：四百万银币。

杰济拉：三千四百万银币，奴隶一千名，蜂糖一万两千桶，毛布十捆，衣服二十捆。

亚美尼亚：一千三百万银币，地毡二十个，干果五百三十镑，糖一万斤，香油一万镑，骡子两百匹，良马三十匹。

吉尼赛林：四十万金币，香油一千担。

大马士革：四十二万金币。

约旦：九万七千金币。

巴勒斯坦：三十一万金币，香油三十万镑。

埃及：一百九十二万金币。

柏尔格：一百万银币。

伊非利基亚：一千三百万银币，地毡一百二十条。

也门：三十七万金币，方物在外。

希贾兹：三十万金币。

至于安达卢西亚，据可靠史料载，哈里发阿卜杜·拉赫曼库存有一百五十亿金币，以肯塔尔（百镑）计算，共五十万肯塔尔。哈里发哈伦·拉希德史料载，当时国库岁入七千五百肯塔尔。由此可见比较国力之不同，我们不能对前代情况少见多怪，一概否认是不对的。各国物质文化程度高低各有不同，不能抓住一点，概括其余，必须全面比较才行。从考古及资料，皆能证明吾人所说之正确：国家建设，以国力为限，从建设比较国力之厚薄。有个故事，非常有趣：丹吉尔有个伊本·白图泰，是个旅行家，游历数十年，到过东方、伊拉克、也门和印度，颇受印度德里王穆罕默德·沙之宠幸，任司法要职，后来返回北非，会晤素丹艾布·阿南，讲其亲身见闻，令人称奇。其谈到印度最多，说印度王外出时，统计城中男女老幼，赐给半年口粮，回来时把全民集于郊野，用石炮射出金币银币，赏赐人民，然后回到王宫。很多人对这种故事，均表示怀疑。一次我会见很有声望的首相法尔斯，谈及此事，他说："不能否认这种故事，各国情况不同，我们无见，不能肯定无有，坐井观天，少见黑曰白，是不对的。昔日有个大臣犯罪坐牢，数年未释，其子随其过活，一天食羊肉，父亲如何解释羊之形状，儿子总理解不了，以为羊牛等均像老鼠一样。因其在狱中长大，只见过耗子，没见过家畜，故以羊类鼠，终不得其解。"普通人对于新闻传说，均有如此看法，总是凭主观论断客观。考查问题，应追本溯源，以理性判断曲直，区别可能性与不可能性，可能者接受之，不可能者拒绝之。所谓可能性，不是指理性可能性而言，因其范畴太广，不能与现实性划出界线，而是指物质可能性，吾人可根据事物之根、种、属、质量、体积、效力，来判断其性质和本质。在此领域内者为可能性，超出这个范围者为虚妄。批判应有准则，不可妄加菲薄也。

第十九章　元首借幕僚压制党民

建国之初，国君借其民完成大业，民为其党，为其臂，镇压叛逆，推行政治，管理财经，共参国事。后来国君独裁专制，排除其党羽，以友为敌，利用异己势力，限制新党，打击之，暗害之，不择手段，只达目的。高官厚禄，爵位封号，皆给臣仆幕僚，以敌为友，从中央到地方，形成一霸，奸佞当朝，功臣退野，国无道义，失掉民心，怨声载道，诅咒昏君，盼其速亡。一般奸雄，窃国之后，先杀同道，以免臣大欺君，功大致乱。此虽违背天理良心，然为官场之常规。伍麦叶王朝初，军政大权，皆用阿拉伯人，如欧麦尔·本·赛尔德、欧拜杜拉·本·齐亚德、哈贾吉·本·优素福、穆海莱卜·本·艾比·苏弗拉、哈立德·本·阿卜杜拉、伊本·胡拜伊拉、穆萨·本·努赛尔、比拉勒本·艾比·布尔德、奈斯尔·本·赛雅尔等，不一而足。阿拔斯王朝之初，亦是这样。后来国家由民主转入专制，阿拉伯人革职，异族入阁拜相，创业者下野，光荣被别人窃取，国徒有空壳，亦无国魂矣。这些异族异党，如巴拉密凯人、诺伯赫特人、塔希尔人、布韦希人、突厥人、布额人、瓦绥弗人、乌塔米斯人、巴卡巴拉人、伊本·图伦人等皆是。

第二十章　臣仆官僚之处境

臣仆与君主关系之疏密，以发生关系之迟早而定。党团之目的，在于防卫与争胜、互助与团结，以血族近亲，对抗异族外人。联盟关系及主奴关系，与血缘关系相同。血缘虽为自然之事，但只是想象。真能团结互助的，还是共患难、同生死、利害攸关的朋党关系、组织观念。此种关系，可以人工培养，不全凭自然力量。有关系，即有团结。此有目共睹之事实。君臣之间的僚属关系，虽无血统之名，确有血统之实。这种关系，既有在建国以前建立者，也有在建国之后建立者。前者关系更密切，信心较强，力量较大。其理由有二：第一，建国之前建立之君臣关系，与血缘关系相差无几。建国以后建立之君臣关系，与主奴关系有所不同，主要以政治为准，因君臣地位相差甚远，故关系不如前者密切。第二，建国之前所建之君臣关系，年代久远，国人多不知底细，多认作血统关系，故党性较强。建国之后之君臣关系，人皆知之，与血族判然有别，故党性较差。此种情况，凡研究政变史者，率都知之。国家末年，君主所用之臣仆异党，仍不如本党之亲密有力，政权往往因此堕落。君主所以寻此短见者，是因为本党人熟悉君主能力，对之不够敬服，心怀鄙视，不以主上看待，故用外人，以壮其威，与本党对抗。但因本党官龄悠久，异党官龄不长，故异党暂时仍不如本党官职地位。到国家末期，异党外戚，仍居次要地位，显官要职之称号，仍为旧党所有，虽则实权已失。

第二十一章　世袭专制之为害

国基政权巩固以后，有国者便专制独裁，排斥异己，实行家天下传子世袭制度。这种制度，常常造成大臣窃国弄权、专政跋扈之局面。其原因大都是君主年幼或宗室昏庸，不能理朝，由大臣摄政。结果君主成为傀儡，有名无实，与民隔绝，只是登朝宣诏，迷恋后宫，吃喝玩乐。军、政、财、教，一切大权，全操在大臣之手，横断胡行，发号施令，独霸一切，势力巩固后，政权已归大臣及其亲族所有。如东方的布韦希人、突厥人、卡夫尔人，安达卢西亚的曼苏尔，便是典型例子。有时昏君感到危机，或斩杀，或免职，欲罢奸党，挽回颓势。但因奸臣羽翼已丰，造成既成事实，欲罢不能，很少收到预期效果。这是由于龙子龙孙，皇亲贵族，娇生惯养，福里生福里长，习惯于安逸闲适，不懂霸术，不学政治，不与人争，结果奸臣趁机窃权，祸到临头，悔之晚矣。世袭专制，造成大臣之跋扈，是国家不可避免之病象，很少例外。

第二十二章　窃权不能篡位

君主凭族党取得政权，国基巩固后，始终保持其正统地位。窃权者，不论是王党或臣仆，其党团皆得服从王党，只能从幕后专权，不能篡位称帝，只能借君主之名，行专制之实，不能分庭抗礼，自立封号。否则，必有篡权欺君之罪，被万民痛骂唾弃，被王党所排斥，不惟窃权不成，反而遭杀身之祸，身败名裂，遗臭万载矣。阿卜杜·拉赫曼·本·纳绥尔，总揽哈里发希沙姆之大权，但不以此为满足，反而要希沙姆给他“哈里发”称号。结果，麦尔旺人及古莱什人大怒，拥护希沙姆的堂弟阿卜杜勒·贾巴尔之子穆罕默德为王，向之叛变，阿米尔家族的统治因此瓦解，首相大臣皆蒙难，国号不存，鼎归新朝矣！

第二十三章　王之真义及种类

王位为人类社会所必需，因为人民唯借社会互助，始能获得生活所需，始能生存。既有社会，就有交际，就有竞争，就有冲突摩擦，流血厮杀，同类相残，有灭种之虞。安拉既要人保持种族，不能处于无政府混乱状态之下，故必须有首领，总裁其事。首领必有强权，始能为民所服。此之谓王之真义。王之需要，乃人性之常，皆由动物之强弱相争而来。王权是重要职位，非有强大政党，不足以巩固。有政党，始能防御和进取。党派很多，各党皆欲取胜，统治他人。王权不能归每党所有，只归有保国治民之实权者所有。王在万人之上，唯我独尊，王之上不能再有强权。此即王之意义。王之政党实力不足者，如不能征税或设防，便为无能之王。如凯鲁万艾格莱卜王朝之柏柏尔诸王，阿拔斯王朝初期之波斯诸王。王之政党不能驾驭各党，有并立的政权者，亦为无能之王，如一国内之各路诸侯、地方酋长等。此种情况，常发生在版图辽阔的国家，边陲各自为政，成为国内之国，但均得受制于中央，不能成独立之国。如森哈杰之于法蒂玛王朝，扎纳塔之于伍麦叶王朝，波斯王之于阿拔斯王朝，波斯王侯之于亚历山大和希腊人等，诸如此类。

第二十四章 君赖民存

君之利民，不在君之体大貌美，识多见广，而在君民之相对关系，有君必有民，有民才有君，二者为相对，并非绝对。王为管理民事者，君民之此种关系即为政治。政治之优劣，决定于元首之才能。仁政则利民，苛政则害民，利民者昌，害民者亡。暴君多疑，阴险狡诈，恐怖严防，极惩恶罚。民受之害，以恶报恶，遇战乱而不援助，逢机会齐心谋反而杀之。国无民不保，王失民心必亡。贤君爱民如子，恕其过失，给以福利，民爱之敬之，为之效劳出力，国事俱兴。兴利除弊，为君王之天职，为优良政治之标志。关心民众生活，为民爱君之基础，是仁政之关键。愚者多仁，智者寡仁。故过于聪明之元首多无仁政。因其高瞻远瞩，由表知里，从因得果，故派民所办之事，皆超出能力之上，因此民多受害。穆罕默德云："你们随最弱者而行进。"即禁止仕官者之苛行。教法家限制官吏过于聪明，智者千虑，必有一失。其根据是哈里发欧麦尔免了齐亚德·本·艾比·苏富扬伊拉克总督的官职，齐亚德问其理由是无能或者贪污，欧麦尔说，二者皆非，是因其智力过高、用心于民、民不得安之故。齐亚德及阿慕尔·本·阿斯之辈，皆因生性偏激，从政过严，强人所难，超出现实之可能，无良好之效果。故教法规定，官吏不能过愚，亦不能过智，中庸却好。如慷慨之于挥霍与吝啬，勇敢之于冒险与胆怯。过犹不及，偏激总不如中庸。常言道："多思必邪，聪明反被聪明误。"故玄想过虑为政治家之所忌，狡黠刁猾为政客之缺点。

第二十五章　哈里发之意义

政权既为人类社会所必需，有政权必有强制。王法常昧于真理，奴役人民，强其所能，以满足统治者之欲望。强制程度，因各代君主要求之不同而互异。强制不从，便叛变起义，诉诸战争，结果是公布全民能够接受之政纲，实行变法。波斯诸民族之情形，就是如此。无国策，国事不定，政令难行，不便统治。法律由士大夫及哲人学士制成，是为理性政治。法律由安拉制定，由教主实行，今后两世利益兼顾，是为宗教政治。盖尘世皆幻虚，其终必灭，故人之目的不专在俗事。《古兰经》云："你们认为余造你们为游戏吗？"其目的，唯在教务，以获后世之幸福，此为宇宙主宰之大道。教律令人天道人道并行，做到各面之义务，政教合一，以教治国，一切以先知的马首是瞻。暴虐、迫害、党祸、王法，凡人为之制度，违反天意者，皆宗教所不耻。安拉最知人类之利益及后世之幽隐，人类行为不分政教，到后世归还其身。穆罕默德云："你们之事迹，唯归你们自身。"政治法律，只顾现实利益，所知者仅为生活之表象。宗教兼顾后世之幸福，洞彻生活之奥秘，鼓励人恪遵教律教规，治理好今后两世之事务。教律的执行者，便是先知。继其位者，便是哈里发。哈里发之意义，由此了如指掌。国家给人以物质欲望，政治给人尘世招福御祸之理论，哈里发给人今后两世谋取福利之教理。宗教以今世为后世之农场，后世为人生之归宿。故哈里发实为政教合一之政体，维护今后两世利益之工具，既不同于一般政治，又不同于一般宗教。

第二十六章　哈里发之产生及其资格

前文指出，代表安拉维系政教之制度，叫“黑俩发”和“伊马默”。主其事者，叫“哈里发”和“伊玛目”。称之为“伊玛目”，因其颇像率众礼拜之领拜师，故人们常说“大伊玛目”。称之为“哈里发”，因其继承穆罕默德管理教务，故人们常称作“哈里发”（继任者）、“安拉使者的哈里发（继任者）”。对于“安拉的哈里发”这一称谓，学者看法不同，少数人许可之，根据《古兰经》：“我在大地上置一代治者。”“安拉使你们成为大地的代治者。”多数人禁止之，因为天经之义不在此。而且艾布·伯克尔不许人称他为“安拉的哈里发（继任者）”，可称之“安拉使者的哈里发（继任者）”。又，继承只对不在者说，不能对现在者说。

确立伊玛目（教领）为宗教所必须，圣门弟子及再传圣门弟子皆承认之。因为穆罕默德弥留之际，圣门弟子即时拥护艾布·伯克尔主持教事，以后各代皆然，无一代是无政府主义者。穆斯林公认之，即证其必然性。有的人主张，伊玛目之必要立，是以理性而定。因为人类需要社会，不能离群索居，有社会就有争执，就有不同之企求。无总裁，必造成同类相残，杀伤死亡。而保护种族，又为宗教之职旨。一般哲学家据此断言，启示为人类之所当有。但此种理由，不够充足，因为总裁应该凭安拉之教法选出，令公众心悦诚服。但有些总裁只凭霸权党羽，不凭教律，如无宗教信仰之人民便是。又，排纷解讼，可以诉诸理性，让人皆知害人不义之非法即行，不一定是靠宗教及伊玛目之存在，因为伊玛目与一般总裁均可以制止社会纠纷。由此可见，伊玛目之立，不是凭理性而定，而是凭宗教公议而定。又有些人主张，凭理性与宗教，均不应立伊玛目。持此说者，有称穆尔太齐赖派的阿萨姆及哈瓦利吉党人，他们以为应该以法律推行宗教，民族能奉公守法，便无须立伊玛目。穆斯林公认，此种说法不对。该派之所以如此主张，因其见到教法贬斥国王之强霸及享乐，奖人拒绝王政，故以法制代替总裁。须知，教法所禁者，非君主本人，而是其暴行罪恶。王既能作恶，亦能为善，教法禁止其恶的一面，发展其善的一面，并非因噎废食，而彻底治疗之，让其去非随义，守正无邪。比如达乌德与苏莱曼两位先知，身为安拉之使者，为最有德行之人，仍有他人所没有之政权。其实，该派既同意立法之必须，亦即同意立王之应该。因为立法唯靠党团，有党团便有政权，有政权便有君主，纵无伊玛目之名，却有其实质。到此得出结论，哈里发职位，为社会所必须，是受于天命，由公众决议之，由司法者选举之，全民应该听其指挥。《古兰经》云："你们服从安拉、使者及领袖。"

哈里发的条件有四：知识，公道，执法，健康。第五个条件是古莱什血统，学者对此看法不同。知识的条件，显而易见，因为哈里发要执行安拉法令，有知识则行，无知识则否。同时必须是创制者，不能是因袭者，因袭乃缺陷。伊玛目须具完美之德行，以公道为条件，因为哈里发是宗教职位，公道为宗教之基础，故无公道则教权不立。哈里发不能有异端信仰及非理行为，否则也算不公。所谓执法，就是敢于立法、从政、兴教、建国、保民、爱党、抗敌、宣战等，有自给自足之政治才干。所谓健康，就是无精神病和残疾及一切影响思想工作之缺陷，如狂癫、盲哑、聋瞎、缺腿断臂等，有此病症者，即不能完成国教之重任。昏庸无能，无支配强制能力，也属此类。伊玛目能行教法、公道、良政，则民众拥护之，否则，穆斯林大众及有能力者起来制止之，革其弊端，使之能够称职。至于古莱什血统的条件，这是圣门弟子塞基法会议的决议。辅士欲推选赛尔德·本·欧拜岱，便说："我们与你们同出领袖。"古莱什人与之争辩，引证穆罕默德之言"伊玛目出自古莱什"及穆罕默德对古莱什人之遗嘱"奖其善者，罚其恶者"。结果古莱什人胜，辅士之话作罢。圣训中，像这种证据很多。原来古莱什为伊玛目之条件具备，当然毫无问题。问题在于后来该族式微，因享乐而失党团，实权落入异族之手。此时学者们，便删去这个条件，根据穆罕默德之言："你们应服从，纵虽阿比西尼亚奴隶为你们之领袖，亦当如此。"其实此话只是形象地强调服从之重要，不得引为哈里发条件之证据。还有引欧麦尔之言："倘若侯栽法的奴隶赛利姆在世，我定要任他为领袖。"此亦不足为论，因为圣门弟子之言，不得引为证据。又，奴隶从属主人，赛利姆有归化古莱什血缘的事实，哈里发之条件已具。欧麦尔看到当时古莱什哈里发条件已失，引为大事，见赛利姆有此条件，故出此言。其意在于不要拘泥于血缘之形式，应有其精神。团结为血缘之实质，有此精神即为血缘。否则，徒有其名，而无用也。法官艾布·伯克尔·巴基拉尼，感到古莱什人失去团结精神、异族诸侯跋扈，遂否定这个条件，虽与哈瓦利吉派见解相同，亦不避其嫌疑。而众人仍坚持古莱什人这个条件，纵令其无能管理穆斯林事务。其实，这使伊玛目的执法、知识、公道诸条件均已失去，只顾血缘之名，失掉伊玛目之实，这是与公议相反的。教法之制定，皆含有一定之目的及哲理。考察伊玛目限以古莱什族条件之道理，绝不像一般人揣测的那样，只限于与穆罕默德同源而沾吉。沾吉绝非制法之目的，而必有其利益在。这就是余反复详述之团结精神，有此始有防御和进取，排纷析难、推行教务、团结民众、组织社会，此为教权所需要者。古莱什人本有穆达尔强大、尊贵之族党，阿拉伯人皆佩服之，由其领导，深孚众望，便于统一。否则，便发生离心力，成为一盘散沙。古莱什族有此力量，故教律以之为伊玛目条件之一。如伊斯兰初期的征服工作及伍麦叶、阿拔斯两朝的政绩，皆与此有密切关系。直到王朝末日，团结精神已失，古莱什人在民众心中仍留有余威。此点，伊本·伊斯哈格在史记中曾提及之。古莱什族条件之真义，即在团结精神而削平纷争，法律又无时代民族之限制，故吾人由此得出结论：强大的党团及其团结精神，为各代各民族一切伊玛目之先决条件。伊玛目代天行道，身兼政教要职，为民两世兴利除弊，无此精神，鲜克臻此。伊玛目伊本·海推布曾说妇女一般依靠男性，无活世之本领，故不能为民元首。虽然比例上亦有例外，但就天赋说，妇女不如男性之才能。事实证明，政权归贤能者所有，法律必不背乎事实，主命亦全合人情。

第二十七章　什叶派之伊玛目观

“什叶”的本质是“同道”“僚属”，认主学家及教法学家常以此指阿里及其儿子的党派而言。该派主张，伊玛目不关公众利益，不能由教族指定或推举。伊玛目是正教之要素和基础，先知不容忽视之，不能交给公众处理，应为他们指定贤良之人为伊玛目。该派引经据典，说阿里即穆罕默德所指定之合法伊玛目。这些证据，多为杜撰，不合教典。其证据分为鲜明的与隐晦的两种，前者如穆罕默德说：“我是谁之领袖，阿里即其领袖。”该派把阿里除外，不在穆罕默德领导之下，因此，欧麦尔对穆罕默德说：“你是每个男女信士的领袖。”又如穆罕默德云：“最懂法律者是阿里。”伊玛目必知教法，否则即无领袖资格，此即天经“服从主圣及执行命令者”之要义。故塞基法会议，由阿里判断伊玛目问题，未用别人。又如穆罕默德云：“谁用灵魂拥护我者，谁即我之继承人。”该派说，唯阿里一人如此拥护穆罕默德。隐晦的证据是，《古兰经》忏悔章在朝觐节颁降，先是教艾布·伯克尔向大众传诵，后穆罕默德受到启示，改由亲族之人传诵，逐派阿里任此职，此证阿里之优越。艾布·伯克尔及欧麦尔在乌萨迈·本·栽德及阿慕尔·本·阿斯为统帅的两次战役方面，也赶不上阿里优秀。由上述一切证据可见，哈里发（伊玛目）唯归阿里当有。其实这些全是曲解。该派有的主张，阿里及后裔应为伊玛目，艾布·伯克尔及欧麦尔无此资格，此即“伊玛目派”。其过激之偏见，为大众所摒弃。有的人主张，阿里有伊玛目之能，无伊玛目之权，艾布·伯克尔与欧麦尔虽不如阿里为贵，但仍可为伊玛目，因为伊玛目（哈里发）不限于最优秀之人。又有人主张，伊玛目应为法蒂玛的子孙所有，但亦可由众长老选举。

伊玛目的条件是知者、虔行者、仁者、勇者，民可以宣传竞选。此即为“栽德派”，因其创始人是阿里之子栽德，故名。栽德曾同其兄穆罕默德·巴基尔辩论竞选的条件，巴基尔说其父栽因·阿比丁不能为伊玛目，因其未竞选。虽则如此，栽德仍跟瓦绥勒·本·阿塔，采用穆尔太齐勒派学说。伊玛目派因栽德许可艾布·伯克尔、欧麦尔任伊玛目（哈里发），故把他列入伊玛目之数，因此称之为“拉菲德派”（拒绝者）。有的人主张，阿里及其儿子以后，伊玛目应归穆罕默德·本·哈奈菲叶及其后裔所有。凯萨尼派创始人是凯萨尼，故名。这些派别，争执很大，兹不赘述。其中有一种过激派，既不合理智，又违背信仰。说伊玛目有神性，即人具神性，或神化身为人，这与基督教的“三位一体”学说不谋而合。阿里用火烧死这派人，穆罕默德·本·哈奈菲叶及贾法尔均仇恨之，宣布与此派无干。有的说，伊玛目之超人性可传承，他死时灵魂传给别的教领，以承受其才能，这与“轮回”之说相近；有的说，伊玛目只有一人，不能传给别人，这是“瓦基夫派”（中止派）；有的说伊玛目永活不死，唯人眼所不能窥，以黑祖尔为证。阿里身在云端，雷电是其声音。穆罕默德·本·哈奈菲叶在希贾兹的腊德瓦山。“十二伊玛目派”说，第十二个伊玛目是穆罕默德·本·阿卜杜拉·本·哈桑，号马赫迪，随母亲被捕，身着装饰，钻入隧道，从此遁世，到末日出来从政，遍施仁政，这是由圣训演绎而来。该派现在仍盼其出世，故称其为“被期待者”，他们每夜站在隧道门口，备好骑乘，高呼其名，到星落才散，次夜再来，至今如故。有的说，死去的教领，还要返回尘世，证据是《古兰经》中洞中人、过废墟、骨擎尸等奇异故事。这些证据，都是东拉西扯，风马牛不相及。凯萨尼派主张，穆罕默德·本·哈奈菲叶以后，伊玛目应归其子艾布·哈希姆，此即哈希姆派。该派分很多流派，有的主张在哈希姆以后伊玛目归其兄阿里，其次是其子哈桑；有的主张，艾布·哈希姆从叙利亚回来，死在夏拉山之地，将伊玛目传穆罕默德·本·阿里，穆罕默德传其子易卜拉欣，易卜拉欣传其弟阿卜杜拉·本·赛法哈，赛法哈传其弟阿卜杜拉·曼苏尔，再由其子代代相传，直到最后。哈希姆派人在阿拔斯王朝居官者甚多，如艾布·穆斯林、苏莱曼·本·库塔伊尔、艾布·赛莱麦等。他们从政的原因，是阿拔斯亲见穆罕默德薪传，故他比一般党派有资格继承。

栽德派主张伊玛目由司法者推选，不是由法律规定，伊玛目次序是阿里，其次哈桑，其次侯赛因，其孙栽德，即该派领袖，他从库法出来，竞选教领，被刺，钉在教堂十字架上。该派主张栽德之子叶海亚应为伊玛目，他赴呼罗珊，被杀于朱兹詹。传给阿卜杜拉之子穆罕默德，外号“洁心”，他到希贾兹，自称“马赫迪”，曼苏尔派军队杀之。传之其兄易卜拉欣，他在巴士拉起誓，栽德之子尔撒赞助之，亦被曼苏尔之军队所杀。有的主张，在“洁心”穆罕默德以后，伊玛目是穆罕默德·卡西姆，他去塔里甘，被捕，送给哈里发穆尔台绥姆，死于狱中。栽德派人说，叶海亚以后，其兄尔撒为伊玛目，随易卜拉欣同曼苏尔交战，伊玛目传其后代，赞吉历史亦属之；

有的说，穆罕默德以后，其弟伊德里斯继其遗志，规划非斯城，后代皆为君主。栽德派有个地方长官，掌泰伯里斯坦，即栽德之子哈桑。在德莱姆，有纳绥尔·伍特鲁士继其事业。哈桑后代，均在泰伯里斯坦建国，德莱姆从属之。伊玛目派，主张伊玛目由阿里而其子哈桑、侯赛因、其子栽因·阿比丁、其子穆罕默德·巴基尔、其子贾法尔·萨迪格。由此分为两派，一归其子伊斯玛仪，即伊斯玛仪派；一归其子穆萨·卡兹姆，即十二伊玛目派。伊斯玛仪派说易卜拉欣之为伊玛目，由其父贾法尔所指定，虽然先其父而死，但伊玛目仍旧归其后代所有。其子穆罕默德·马克图木，是第一个隐遁的伊玛目，因其无党团，故隐遁。但其宣传是公开的，词严义正，道理非常充足。有党团，便出世，阐扬其学说。马克图木传其子贾法尔，贾法尔传其子穆罕默德·哈比卜，哈比卜传其子阿卜杜拉·马赫迪。艾布·阿卜杜拉在库塔麦，公开传播其学说，民众响应之，由西吉勒马塞监狱被释，掌凯鲁万及马格里布，其子继掌埃及。人们称之为伊斯玛仪派，又称隐遁派，因其伊玛目隐遁之故，又称偏激派，因其言论过激之故，他们有旧学说和新学说。伊历五世纪末，哈桑·萨巴哈传扬之，掌有叙利亚与伊拉克城堡，终被埃及的突厥人及伊拉克鞑靼人所灭。萨巴哈事迹，见于舍赫拉斯塔尼《教派论》。十二伊玛目派，后人简称伊玛目派，主张道统应由穆萨·卡兹姆，而其子阿里·里达，其子穆罕默德·塔基，其子穆罕默德·哈桑，其子穆罕默德·马赫迪。以上是什叶著名之流派，其学说非常复杂，欲知其详者，请参阅伊本·哈兹姆及舍赫拉斯塔尼二氏教派论著作，兹不赘述。

第二十八章　从哈里发到王朝

政权是党团之自然目的，党团之产生政权，不是由人力选择，而是客观发展的必然结果和因果关系。宗教及一切群众事业，皆需要党团，有党团才有进取，如愿以偿。穆罕默德云："安拉所派之先知，皆考民众之势力。"宗教亦有贬责党团和政权之处，如《古兰经》云："据安拉看，你们最优秀者，为你们之最敬畏者。"穆罕默德云："安拉铲除你们蒙昧时代之斗宠及祖先夸耀。你们均为阿丹子孙，阿丹由土所造。"但宗教所贬者，只是从政者之过失，不守主道，失掉中庸，凡事争执。宗教奖励团结反对分裂。今世乃后世之桥梁，无桥梁便不能达到彼岸。宗教之目的，不在完全限制人类之天性，彻底约束其行动，使其畏首畏尾，裹足不前。其目的唯在扭转其偏差，由非理趋向合理，尽力为善，戒除恶念，完全以真理正意为依归。正如穆罕默德所云："投向主圣者，必达目的。投向红尘和美女者，必有所得。""恨"为人类之天性，无恨便无好胜心、是非感、战斗性、团结力。故宗教只贬不正当之邪恨，奖励为主道之真恨，真恨为穆罕默德美德之一。欲望亦为人之天性，无欲望，生活缺乏兴趣。故宗教只贬斥追求罪恶之邪念及非分之奢望，避免以身试法，纵情放欲，铤而走险。而把欲望转向正经事业，成为奉行主命之良民。《古兰经》菲薄党团说：“你们之血亲及子嗣，毫无裨益。”这是指蒙昧时代之狭隘氏族观念及狐朋狗党、乌合之众，集体为乱而言。倘若结党是为真理和主道，那便是可嘉当行的。非组织，教义便不能推行。宗教之菲薄王权，只在以诈伪取胜，以强权促人为非。若以真理服人，强制公众守法为善，拜主杀敌，则为宗教所推崇。先知苏莱曼祈祷安拉说：“主啊！赐我绝后之国权！”即因其为政教利益努力而无邪行之故。哈里发欧麦尔巡视叙利亚时，穆阿维叶来见，装束似王，武备齐全，欧麦尔恶之，曰：“汝学波斯王否？”他说：“信士的长官！身在疆场，与敌对垒，以装备压倒敌人。”因其有正当之理由及高尚之愿望，故欧麦尔默许之，不以其所作为非。欧麦尔之义在于禁止效仿波斯王之暴政恶行，穆阿维叶之义在为主道压服敌人，可见是其所是，非其所非，非一般反对王权也。圣门弟子之拒用王权，亦为避免混淆是非、误入歧途之嫌疑。穆罕默德临终时，要艾布·伯克尔替位领拜，礼拜为宗教重要之标志，能锻炼人守法为善，大家皆欢迎艾布·伯克尔为哈里发，其地位概非一般国王可比，艾布·伯克尔秉承穆罕默德薪传，讨伐叛逆，使阿拉伯人统一于伊斯兰教。后来欧麦尔继其位，仍承其遗志，东征西讨，战胜异族，夺得国土和财富。以后奥斯曼及阿里继位，仍避免王权王政，坚持伊斯兰之清正作风及阿拉伯人之简朴生活。阿拉伯人生在艰苦的游牧环境之中，再受寡欲养心、不贪红尘之宗教沐化，故为最朴实之民族。希贾兹之穆达尔人，身居不毛之地，食蛇蝎、蜣螂、驼毛之属，以艰苦为荣。古莱什人之生活情形，大抵类同。穆罕默德以伊斯兰之党性，将之团结统一起来，征服波斯、罗马诸国，开疆拓土，所获无算，今世之富贵归其所有。相传一次战役，一个骑士能分到三万两黄金，可见战利品之多，实难估计。虽是这样，他们生活仍艰苦如常。欧麦尔常用皮子补其衣服，艾布·穆萨戒食鸡肉，一般将士吃糠咽菜，吃面带麸，禁用细粮。生活越苦，越能惨淡经营，其强盛为世人所不能比。麦斯欧迪记载，奥斯曼时代，圣门弟子已置有产业和积蓄。奥斯曼遇刺时，留有十五万金币、一百万银币，在瓦迪·古拉及侯奈因川谷的田产价值二十万金币，并有不少的驼马。祖拜尔的遗产，是五万金币、一千匹马、一千名奴婢，他物不计在内。泰勒哈在伊拉克的进益，每天一千金币，萨拉地区收获更多。阿卜杜·拉赫曼有一千匹马、一千峰驼、一万只羊，其遗产是四分之一即达八万四千元。栽德·本·萨比特有很多金块银砖，产业价值十万金币。祖拜尔在巴士拉、库法、埃及、亚历山大诸城，皆建有宅院。泰勒哈在库法、麦地那所建之宅第，均用砖木及石灰。赛尔德·本·艾比·瓦戛斯在阿基格所建之宅院，院井甚广，天台甚贵，均有栏杆。米格达德在麦地那所建之宅院，内外皆用白灰，给叶阿利·本·穆纳比西留下的遗产是五万金币，田产价值三十万银币。由此可见，人们之经营及获利，合法之财，宗教并不禁止，所禁者是取之不当，挥霍无度，用于邪门。若用于主道及正路，则积蓄虽多，亦不为过。

游牧精神上升到最高阶段，党团之必须结果便是王权。初期的王政，虽然是强制和积财，但仍不失之正、不流于非、不背乎宗教之初衷。阿里与穆阿维叶之争，是党争之所需要，他们之方法光明磊落，皆本真理及奋斗，没有卑鄙自私之邪念。他们斗争之手段不同，但其出发点皆为正义。阿里虽然遇难，但穆阿维叶仍刚正不阿。一人可以有过，然不能说全体皆非。王权之性质，必须专制独裁，此党团及伍麦叶人意识所使然，非穆罕默德故意作态。穆罕默德虽建成伍麦叶党团，但他亦得循乎集体之趋向而行。如是，始能团结一致，众志成城，为其效命。否则，违背集体意志，党团分裂，欲专制而不能。由此可见，王权专政，非决定于一人之力，实党团之性质所使然。欧麦尔·本·阿卜杜勒·阿齐兹，论到卡西姆·本·穆罕默德时说："假设我有力量，我必委他为哈里发。"但他怕在朝的伍麦叶党，为避免分裂，不敢变法。

由此可见，王之倾向，以党团之倾向为转移。既有王政，必有独裁，独裁用于正路，亦无可厚非。苏莱曼及其父达乌德，均为以色列之王，虽有独裁，仍为先知，因其独裁用于主道之故。穆阿维叶之将政权传给其子耶济德，亦为顾全伍麦叶人之情绪及党团之团结。假设把政权交给别人，必发生分裂。穆阿维叶固知其子不如人者，但大家既信任之，势所必然，无力抗拒之。麦尔旺及其儿子之情况，亦是这样。他们虽为君主，但并未借权欺人，胡作非为。他们尽力为善，只有不得已时，才施用武力，如破坏团结之事，此有目共睹之事实。伊玛目马立克，在所辑录《穆宛塔圣训集》里为阿卜杜勒·麦利克所作之辩护甚详。麦尔旺为先进之再传弟子，其公道正派，为人所知。阿卜杜勒·麦利克的后辈，从政皆守宗教之常规。欧麦尔·本·阿卜杜勒·阿齐兹努力效法四大哈里发之风格，毫不懈怠。以后之君主，皆重俗物废弃教理，为人所诟病。阿拔斯王朝初期贤君英明，还是不少，颇有古人风。哈伦·拉希德之子嗣，良莠各半，最后沉于今世浮华，不理教事，卒遭安拉惩罚，阿拉伯人之政权整个被人夺去。安拉丝毫不危害下民，唯其自害耳。

凡研究哈里发及列王行传者，皆知余言之正确。麦斯欧迪所记伍麦叶王朝之情况，大致相同。他说，阿卜杜勒·麦利克无甚作为，苏莱曼唯知食色之乐，欧麦尔为群盲之独目，希沙姆还像个君主。

伍麦叶王朝初期之君主，尚能自重上进，到了后期，君主多昏庸无能，不懂政治，滥竽充数，享福作乐，不务正业，卒遭主怒，易荣为贱，被人取而代之矣。据云哈里发赛法哈之时，阿卜杜拉·本·麦尔旺逃亡到努比亚，不久努比亚王即来欢迎，让他坐到贵重之位上，阿卜杜拉问："你怎么不与我同坐呢？"他说："我为王，王皆应礼待失国之君。贵教经典禁止酗酒、踏坏田苗、用金饰、穿绸缎，然则你们为何犯法不守戒律呢？"阿卜杜拉说："臣仆异族无知之辈所为也。"他说："不然，你们犯天法，轻主命，失职害民，故遭陨灭。安拉之报应无尽，怕跟你一起遭殃。待客三天，请快准备，离开本国。"

以上说明哈里发转入王朝之过程。可见国初为哈里发，领袖关心者，唯有教事，俗务为次要，只要保全正教及团体、个人损失，在所不惜。请看哈里发奥斯曼被人围困家中之时，哈桑、侯赛因、伊本·欧麦尔、伊本·贾法尔诸人，欲保卫之，他却拒绝，以免穆斯林同室操戈，团体分裂，道统堕落，情愿为此殉难。阿里亦是这样，穆俄伊拉建议他继位，保留祖拜尔、穆阿维叶、泰勒哈诸人之原职，让公众拥护，国家统一，以后可为所欲为。阿里却拒绝之，以为有损团体，超出教规之所许。前代之领袖，就是这样不顾现实地位之丧失，而保卫宗教整体之利益。

王朝初期，哈里发之精神尚存，君主仍能秉承教理，注重教务。王朝后期，只凭朋党与武力，哈里发徒有其名，而无其实，有强权而无公理，有享乐而无善行，遂成纯粹之王政。这在伍麦叶王朝，以阿卜杜勒·麦利克为分界，在阿拔斯王朝，以哈伦·拉希德为分界。哈里发之名，成为维护阿拉伯党团之工具，哈里发与君主混淆不清，后因阿拉伯团结精神之消失，哈里发之痕迹完全不存，成为清一色之帝王。如东方波斯诸位，以哈里发之名为沾吉，实行帝王之全部称号。北非之扎纳塔诸王，亦是这样。如森哈杰人之于法蒂玛王朝，麦额拉瓦人及叶芙隆人之于安达卢西亚伍麦叶王朝，凯鲁万之于法蒂玛王朝等。由此可见，哈里发之初无王政，后来二义混用，后来分裂为两党团，王政独立发展。

第二十九章　矢忠之盟

“矢忠”(拜阿)，即服从之约。矢忠者向其元首保证，对其一切措施，皆拳拳服膺，不与之相争，对其一切命令，无论难易，皆奉命而行。拥护元首，与之立约，将手压在他的手下，以加强誓约之可靠，犹如交易时双方之做法。盖“拜阿”之本义，即“买卖”之谓。这是就语义方面说。就教法说，穆罕默德曾以此词，称述“阿格白之盟”及“树下之盟”。次如“诸哈里发矢忠之盟”“效忠宣誓”等，哈里发之登基，皆有此种仪式。此种制度，强迫为之者较多，自愿者较少。故伊玛目马立克制法时，限制强迫矢忠。而官方反对之，指其妨害选举效忠制度，马立克亦因此遭受磨难。

现在通行之矢忠，是向君主致敬，或吻地，或吻手脚，或吻衣角，以礼节代表服从，是喻义之矢忠，遂成风气。不用原来之压手，因压手降低王之身份，且与人人压手，多有不便。有时王对特殊要人及宗教名宿，亦行压手礼，表示礼贤下士，然此究属例外。吾人应理解矢忠之实用意义，君无戏言妄行，由此可见王权之严肃性及君臣之关系。

第三十章　传国与袭位

前文讲到伊玛目（哈里发）的合法性及其利益，元首关心人民的政教福利，他是国家支柱，群众保姆，生前既注意其生活，死时更注意其后事，故推举可靠继承人，将国权委托给他，为人民之凭借。传国委任，为教族之公决。艾布·伯克尔曾商同圣门弟子，指定欧麦尔为其继任者。欧麦尔曾组织六人协商会，由其选举继位人，最后阿卜杜·拉赫曼·本·奥夫征询穆斯林大众意见，一致赞成奥斯曼、阿里为继位人。朝野商议结果，选奥斯曼为合法继承人，圣门弟子皆大欢喜。可见公议为传国大事之条件。元首既为民着想，为长远利益计，他可以委任理想之人袭其国位，纵虽指定其父或子，亦不能指责之，反对之。既信之，则任之，元首之一举一动皆为利民，皆有其道理在，故不可妄事猜测，吹毛求疵。穆阿维叶之传其位于其子耶济德，不是出于家天下之私见，是司法者、圣门弟子及党民之公议。教法既重视公议，大家又信得过穆阿维叶之公正，故不疑其传位措施有悖理失当之处。欧麦尔之子阿卜杜拉之弃权不管，是出于他的明哲保身。除伊本·祖拜尔一人外，民皆赞同耶济德之继父位。传子制不一定纯出昏君，贤君英明还是不少，如伍麦叶王朝的阿卜杜勒·麦利克、苏莱曼，阿拔斯王朝的赛法哈、曼苏尔、马赫迪、哈伦·拉希德等，均公正廉明，为民爱戴，具有四大哈里发之遗风。但他们与四大哈里发的时代不同，以前只以宗教为人选之准则，宗教认可者则选之，无王权观念及其性质。领袖委任宗教修养最厚之人，即为民所欢喜。穆阿维叶以后，教权弱于政权，一切以党团为准则，传国由党决定。委任党所反对之人，则不但不行，反而造成分裂。有人问阿里，为什么穆斯林一致拥护艾布·伯克尔和欧麦尔，而对他却有争执？他说："艾欧二公是我之领袖，我是你们的领袖。"即指教权而言。马蒙委任穆萨之子阿里·里达为继位人时，阿拔斯人皆反对之，拥护其叔易卜拉欣，全国大哗，到处叛变，马蒙急忙从呼罗珊赶赴巴格达，收回成命，一场风波，始告平息。各时代的特征、时代的事件、民族、党团性质不同，利益要求亦异，各代就有需要，对其皆有用，应从发展看问题，不能一概而论。传子世袭，非宗教之宗旨，理国之才，系主特恩，非王子皆能胜任。国家大事，应存善意，慎重从事，以免亵渎宗教之神圣职权。

这里有数事，需要说明：第一是耶济德在位时之恶政问题，吾人不能认为穆阿维叶早知其恶。因为穆阿维叶是管子很严的，连其听歌都不许可，他不会徇私害公。圣门弟子对耶济德之作风主张不一，有的认为罢免之，叛变之，此派以侯赛因及伊本·祖拜尔之子阿卜杜拉等为代表；有的认为不能以武力解决，一则死伤太多，再则在朝党伍麦叶之势力太强，恐抵抗不了，反受其祸，不如以和平方式解决，劝谏耶济德改变作风，这派是穆斯林大众。两派目的，皆为正义，均极善良，都是创制者，骨气意见不可厚非也。

第二是穆罕默德指定继承人的问题，什叶派强调穆罕默德委任阿里，此种传说欠正确。《布哈里圣训实录》记载："穆罕默德要纸墨立遗嘱，欧麦尔止之。”此证穆罕默德未指定继位人。关于传位之事，有人诘难欧麦尔，他说：“余若传位，则比我强之艾布·伯克尔已如此做矣。我若不传位，则比我强之穆罕默德已如此做矣。”阿拔斯曾同阿里商量，去问穆罕默德传位之事，阿里止之曰：“不可问。穆罕默德若不传我们，我们永世无望矣。”这些都证明，穆罕默德并未指定继承人。据该派说，教统权仅属宗教要素，与公众利益无涉。实则不然。假设如此，必与拜祷同，可以随便求人代位矣。穆罕默德曾命艾布·伯克尔代为领拜，圣门弟子以此推测，艾布·伯克尔可为哈里发。他们说，穆罕默德既欢喜他领导教事，我们能不欢喜他领导政事？此证穆罕默德未指定继承人，亦证此事在当时不如现在这样重要。那时维系团结，不靠党团之习惯势力，唯凭宗教之反常奇迹，如天使的助战、传送天启、预报天机等。靠神权奇迹，即可制伏人，无须党团。哈里发及国家大事，亦是这样。时过境迁，神权奇迹，失其效用。政治占了上风，政权与国事，一切皆以党团为准。由此可见，国位之越来越重要，党团成为巩固团结、防止分裂、执行教法、施行政纲之唯一力量。

第三是圣门弟子及再传弟子之间的争端问题。须知，他们之争执，仅为教事，据理质证，创制判断。创制必有争端，均在追求真理，或全对，或一方对，不能全非。争端之产生，常为或然之宗教问题。如阿里之与穆阿维叶事件，阿里之与祖拜尔、阿伊莎、泰勒哈事件，侯赛因之与耶济德事件，伊本·祖拜尔之与阿卜杜勒·麦利克事件等。阿里事件发生在奥斯曼遇刺之时。人们分居各地，均为出席效忠阿里。出席的有拥护者，有反对者，大家集议教领事宜，如赛尔德、赛义德、伊本·欧麦尔、乌萨迈、穆俄伊拉、伊本·萨拉姆、古达麦、艾布·赛义德、克阿卜、努尔曼、哈萨尼、麦斯莱迈、富达勒等。散居各地之人，均先要求惩办杀死奥斯曼之凶手，次选继任者，穆斯林大众开会商讨，阿里闭口不言奥氏之死，众皆猜疑之，穆阿维叶公开指责之，从此意见分歧。阿里认为大事已成，让未到会者到圣城麦地那协商，俟统一后再替奥斯曼报仇。有些人认为，有权威之圣门弟子，皆分居各地，出席矢忠者为数甚少，故奥斯曼之事仍为悬案，应先惩办凶手，然后再选伊玛目（哈里发）。如穆阿维叶、阿慕尔、阿伊莎、祖拜尔、泰勒哈等，即其代表。但有些人，竭力拥护阿里为哈里发，以他之见地为对，以穆阿维叶派为非，尤其对泰勒哈及祖拜尔二人之撤销阿里矢忠表示不满。但不怪罪双方创制者，形成一派舆论。阿里论到骆驼之战及隋芬之战的烈士说："这些纯洁之死难者，皆进乐园。"由此可见，肇事双方，都有正当理由，言行有据，正统派同样看待之，毫无轩轾。唯穆阿维叶派，对谋杀奥斯曼者，有过激之详论。吾人对圣门弟子之争端，应以公平之态度对待之。这种内部灾祸，是安拉对教族之考验。这时穆斯林战胜强敌，皆有其地，分居四处，巴士拉、库法、叙利亚和埃及，无不有其足迹。这些阿拉伯人亲见穆罕默德、受其教育者不多，信仰不牢，蒙昧时代之狭隘傲慢习气甚深，不服古莱什、克那奈、塞基夫、胡扎勒、希贾兹、叶斯里布先进迁士辅士之领导，自以为血统优越，征服波斯、罗马之功较大。他们是伯克尔、阿卜杜·盖斯、肯德、艾兹德、泰米姆、盖斯诸部族，以为古莱什人不公，大为不满。谣言四起，传到麦地那，奥斯曼派伊本·欧麦尔、乌萨迈诸人赴各地，探听虚实。有人控告库法总督瓦利德酗酒，奥斯曼革其职。接着各城市人皆要求撤换官吏，奥斯曼允之，谣言仍不停息，在途中拦住库法新任总督赛义德，奥斯曼与麦地那僚属间矛盾益大。闹事者自巴士拉、库法、埃及等地，来到麦地那，奥斯曼从之，罢埃及总督，他们要凭证，奥斯曼给以公函，他们到中途拆开一看，是命埃及总督见而杀之。众怒，回见奥斯曼，质问之，奥斯曼起誓不知，问其尚书麦尔旺，亦起誓不知。众人益怒，围住奥斯曼官邸，卒杀之。内乱之门遂开，人皆言之成理，为教努力，谁是谁非，安拉自知，吾人不妄加可否。侯赛因与耶济德事件，也是如此，双方之争，皆为俗事，彼此均有一定道理，就教法说，不能断定谁是谁非。圣门弟子皆为教族之贤哲，他们行为不端，别人又该如何。穆罕默德有言："最佳者我这一代，其次二、三代，三代而后，邪说猖獗矣！"故吾人应尊敬先哲，不胡置批评，他们的作为皆为真理，他们的争斗纯属主道。先民之争，为后人之慈悯，大家可择善而从，奉为模范。如蜂然，采众花而酿蜜，何患之有？

第三十一章　哈里发之宗教职权

哈里发的本质，是代表安拉的使者施行政教之职权。在宗教方面，他根据教法之责成，奖励人为之。在政治方面，他根据人民之利益及文化之所需，从事建设。文化为人类所必需，故应维护之，莫使之败坏。职权最能保障公利，若佐以教法，一切益趋完善，盖宗教最知公益。故伊斯兰国家，政治隶属于哈里发。非宗教国家，政治可以独行。但不论何种政体，均有一定制度、爵位、职权和行政职务，官吏各守其位，各尽其责，元首统御一切，如是王政才能齐备，国务才能完善。伊斯兰哈里发政权，既是政教合一，以教带政，故有其特殊的宗教职权。

哈里发是总教领，一切宗教设施皆属之。如拜祷、公判、司法、战争、公安等，皆在其规划中，他执行教法，总理政教大事。领拜为最高之宗教职权，其重要性不亚于政权。圣门弟子以艾布·伯克尔之代穆罕默德领拜，而推之为政治继承人，可证拜功高于政治。其次须知，城市之清真寺有两种，一为公众通用之大寺，一为一族地专用之小寺。大寺归哈里发或其所委任之素丹、大臣、法官所管理，主持率众礼五番拜、聚礼拜、会礼拜、日月食拜、祈雨拜。这样作为最好，以便下临人民，了解人民需要，使官民相接，上下通气。有的学者，断此为当然。小寺可附属于大寺，无须哈里发或其代理人亲临主持。寺政详情，各大法学书均有规定，兹不赘述。领拜权，前代哈里发都亲自主持，不因袭他人，甚至连宣告礼拜时间的唤礼职务，也直接处理，不肯让人。伍麦叶王朝的执政者，均甚重视领拜权。阿卜杜勒·麦利克对其侍卫说："只有三种人可以随时出入：炊事员、宣礼员、邮差驿佐。此三种皆不敢误时，否则误大事也。"后来到了王朝，君主粗暴，一切要求特殊，政教大事，亦常委人代理，领拜职权遂交给他人。阿拔斯王朝及法蒂玛王朝，均是这样。

公判权归哈里发所有，由学者专家研究决定，决案交给适当之人执行。事关穆斯林宗教利益，应该重视，不能由蠢材滥竽充数，贻误众人。教师可在寺院设立讲座，尽传授之职。若在领袖所属之大寺，必求其批准。若在一般寺院，可以随便。但宣判员和教师，必须阻止不正当之人混入，以免正人被邪人所诱惑。俗语云："判决教律，如处火狱。"元首不得对此置若罔闻。

司法权是哈里发分内要职，借此排纷解讼，判明曲直，以绝冤狱。因司法全凭教律，以《古兰经》与圣训为根据，故此职权归哈里发。伊斯兰初期，哈里发皆直接处理。首先委派别人司法的是欧麦尔，派艾布·德尔达为麦地那法官，舒拉哈为巴士拉法官，艾布·穆萨·艾什尔里为库法法官。欧麦尔撰写司法规范，供法官做依据，全文如次：

司法凭天命圣行而立，法官在于执法以绳，不在空谈真理。应该公平清正，贵贱不分。原告应举证据，被告应该宣誓。调解讲和可以，但违法者例外。判决应本真理，非理之已判为非可以复判，真理不怕老，复求胜于泥非。应本天经圣训，且忌私见曲解，多举例类比。需要调查之案件，应该缓判。证据确凿者可采纳之，否则以理判断。如此始能释疑去冤。对穆斯林应一视同仁，伪证谎誓不可轻信。法官应信仰忠纯，精通法理，事皆有据，切勿粗暴武断，与人作对。真理皆得其所，如此必蒙安拉之厚赏及公众之赞扬。

哈里发之所以求人代为司法，因其军政事务太忙，一人之力实在不能面面俱到，必须他人分工才行。虽是这样，他们所委托之人，均是本党亲信，不可靠者不用。司法权之规定及条件，教法书言之甚详，可参阅之。在四大哈里发时代，法官只管诉讼，后来君主事务渐繁，法官所管之事日多，诸凡穆斯林大众之一般民事、公安、交通、建筑、慈善、遗产、侦查、巡逻等，均列入司法职务范围之内。哈里发本来让法官管理一切黑暗不公之事，禁止强霸之侵害，处理两造曲直。此种政法混合之职权，非有大的本领不能胜任。最初哈里发直接担任法官，到阿拔斯王朝时才令专人担任，如欧麦尔的法官艾布·伊德里斯，马蒙的法官叶海亚，穆尔台绥姆的法官艾哈迈德等。军队又特设军事法官，叶海亚曾任罗马军区法官。安达卢西亚伍麦叶王朝阿卜杜·拉赫曼的法官蒙迪尔，也是这样。阿拔斯王朝、安达卢西亚伍麦叶王朝及埃及马格里布之法蒂玛王朝，刑事案件归警官处理。这是宗教职权之一，专管刑罚、诬告、抵命、赔偿、管制、教训等事。在哈里发国家里，因以教治国，故有这些职权。到了哈里发权力衰落的王朝，尤其阿拉伯人让位于突厥人及柏柏尔人之后，这些称号都荡然无存，政治第一，宗教第二，王权代理一切。王法固然循文化之需要而进行，否则既无政治意义，更无文化价值。议事权和执法权只归党人所有，无党即无一切，不能自给自足，万事必于求人，还有什么王权可谈。穆罕默德曾云：“学者为列圣之继承人。”前辈法学家言行兼顾，有学理，有实权，故有如此光荣称号，如再传弟子及四大教长等。现代法学家，只懂天道人事之法条，能说不能行，无有司法职位，所以已失这种称号。现代之法学家，还没修士更能继承先知呢！修士总算有实践，法学家却一无所有。

哈里发司法机关下，一般设有调查组，专门登记人民财产、争讼等事；又有公安组，专门命人为善，止人作恶，管理交通、灾祸、保险等事；又有货币监察组，专管伪币之鉴别等事。这些职权，亦都随着哈里发政权的消失而消失。一般王国，只有行政、阁务、军事、税赋诸职。

第三十二章　元首之称号

艾布·伯克尔就职后，圣门弟子及穆斯林，皆称其为“哈里发赖苏林拉”，意即“安拉使者的继任者”。欧麦尔就职后，大家称其为“安拉使者继任者的继任者”。大家感到，长此以往，领格增加，一系列的联系词非常累赘难说，因此应采用其他称谓。阿拉伯人本来称将帅为“埃米尔”（长官），他们在蒙昧时代亦称穆罕默德为“麦加埃米尔”“希贾兹埃米尔”。赛尔德·本·艾比·瓦戛斯为卡迪西亚战役统帅，这是当时穆斯林军最大之劲旅，圣门弟子都称赛尔德为“信士的长官”。偶尔有人以此称呼欧麦尔，群众以为很好，名正言顺，故皆以此称之。据说首先以此呼欧麦尔者为阿卜杜拉·本·杰赫什，或阿慕尔·本·阿斯，或穆俄伊拉·本·舒阿白。一说，信差到麦地那来报凯旋之消息，问欧麦尔曰：“信士的长官何在？”圣门弟子听此称号甚佳，咸谓：“你所提之称号甚好，向安拉起誓，欧麦尔乃安拉之信士的长官。”于是在公众间流传开去，以后诸哈里发皆沿用这个专号。什叶派以“伊玛目”（教领）称号阿里，认为阿里比艾布·伯克尔更有资格率众领拜，其以后皆沿用这个称号，在其掌握政权以后始用“信士的长官”称号。如阿拔斯王朝的什叶派君主易卜拉欣及其弟赛法哈，便是如此。北非之拉菲德派，原来称伊斯玛仪后裔为伊玛目，到欧拜杜拉及其子艾布·卡西姆以后，皆称“信士的长官”。北非的伊德里斯王朝，初亦以“伊玛目”称伊德里斯及其子小伊德里斯，此后改用“信士的长官”。各代哈里发皆沿用此一称号，以其为掌辖希贾兹、叙利亚、伊拉克、阿拉伯地区及中央地区政、教、军大权者之标志。后因哈里发皆用之，有混淆之感，于是有的另立称号。阿拔斯王朝哈里发，大都在民间有庸俗之绰号，如“赛法哈”（流血者）、“曼苏尔”（胜者）、“马赫迪”（救世者）、“哈迪”（导向）、“拉希德”（正直者）等。马格里布和埃及之法蒂玛王朝，也效行之。伍麦叶王朝及安达卢西亚朝，仍保持阿拉伯人之本色，设立文明称号。伊历四世纪初，阿卜杜·拉赫曼执政后，学习东方君主之作风，自称“信士的长官”，号“纳绥尔·利丁拉”意为“兴扬主道者”，其后沿用成习。最后伊斯兰分裂，东西君主先称“素丹”，后又各有专号。东方异族君主，爱用表示国威之高贵称号，如“舍尔夫·道莱”（国光）、“阿杜德·道莱”（国弼）、“鲁肯·道莱”（国基）、“穆仪兹·道莱”（国尊）、“纳绥尔·道莱”（国胜）、“尼扎姆·穆勒克”（国理）、“白哈文·道莱”（国荣）、“查希尔·穆勒克”（国有）等。法蒂玛王朝君主，亦习用之。后代由哈里发转入王朝，与异族君主争胜，亦另立专号，表示兴教之功绩，如“萨拉丁”（教理）、“阿萨德丁”（教狮）、“努尔丁”（教光）。安达卢西亚朝君主之称号，表示其族党之威力，如“纳绥尔”（胜者）、“曼苏尔”（天助者）、“穆阿太米德”（靠主者）、“穆扎法尔”（威武者）等。北非之穆拉比特王朝，仍照原初，只用素丹之名。塔什芬·本·优素福执政后，改用“信士的长官”。马赫迪执政后，仍用什叶派“伊玛目”称号。阿卜杜勒·穆敏及哈福萨的后辈，皆保持“信士的长官”之称号。

第三十三章　犹太教与基督教之教职称谓

宗教必有先知，先知去世，必有继任者继其位，宣传教义，执行教规。人类社会之进步，唯凭政治，有政治必有领袖，以主其事，替民众兴利除弊。伊斯兰教是政教合一，以武力捍卫正教，推行真理，故采用哈里发制度。其他宗教，政教分立，武力用于政权，宗教只凭宣传，宗教不过问政治，政治只靠党团，宗教只对内部，不向外扩展，教事高于政事。因此，以色列人在摩西及约书亚之后，四百年只管宗教，不问政治。主其事者，称为祭司（库希乃），如摩西之哈里发，专管祷告献祭。因摩西无后，祭司必限于亚伦后裔。政治由七十位长老管理，祭司论教权比他们都高。后来他们形成党团，有了政权，照摩西之言，战胜迦南人，有其非利士国土。迦南人、亚美尼亚人、埃多姆人、亚扪人、摩押人，均与之战。长老执政，约四百年，无有国家。扫罗胜，非利士王歌利亚被杀，大卫及所罗门继位，版图扩大，至希贾兹、也门、罗马。所罗门后，国家分裂为二：一在伊拉克及摩苏尔，归十个后裔所有；一在耶路撒冷及叙利亚，归犹大及便雅悯所有。后巴比伦王尼布甲尼撒二世胜之，占领其地约一千年，寺院皆毁，宗教败亡，被放逐到伊斯法罕和伊拉克。二十年后，波斯阿契美尼德王朝国王将其从波斯遣回耶路撒冷，建寺，恢复祭司职位，政权仍归波斯人。亚历山大大帝率希腊人败波斯人，犹太人皆归其统治。后希腊式微，犹太人祭司哈斯莫尼族立国，败希腊人，后亡于罗马，耶路撒冷破坏不堪，被流放到罗马，是为第二次寺院破坏。犹太人称为“大流放”。此后失党失国，一直由罗马统治，教务由祭司主持。

后来，耶稣基督来传新教，废除《旧约》的部分条文，他表演许多奇迹，如治天然盲、大麻风、起死回生等，信者日众。他有十二门徒，分派各处传教。时在第一个皇帝奥古斯都时代。由姻亲哈斯莫尼手中夺得政权的希律王函请奥氏，杀害基督，从之，如《古兰经》所述。门徒多在罗马境内传教，其领导是彼得，住在罗马首府。他们写耶稣的福音书，共有四种。马太在巴勒斯坦用希伯来文写，由约翰译为拉丁文。路加用拉丁文写出福音书，约翰和彼得亦写出同样福音书，彼得之书由其门人马可执笔。这四福音书，不尽相同，均非安拉之神谕，掺杂耶稣及门徒之言论，多系劝词及故事，教规法令很少。众门徒当时在罗马城集会，制定基督教纲领，由彼得的门人克雷芒执笔，写出应遵应行之重要典籍，包括犹太教典《摩西五经》、约书亚的《约书亚记》、法官们的《士师记》、拉奥特的《路得记》、犹大的《犹大书》、四卷王书《列王记》、便雅悯的书、马加比的三卷书、阿兹拉的《以斯拉记》、乌希尔和哈曼逸事的《以斯帖记》、阿尤布的《约伯记》、大卫的《诗篇》、大卫之子所罗门的《箴歌》《传道书》和《雅歌》、十六种大小先知的预言书、所罗门的首相西拉之子的耶稣之书。其次是耶稣《新约》四福音书、卡萨里卡的使徒书、保罗的十四部使徒书信、克雷芒的法律书、约翰预言的启示录。

罗马皇帝对该教的看法不同，有时尊重，有时迫害。到君士坦丁大帝时，该教始巩固下去，教主称“大主教”（白土勒克），把其代理人分派到各信教民族里去，主持教务，称“主教”（吴斯古夫），称寺管祷告和教条解答者叫“神父”（根西斯），称避世出家者叫“修道士”。彼得是众使徒的领袖，住罗马城主持教务，后被罗马帝国第五任皇帝尼禄所杀，由阿利乌继其位。马可在亚历山大、埃及、北非布道七年，哈奈尼亚继其位，自称大主教，有十二神父，主教死时由十二神父之一继其位，再由信徒中选一人补神父遗缺，大主教统辖一切神父。后来他们之教纲教理发生冲突，在君士坦丁执政时，在尼西亚召开宗教会议，研究真理，出席的三百一十八位神父一致通过决议，写成教纲，作为根据，称作“信经”（引导）。决议规定大教主，不得由神父指定，推翻哈奈尼亚之后，由教领中遴选。后来又闹分裂，数次开会，此条未变，主教仍代理大主教，称大主教为“父”，以示尊敬。后来亚历山大希拉克略又称大主教，为了做出区别，称大主教为“教皇”（巴巴），意为“万父之父”。据吉尔吉西·本·阿米德在其《世界历史》中所载，这个称号初见于埃及，然后专来称呼其最高教席彼得，迄今犹存。后来基督教关于基督问题，又闹分裂，每派皆求助于君主，派系互胜互弱，流派很多，现在最大者共有三派，即一志论派、一性论派、景教，每派皆有宗主教。现在罗马教皇，属一志论宗，罗马属欧洲，他们管辖是地。埃及宗主教，属一性论宗，埃塞俄比亚亦属之。其下有诸神父，代理教事。只罗马宗教用教皇称号，一性论派都不用之。教皇劝民服从一主，巩固团结党团，其最高皇帝叫“加冕的皇帝”（英白拉托），源教皇向其加冕，故名。

第三十四章　素丹之职官制

素丹身负国家重担，一人之力有限，必须求他人协助。人之日常生活尚需人助，何况政治？为人君者，必须为民招福除祸，保障其生命财产，不受侵害，使社会井然有序，人民安居乐业，各得其所，没有非法犯罪之事。贤哲有言："移山易于革心。"君主之助理，最好出自同族同党，始能事半功倍。《古兰经》云："请派我兄哈伦为助手，加强力量，共谋善举。"助理或文或武，或出主意，或做警卫。这可由一人总管，亦可由很多人分工。因为国事日繁，机构益多，每个衙署皆分许多部门，军政、财经、法律、公安、文教、邮务，皆须专员负责。伊斯兰哈里发制度既是政教合一的，故一切官职，均由教法因需要而定。总理一切者谓之素丹，分掌国事者为之宰臣。政权既转入王朝，官职乃社会文化之自然所需，与教法无涉。

本书仅就这方面加以论述，欲知其详者，可参阅法官艾布·哈桑·马沃尔迪氏《论素丹法律》之专著及一般法学名著，这里仅做一简介而已。

(1) 首相：首相一职，为一切爵位官职之本，顾名思义，即知其职权范围。"首相"（维齐尔）一词，由动词"帮助"或"负重"演变而来。源首相与君主分担国务，故名。君主所需之事，不越乎四端：一是军事国防，二是财经赋税，三是护卫内务，四是全国杂务。此四者，古今皆有专制，今称作“大臣”（沃齐）。其他官职皆以此为本，由此分出。但最高者，为首相，上接元首，下管大臣。其他因地、因人、因事制宜之官职，皆为次要之下层职位，如边防官、征税官及检查使等。下级属于上级，地方属于中枢。古制如此，后来哈里发制代替古制，形式虽失，实质仍存。穆罕默德关于朝野大事，皆商诸同人，征询门弟子之意见。尤其艾布·伯克尔，对很多重要之事，皆有合理之建议，使阿拉伯人得以知晓波斯、罗马、埃塞俄比亚诸国情况，故他们称艾公为大臣。大臣一词，因伊斯兰的淳朴及君主政体的消失，穆斯林大众已不知之。欧麦尔之赞襄艾布·伯克尔，奥斯曼之赞襄欧麦尔，都有大臣之意义。

至于税收及国费，他们无固定官职，因其为不善书算之文盲，书算之事多用异教或异族文人。公文诏书，同样无有专职，以教治国，不重保守秘密。尚书不成专职，阿拉伯人皆善于辞令，表达思想，只求文人照录其话即行。哈里发只以宗教做屏障，不怕人谋害，故无须侍卫，以做近卫。由哈里发过渡到王朝，君主色彩日渐明显。首先注意的是素丹的安全，以前哈里发门不设卫，常被暗杀，如欧麦尔、阿里、穆阿维叶、阿慕尔·本·阿斯等。同时府门敞开，闲人来访者太多，耽误大事，故先置守门之官，称为“侍卫”（哈吉布）。后来国务倥偬，一切需有国务助理级参谋，“首相”之名遂出。书算之事，仍归异族异教人担任，有专门尚书管理行文，因其只限于文章之记录，故在伍麦叶王朝时，以首相之职最高，总揽军政一切大权，尚书有职无权。到阿拔斯王朝，国务较前更趋复杂，首相职权范围更大，除军政外，财经、军饷、官禄、公文、档案等皆归其掌握，集文武大权于一身。甚至在拉希德时代，首相贾法尔被称作“素丹”，可见其势力之大，除侍卫外很少有能与之颉颃者。阿拔斯王朝有些素丹专政独裁，怕首相职权过大，于是将执法权归为已有，将施政权归首相所有。后来异族君主专权，哈里发制全废，自称素丹或埃米尔，首相只管元首之私事。再后宰臣之位成了职业，但其职权仍高。埃及的突厥人王朝，限制了“首相”之职，只管税收，门官仍在，握军事法律大权者称为“代表”(纳宣卜)。安达卢西亚伍麦叶王朝，开始废除首相，军、政、经等各设大臣，皆有官邸，执行王命。专设门官传达，故该朝侍卫之职高于一切，甚至一般诸侯，多自称“哈吉布”(侍卫)。突尼斯和凯鲁万什叶王朝(法蒂玛王朝)，因保持游牧习性，故这些称号全无。穆瓦希德王朝后期，采用伍麦叶王朝制度，称侍卫为首相。东方突厥，首相管礼宾、保密、驿运诸事。

(2) 侍卫：这个职位在伍麦叶王朝及阿拔斯王朝均有之，现代埃及属“代表”领导。安达卢西亚朝，此职为元首及群臣间之传达，如伊本·哈迪德诸人。后来国家专制，此职很重要，如曼苏尔后代均任此官，此职常与文武二相并称。突尼斯无此官职，埃及法蒂玛王朝偶有例外。穆瓦希德王朝称尚书为“大臣”，如伊本·阿蒂耶及阿卜杜·赛拉姆，亦兼管财经。无门官之职。突尼斯的艾布·哈夫斯家族建立的王朝，称管理军政者为“谢赫”(长老)，称财务官为“杂务”，此二者限于穆瓦希德党人。尚书则无此限制。侍卫有时亦管文牍，后来管文武参谋诸事，十二素丹以后，尤其艾布·阿拔斯，实行专政，此职遂废。

马格里布的扎纳塔人建立的王朝，其最大者为马林王朝，皆无“侍卫”之名，军事归“大臣”。书算有专人，门官叫“米兹瓦尔”，管的事很多，如小首相。阿卜德·瓦德王朝无这些官职，有时素丹私邸有门官，兼管书算等事。现代安达卢西亚伍麦叶王朝，称财务长为“代理人”（沃其勒），首相与一般同，唯兼管公文，素丹之签字，不用印章。埃及突厥人王朝，党魁有门官，权力极大，首相专管税赋，多由科普特人任职，因其自古以来皆任此职，亦可直接任免财经官员。

(3) 税务：此职为国家之所需，包括各项收支，皆有册籍，非专门人才，不能胜任。称此册籍或衙署为“第瓦尼”。据云此称谓来源于波斯，有二意：一为“消闲”，因官吏闲谈无事，故名；一为“魔鬼”，因书算者脑力过人，故云。后来用于官吏办公之机关，包括一切衙署。税务一职有总理，下有层层专责人员，如军队之编制。此职产生于国家强胜之时。据云欧麦尔首设之，艾布·胡莱赖由巴林征回很多钱钞，难于统计分配，哈立德见叙利亚诸王有此职，建议欧麦尔设之，欧麦尔允之。一说是希尔米藏所建议，欧麦尔命阿吉勒、玛赫拉麦、祖拜尔诸位古莱什书记，书写伊斯兰兵册，以血统为序，由穆罕默德近亲开始，由近而疏，以此类推。

据朱哈里说，时值二十年正月。税赋册籍，仍沿用波斯叙利亚的及罗马伊拉克的。阿卜杜勒·麦利克时，国家走向文明，阿拉伯人精于书算者日多，阿卜杜勒·麦利克命约旦总督苏莱曼翻译叙利亚税册，一年完成，由尚书赛尔浑考订，并对罗马文官说：“你们另谋生路吧！你们的饭碗已掉。”哈贾吉命其书记萨利哈把伊拉克税册译为阿拉伯文，对一般文书裨益很大。阿拔斯王朝将此职委于精于此事者，如巴拉密凯及赛海勒诸大臣家族。文、武、财为国家三大基础，故各朝皆重视此职，地位极高，甚者可直属于君主。突厥人王朝称此职为税吏，由财务大臣总理其事，军务大臣有时被称作“国师”，此外又有司库之职。

(4) 文书：此职阿拉伯国家最初不需要，一来保持游牧生活，一切简单，二来语言保持纯洁，书记只做文字润色。伊拉克和叙利亚之书记，一般皆须与官吏同族，以忠于职守，而不泄露秘密。后来语言混乱，此职由专员负责。阿拔斯王朝时代，其地位更高，公文诏书，除撰写外，亦在折叠处盖君主印玺，实际是代朝廷传旨。后来侍卫专权，往往独霸此职，尚书成其附庸，听其使用。尚书有的坐在君主一旁，专记其言论，尤其哲理精句、故事格言，常用简练笔调记之，文采甚浓，文学价值极高，一般辞章家争相传抄、模仿，据说一节能售一个金币。尚书由品学兼优者担任，因为身近国君，一切必须有相当修养。文武各部皆需要之，没有高度责任感是不行的。无怪乎东方突厥人王朝之文官，受党团监视甚严。至于文官之条件，非常之多，最完备的是阿卜杜勒·哈米德王所写者，其要义如下：

安拉造圣贤国君及民众，使其职业不同，各有需要。你们文人品端学粹，地位尊贵，你们是国家之栋梁，帝王之耳目，故对你们之要求亦高。文官应有智、仁、勇、容、公、忠等美德，而且博学多闻，处事得当，当机立断，合情合理，毫不苟简。文官应精通文学、宗教学、天经、圣训、语言、诗歌、历史、数学、天下大事，一事不知，学者之耻。文人切忌骄傲自满，轻浮倜傥，低级趣味，挑拨离间，不良企图。应为安拉而爱和工作，以美德互相正勉，和衷共济，照料遇难之同人，尊敬退职之老人，吸收其经验阅历，凡事多请教之，与之商量，功不独居，过不推诿，提防时便，避免错误，缺点对你们之危害有甚于读者。应忠于同人，劝其为善，守其隐私，行仁义，爱人民，慈幼弱，扶危济困。与人同处，当观察其品行，善则学之，不善则改之。治人如驯牲，得注意其脾性，刚柔智愚不等，应分别对待之。凡事要细心，慎思笃行，学习先知，对人友好。生活不可过奢，量力而行，以免匮乏。一切事物有共性，互相证明，应总结经验，注重计划，举出实证，得出结论，言简意赅，层次分明，善于综合，少写废词，请求实用实效。不可惑疑猜测，自以为是，自鸣渊博，自作聪明，吹嘘夸耀。满招损，谦受益。应照余嘱行事，庶几事事吉利顺适。

(5) 警宪：现在突尼斯称此官为“总督”（哈坚），安达卢西亚称“市长”，突厥称“长官”（瓦力）。此职隶属兵部。阿拔斯王朝始设之，属刑部。安达卢西亚伍麦叶王朝，此职地位甚高，分大小警署，大的监督各级大臣，小的监督下层官吏及民众。前者在朝廷设有公署，有警卒听其遣用，由大官担任，权极内阁。穆瓦希德王朝、马林王朝、突厥人王朝，皆如是之。

(6) 舰务：此职在马格里布及突尼斯有之，属兵部，其总长叫作“巴拉曼德”。因此地南临地中海，南自柏柏尔之塞卜泰，北至安达卢西亚、欧洲、斯拉夫和罗马皆临海。海洋民族皆精于船运水战，罗马军舰征突尼斯，哥特军舰征马格里布，败柏柏尔，夺迦太基城、斯贝特拉、贾路拉、密尔奈格、舍尔沙勒、丹吉尔等滨海城市。迦太基执政，派舰队海军抵御之，这是古今海滨国家之习惯。穆斯林占领埃及后，欧麦尔向阿慕尔询问海洋情况，他说海洋无边，胜之甚难，于是欧麦尔禁止征服之，违者必办，如对阿法法伽之处理。至穆阿维叶执政时，允许穆斯林征海，阿拉伯人本来在海军方面赶不上罗马与欧洲，但为了征服海外逆民，必须造舰、建港、练海军，以胜之。哈里发阿卜杜勒·麦利克，命伊非利基亚（突尼斯）总督哈萨奈，在突尼斯建立制舰厂，兼制水战军械。穆阿维叶时代，曾派伊本·胡德伊吉征西西里岛，未克。在艾格莱卜王朝兹耶德拉时代，命阿萨德借军舰克之，并克潘泰莱里亚岛。

法蒂玛王朝在伊非利基亚的舰队及安达卢西亚伍麦叶王朝的舰队，亦常至此镇压叛乱。阿卜杜·拉赫曼时代，安达卢西亚有军舰二百艘，伊非利基亚亦有同样多之军舰。安达卢西亚舰长是伊本·杜马黑斯，海港是贝贾亚及阿尔梅里亚，全国船只皆集于此，除舰长外，有舟子、橹夫及管风信者。有要事或战争，舰队集结起来，王命军兵乘之，由一大臣统领。

伊斯兰帝国时代，穆斯林取得海上霸权，征服异族，各处皆胜，基督教人望尘莫及。穆斯林占领马略卡岛、梅诺卡岛、伊维萨岛、撒丁岛、西西里岛、潘泰莱里亚岛、马耳他岛、克里特岛、塞浦路斯岛等罗马及欧洲属地。艾布·卡西姆父子率领舰队，由马赫迪亚港口派出舰队，攻克热那亚岛。丹尼亚国王穆扎希德，于伊历四〇五年，率舰队克服撒丁岛。基督教徒即时退却，穆斯林统治整个海洋，舰队来往如梭，海军由西西里出发北取与之对面的大陆，欧洲之地均受其威胁。西西里侯赛因诸王，都如此做过。基督教徒的船只，只能退缩至东北隅，不敢越过欧洲、斯拉夫及罗马诸岛，穆斯林舰队常袭击之，一击即溃，如狮捕物。穆斯林海军之盛，装备之精良，战术之多样，都是基督教人所不及的。法蒂玛及伍麦叶王朝，海军渐弱，基督教人遂夺回西西里、克里特、马耳他诸岛及叙利亚沿岸的的黎波里、阿什凯隆、苏尔、阿卡诸港，又占领耶路撒冷，建立教堂，以显其威。继败的黎波里之赫兹隆人、加贝斯、斯法克斯。最后布鲁肯后裔专政的法蒂玛王朝首都马赫迪亚城，亦沦于其手。埃及和叙利亚的海军逐渐消亡，只剩突尼斯及马格里布有此设置，海之西部由舰队控制，力量充实，不怕外寇。穆拉比特王朝之舰长，皆为加贝斯岛领袖，阿卜杜·穆敏由其夺得之舰队约有百艘。穆瓦希德王朝伊历六世纪时强盛起来，其海军设施最为完备，其舰长是西西里人艾哈迈德，原被基督教徒俘虏，西西里王释放之，其子逃至摩洛哥，哈里发优素福命之统率海军，对基督教徒作战，战绩卓著。这时伊斯兰海军达到空前之强盛。萨拉丁掌埃及和叙利亚时，夺回叙利亚诸港及耶路撒冷，基督教徒调集附近海军还击，亚历山大军舰抵抗不了，便派伊本·蒙吉兹到马格里布，请艾布·叶尔孤白援助，事无成。艾氏亡后，加利西亚诸族占领安达卢西亚，穆斯林取得地中海西部诸岛，重视海军，力量与基督教徒均衡。马格里布的扎纳塔王艾布·哈桑时代，就是这样。后来靠此征服法兰克人，现在全归别人之手。欲耀武海外，舍此无由。

第三十五章　文武官吏之时运

文武皆为有国者之利器，借之以兴国事。但武官多用之国初及国末，创天下之时，凭之建党，与敌对垒，以夺政权，铺平国基；国之将亡也，内乱频仍，凭之平祸，安定邦家。故此时武官最为得势，地位最高，俸禄最多，采邑最广，最为享福。到了国家中期，一切皆上轨道，国务主要环节，是征收税赋，增加收入，从事建设，以政代军，文治第一，此时文官取武官之位而代之，福禄各位，归其所享矣。有国者在升平时代，重用群臣，罢黜武将，以免英雄无用武之地，闲生余事，专门纵祸。曼苏尔提任艾布·穆斯林之时，他说："武官最怕者，平常时期宰臣之专权。"由此可见，文武之设，皆本需要，时运不同也。

第三十六章　帝王之标志

帝王皆有专用之标志，以示优越，与众不同，试述其要者。

（一）仪仗：帝王均有旗帜及鼓号。亚里士多德的《政治学》书云，战争时用此威胁敌人，因为惊人之声音，能给人以恐惧感。这种情绪，在战争时人皆有之。故亚里士多德之言，不无理由。诚然，歌声能给人快乐，精神兴奋，能克困难，忘我牺牲。对一般动物，亦有这种情形，如赶驼唱歌、给马吹哨等。各种和声，对听者均有影响。波斯人作战时用乐器助兴，不用鼓号，仪仗围绕君主不断弹唱，叫鼓励士气。阿拉伯各次战役有诗人，吟诗助战，每战辄捷。北非扎纳塔人作战，队伍前有诗人诵诗，称作“塔苏凯特”，诗一唱起，地动山摇，精神百倍，勇气无敌，如酒之兴奋。旗帜之多、之高，及其色彩，皆在壮胆，恐吓敌人。各国对这些标志之采用，不尽相同，有多有少，以国力而定。旗帜自古用于战争，各民族皆有之，穆罕默德及哈里发战争均用之。鼓号穆斯林最初不用，到王朝时始用。君主与总督之旗无甚区别，唯在多寡和颜色之不同。阿拔斯王朝国旗是黑色，以追悼哈希姆族殉难之烈士，故称曰“黑衣王朝”。哈希姆人分裂后，各地叛变，如泰伯里斯坦、萨达、艾格莱卜等起义者，皆用白旗，故法蒂玛王朝称为“白衣王朝”。马蒙执政后，改用绿色，旗亦为绿色。旗的多少，各朝不同。法蒂玛王朝哈里发阿齐兹攻叙利亚时，鼓号各五百。北非森哈杰诸朝，国旗颜色不是一种，用花绸制成，绣以软金。扎纳塔人的穆瓦希德王朝，君主不用鼓号，设有护从，称作“跟班”（撒革），人数不等。有的七个，如穆瓦希德王朝及安达卢西亚之艾哈麦尔人的王朝（奈斯尔王朝）便是；有的多到十个或二十个，如扎纳塔人的王朝便是。艾布·哈桑王时，有一百鼓，一百大小不同之金丝旗，总督、将领皆用小鼓及棉布小旗，不得超越之。现代突厥用一面大旗，上有一绺发，为君主之征号，称为“查里希”或“查特尔”。其次为很多小旗，称为“桑伽格”。“查特尔”为君主私有，其余者总督将领均可用。现在安达卢西亚、法兰克之加利西亚人，旗很少，高展在空中，战场上奏琴吹号。其他异族亦然。

（二）宝座：宝床、宝椅、讲台，伊斯兰以前各国君主均设之，有的坐在黄金宝座上。大卫之子所罗门，有涂金的象牙床和象牙椅。这些都是在国富以后有之，初时则无。伊斯兰首先用此者为穆阿维叶，以后诸王因袭之，成为荣耀之象征。埃及总督阿慕尔·本·阿斯，在宫殿里同阿拉伯人席地而坐，穆高格斯请他到其宫殿，宝座被众人抬着，穆高格斯俨然坐在上面，他仍席地而坐，不改本色。以后，阿拔斯王朝、法蒂玛王朝及东西伊斯兰君主，皆像波斯、罗马帝王一样，各有高贵之宝床、宝座及御台。

（三）币徽：国家通宝，皆有国徽，或王的肖像，或一定的字句，铸币时，用铁印盖上，称为“铸币”（新盖），以防伪钞、假币冒充。伊斯兰以前诸国，皆有此制，钱币不论金、银，皆铸有王像，或城堡，或动物等之像。伊斯兰初期无钱币，用现金现银，兑换波斯金币和银币，常发生假冒现象。哈里发阿卜杜勒·麦利克命哈贾吉，根据赛义德·本·穆塞耶布辨别真伪之方法，开始铸造银币，时在伊历七十四年，麦达伊尼说在伊历七十五年。在伊历七十六年下令通用全国，上面铸有“主一也，主究竟也”字句。耶济德在位时，伊本·胡拜伊尔掌伊拉克，铸很好的钱币，哈立德·盖斯里及优素福·本·欧麦尔，复继其后。据云伊历七十年时，阿卜杜拉掌希贾兹，其弟穆素阿卜在伊拉克奉其命，首先铸造金币和银币，一面铸有“主吉”的字样，一面铸有“安拉”的字样。哈贾吉于此后一年，亦铸钱币，上铸本人之名字，重量照欧麦尔时之规定。

伊斯兰初期一枚银币为六钱，一枚又七分之三为一两，十枚为七两。波斯银币重量不等，有二十基拉特的，有十二基拉特的，有十基拉特的。收天课时，以中者为准。一说，一两在巴额里为八达奈格，在泰伯里为四达奈格，马格里布为八达奈格，也门为六达奈格。欧麦尔命令交易时以最高者为准，巴额里及泰伯里，皆为十二达奈格，一枚银币为六达奈格，再加七分之三即为一两。阿卜杜勒·麦利克为防止伪币计，铸造新币，重量仍因欧麦尔时代之规定，上铸字句，不用形象。因为教律禁止画像，且阿拉伯文最为优美，金币银币均为圆形，在圈线之内，一面为赞主赞圣之字句，一面是年月日及哈里发名号。阿拔斯王朝、法蒂玛王朝、安达卢西亚伍麦叶王朝，都是这样。森哈杰人执政末期，贝贾亚王始铸钱币，伊本·哈马德在史书中曾提及之。穆瓦希德王朝时，马赫迪规定铸方形银币，中有方孔，一面为赞主赞圣之词，一面为哈里发名号，现在还是这样。东方的钱币不固定，金币银币都无铸字句。各地币制不一，教律为天课、聘金及血环，不得不对之做穆瓦希德之规定。

伊斯兰初期及圣门弟子时代公议，十个银币，等于金子七钱，一欧基亚金子等于四十个银币，一银币等于一金币十分之七，金子一钱为七十二粒大麦之重，一银币重约五十五颗籽粒。蒙昧时代之银币亦不一致，最好者为泰伯里银币，重四达奈格，巴额里八达奈格，教律规定折中为六达奈格，故每枚银币应征天课五个中等银币。法学家决议，一金币重约七十二粒大麦，伊本·赫兹姆说重约八十四粒大麦重，法官阿卜杜·哈基引述之，考证家以此为错误，总之，各地币制重量，应按当地之情况而定，而计算，不能一概而论。

（四）印玺：伊斯兰前后各国公文诏书，皆用印章。两大圣训实录均载，穆罕默德欲致书罗马皇帝，有人说外国公函，都盖印章，否则不受。穆罕默德就制个金章，刻有“安拉的使者穆罕默德”字样。布哈里说，此句分作三行，无人刻过这样的印章。艾布·伯克尔、欧麦尔及奥斯曼均袭用之。此种印章，本系戒针，欧麦尔不慎，掉入阿利斯井中，打捞不出，另仿制一枚。“印章”阿文叫“哈提姆”，此词有“结束”“盖子”“特征”诸义，印章具有这些作用。一般公文总是写好后，在叠缝处盖上印色之戳记，以做证明，而免冒充。首先用印章者为穆阿维叶，他致书库法的齐亚德，给祖拜尔之子欧麦尔十万块钱，拆开信一看，变成二十万，二人为此纠纷不下，穆阿维叶从此规定行文皆用印章。印章之盖法不同，北非都盖在封面，信封用蜡漆口，盖上印章。东方多盖在折合处，颜色用红色。阿拔斯王朝称印色为“印泥”，从西拉夫运来。这种手章质料不同，一般都是金子，有的镶有宝石、翡翠之类的贵重物品。

（五）官服：帝王衣服，一般都是绸缎贵重质料，用金线绣上自己的名号或特殊标志。有功之臣，亦可得到君主赏赐这种服装。伊斯兰以前诸国之皇服有绘制帝王肖像的，穆斯林禁用之，只用王的名号或吉庆之词。伍麦叶及阿拔斯二朝，对此很讲究，宫中设有专门机构，有专人负其责，专门制作官服。安达卢西亚伍麦叶王朝、埃及法蒂玛王朝及东方诸国，均有此制。后来国家衰弱，享受范围缩小，此制遂废。六世纪初北非之穆瓦希德王朝，继承伊玛目（国王）穆罕默德·本·突麦尔特之宗教朴素作风，禁穿绸缎，根本无有此种制度。马林王朝，比较注意之。现在埃及叙利亚之突厥人的王朝，亦注意之。但宫廷无此专职，只让一般织绸家及刺绣家制作，绘有王或侯的名字，称作"绣锦缎"（姆宰尔克什）。

（六）帐幕：君主外出，住帐幕，用帷幔，质料有毛布有棉布，各种颜色不等。阿拉伯人是游牧民族，本来即住帐幕，到伍麦叶王朝时还有此种风气。国盛后，走向文明，由毛帐住到宫廷，但君主外出和驻前方军营仍用毛帐，长形、方形不等，装饰非常讲求，毛帐之内有帷幔隔开。北非只君主有之，柏柏尔语叫"艾弗拉格"。至于东方，非君主亦可有之。现在之帐幕较最初者阔气得多，但军营帐幕就相差太远了。

（七）拜室及祝福：这是伊斯兰君主独有的现象，他国没有。素丹礼拜室，设在内殿，用帷幔隔之，与民有别，以防不测。最先采用之者为穆阿维叶，当时外传要谋杀他。一说是麦尔旺，当时也门人欲暗害之。以后各哈里发仍之，遂成定制。此乃国家富强后之产物，国初无有。穆瓦希德王朝到第三位君主艾布·叶尔孤白时，始采用之，遂成北非及安达卢西亚之先声。其他伊斯兰国家亦然。至于聚礼日在宣讲台上给君主的祝福，最初由哈里发本人宣讲，赞颂罢主圣及圣门弟子后，他们总是替自己祝福。首先设置宣讲台者，为阿慕尔·本·阿斯，他在埃及建立大寺时设此。首先在宣讲台为哈里发祝福者为伊本·阿拔斯，他任巴士拉总督时，给阿里祝福，说："主啊！你以真理襄助阿里吧！"一直流传下来。欧麦尔本来反对阿慕尔之设置讲台，以为君高于民，有失平等之教规。国家繁荣后，国务日忙，有专门"海推布"（宣讲师）主持，公开提王之名号，为之祈福，国运兴隆，因此时为安拉有求必应之时辰。先民有言："有好的祝福，应给予君主。"哈里发应该受之。阿拔斯王朝一般只笼统地为君主祝福，不指定其名号。有的专制君主，则下令指其名，禁止为别的君主祝福。艾布·宰凯里雅与耶俄姆拉森协定，助他战胜叶海亚，而有特莱姆森，条件就是，事成后他在宣讲台上为之祝福。叶尔孤白与马林王朝之协定，也是这样。

第三十七章　战争及兵法

战争与战略，自有史以来，人类便有之。战争之根源，即人之聚群结党，互相报复，一方报复，一方抵抗，即成战争。此为人类之天性，无一个民族或一个世代，能避免之。报复之原因，或忌妒竞争，或侵夺，或为主道恨怒，或为建立政权。如甲多产生于邻族近处；乙多产生于荒原蛮族，如阿拉伯人、突厥人、土库曼人、库尔德人等，他们靠抢生活，见人财物即抢掠，人若拒绝即侵战，除此并无称王夺权之念；丙为宗教战争“吉哈德”；丁为对敌国及叛民之国家战争。前两种为非理战，后两种为正义战。

战术自古有两种：阵战与冲锋战。前者为各代诸民所用，后者为阿拉伯人及柏柏尔人所用。前者比后者严谨有力，因为前者分排成伍，齐步、向前，如铜墙铁壁，不易摧毁，杀伤力最强，令敌人望而生畏，退避三舍。《古兰经》云：“安拉喜爱此等人，为主道排队而战，犹如坚固之建筑。”穆罕默德云：“信士与信士，像墙上之砖，互相维系。”由此可见，镇定前进及禁止退却之道理。阵战之宗旨在遵守纪律，退缩者败坏阵容，导致失败，给敌人可乘之机，如引狼入室，造成穆斯林及圣教之普遍灾害。故教律定临阵退缩为大罪之一种，冲锋陷阵为高贵之品德。冲锋战无阵战凶猛有力，有急缓，有进退，后面设有阵势，以为进退之屏障。

古代地大兵多之国家，兵卒皆按军旅队伍编制。因为军队太多，从各处调集在战场，互不相识，作战有所不便，故编队成伍，分为四路，由君王或元帅在中部统领，此之谓部署阵容。前为先锋，右为右翼，左为左翼，后为殿军，中为中军。各军之距离因多少而不同，有隔一两日者，阵势摆好后，即开始冲锋。读东方诸国战史，即知其详。阿卜杜勒·麦利克时，因其军队相离太远，他设有近卫，由哈贾吉指挥之。安达卢西亚伍麦叶王朝情况不知，但军队少的国家，不惟友军相识，连敌军亦相识，故无须阵势。

冲锋战在军队后面用木石牲畜搭成护卫，做推进之防线，以便持久对战，取得胜利。阵战有时亦采用此法，如波斯用大象，驮着木架，像楼阁一样，装着武器和旗帜，排列在阵地后面，像碉堡一样，以此激励士气。在卡迪西亚之役，波斯人第三日用此法同阿拉伯人热战，他们冲进去，砍象鼻，象乱跑，波斯军溃逃，第四日即败。罗马、安达卢西亚之哥特及其他民族，把王的宝座矗立在战场，护卫、骁将、骑射手，围住宝座，上插战旗，形大如防御工事。在卡迪西亚之役，波斯人亦设此，罗斯图姆坐在宝座上，阿拉伯人猛冲，波斯人阵乱，罗斯图姆摔下来，而被杀死。

阿拉伯人及一般游牧民族，多用载物的骆驼为防御，号为“麦吉布达”。各民族作战皆用此，避免失效。现代人多忽略之，后围用帷帐，不用驼象，敌军遂常常败北。伊斯兰初期之战争，均为冲锋阵战，阿拉伯人本来只会游动战，其所以改用阵战，一则敌人都用阵战，以此对抗敌人。二则此时信仰坚定战斗力强，阵战更能效命立功。首先废除阵战、采用队伍阵容的，是麦尔旺·本·哈凯姆，他与哈瓦利吉派的达哈克及其以后的朱拜里叛军作战，改用此法制胜。随着国家的安定及君主嗜享乐，阵战之术被人忘去。北非游动战，常用欧洲人助战，宗教圣战则不用之。突厥人现代战争用箭，阵势分为三排，骑射手在前。有的用壕沟战，以做隐蔽，而防夜袭。在隋芬之战后，阿里鼓励将士说："你们做好部署，严阵以待，甲胄之士在前，普通兵卒在后，咬紧牙关，屏住气息，镇静严肃，坚强勇敢，弓上弦，刀出鞘，枪瞄准，旗举高，忠职坚忍，定能取胜。"欧麦尔派艾布·欧拜岱去同波斯和伊拉克作战，临行欧麦尔嘱咐他说："你听从圣门弟子，凡事与之相商，勿忙作答应，直到真相大白。战争非同小可，只有识时务和机会之谋士，始能掌握军事。"由此可见，应重视战事，不可轻蔑之。

战争制胜之原因，有外在与内在两种。外在的是兵多将广，武器设备，部署周密，士气振奋等；内在的如设计生法，居高临下，埋伏隐蔽，天时地利，气势凌敌等。穆罕默德云："战争即阴谋。"阿拉伯俗言云："一计胜似万军。"可见取胜常在于内在因素。伊斯兰之胜常借天助，威震远敌，不寒而栗，这种精神力量，是穆罕默德作战之奇迹，常以少胜众，以逸待劳，使敌人望风而靡。穆罕默德云："受主佑助，有一月路程，敌人便闻风惧逃。"托尔托西说："决胜在于名将，一方多一名即能取胜。"其实不然，决胜在于党团之统一，统一者必胜于分散者。由此可见，兵不在量，而在质，胜不在于质，而在精神。威信即是这样，威信由传说造成，故事传说衍事演绎，铺张夸大，人多不加考察，一听即信，越传越广，遂成一种精神力量，战争常靠此种力量。团结精神为社会之现象，一切竞争取决于此，军事犹然，乌合之众虽多无用也。

第三十八章　税赋及其多寡之原因

国初税收，杂项少，而总量多。国末则反是。原因为，国循教规，只征教法所定之天课、天赋及丁税，其项目少甚，这些占财产之额数不多，均有不得逾越之定限。虽有党规，但国初仍欠文明，故需要宽大谦让，少征人财，无苛捐杂税，刺激民工，活跃市容，业务发达，商业繁荣，税收自增，故税目少、而税率高。国基巩固后，代代相传，有国者失去原初之朴实，因文明而狡黠，享福作乐，需用增加，诈术亦多，税目花样亦多，商农受害，民不聊生。税收虽多，但税吏官人用处亦大，故税目多，而国家收入总量不大。又，税目多，限制民工，市面萧条，生产降低，当然税收亦高。如此以往，入不敷出，国家必受其害。由此可见，国家昌盛之主因，在尽量减少税收税目，如是人心振奋，工作有趣，民有利可图，国家何患无收入也。

第三十九章　国末税必苛

国初一切粗简，需求不多，享受欲低，开支不大，故无须多的税收。国家发展，学习前朝，文明大开，享受越多，开支越大，君主之私用及奖赏，达到相当高之程度，不增加赋税，别无他法。照此下去，悉索敝赋，税吏日多，民困日重，百业俱废，怨声载道，叛民四起，需要镇压，增加军队，粮饷更多，国库空虚，民无可榨，长此以往，每况愈下。经济一垮，文化不振，全国糜烂，不久自亡。阿拔斯王朝及法蒂玛王朝末年，就是这样，税目之多，令人吃惊，甚至朝圣都要出税。后经萨拉丁一一免除。安达卢西亚亦然，由穆拉比特王朝君主伊本·塔什芬，将之消灭。伊非利基亚的贾里德诸城，领袖专制时亦然。

第四十章　官商伤民败国

国家费用，量入为出，入不抵出，便设法弥补。弥补之道，不外四端：或提高税率，或增加税目，或没收官僚财产，或官吏经商。官吏看到商农财少，尚能盈利，自己有雄厚之财富，若投入农商，定能有很大之出息，因为利润取决于资本。官吏资本既多，垄断市场，大量收购谷物、牲畜及货品，囤迟卖快，又不上税，其收获定比税收还大。其实这是害民伤国之大错。原因很多：首先排挤商农之购买力，因为百姓是互相竞富的，官吏一参与商农，无人能争过之，故民心折丧苦闷。又，官商贱买贵卖，既伤农商又伤人民，农商卖则价廉赔本，不售则货物冻结停滞，如此下去，资本渐渐耗尽，市场萧条，民无收入，税赋自减。官商获利甚厚，但比之税赋，还是微乎其微，两相比较，真是得不偿失。假设无民商，只有官商，税收全无，国家命脉必断。其害国伤民之情形，概可想见。须知，国君只能凭税赋发展财富，税赋公平合理，如是农商积极，物阜民丰，国家岂有匮乏之虞？有的商农为避免税赋，故联合官家为之，无不知其对国家民族之大害也，慎之，慎之。

第四十一章　君臣之富唯在国中

国初因赖党团建国，故税收多分配给他们。领袖因需求他们，故不与之争，自己除少量需要外一切皆归他们享受。到了王朝，党团用处渐小，君主专政，依靠臣仆，故税收归其独自掌握，国库充实，荣华富贵集于一身，臣属士大夫阶级亦随之门豪势要。国家衰老之时，叛党乱民四起，有国者需要军队党团为助，将库存积蓄皆用之于大事。官兵多，年俸多，税收不够用，便没收臣仆官僚所积之财富，以救国难。士大夫阶级看到财势不保，相继离去，国家之难加剧。阿拔斯王朝嘎哈塔拜、巴拉密凯、赛海莱、塔希尔诸大臣世家，安达卢西亚的伍麦叶王朝苏哈德、艾布·阿布达、胡德尔、布尔德诸世家，其情况就是这样。携财富逃走，是不可能的幻想。倘若事出于国君，当然党民对他没有办法，但这样会毁掉其政权。倘若事出于士大夫，君主很难放之走，即能放之走，亦不能让其将财富带走。因为凡君主皆认为臣民及其财产，都是他的所有，决不让他们流入别人之手。安达卢西亚的伍麦叶王朝之禁止人民朝觐，即恐他们流入阿拔斯人之手，直到群雄时代，才恢复了朝觐之事。哈夫斯王朝九代素丹艾布·叶海亚·利哈耶尼，因免外侵，携带所有库存金银财宝，搭船逃到埃及，时在伊历七一七年，纳绥尔王奉为上宾，关照无微不至。但不久即夺其全部所有，只给年俸生活费用，利哈耶尼亡于伊历七二八年。由此可见，爵位财富不能带走，君臣不能有私产积蓄，君臣只能靠官职年俸生活。国富在于民富，君臣之富寓于国中。国家即仕官者之家传也。

第四十二章　俸禄低税收亦低

国家和君主是世界最大之市场，物质文明赖之而兴。君主独霸收入，不做支费，则群臣官吏俸禄降低，手无积蓄，花费自减。官吏为市场主要消费者，其物质费用比百姓为多。他们之花费一少，则商业利润亦少，货品疲滞，市场冷落，税收自减。盖税收来自国运昌兴，社交频繁，市场繁荣，赢取利润。税收少，君主之财富亦少，国家因而蒙祸。盖国家者，最大之市场也，一切市场之本也，其收支皆在市场。国家不景气，费用减缩，则随即影响一切市场。又，财富为君民间流转之物，由民到君，再由君到民，循环不已。君聚之，民则失之。财如水，不通则臭。

第四十三章　暴虐为败坏社会之贼

侵占人财，使其丧失积极经营之热情。因其看出，其劳动之成果，被别人所霸去。经营之希望一失，则劳动之实践必止。人民之经营与当权者之剥削成正比。剥削的面广，霸业的面亦广。反之，亦然。社会的昌盛，市场的繁荣，赖人们之工作及来往之谋利。营业一停，十室九空，城市荒凉，国家亦不景气矣。盖国家为社会之面容，社会坏，国随之亦坏。请看麦斯欧迪所讲之波斯故事：巴赫拉姆王听到猫头鹰之啼叫，欲了解其意，教主穆伯赞答之，借此说明暴虐为害。他说："公鹰要娶母鹰，母鹰以它败坏巴赫拉姆之二十个庄村为条件，公鹰说：'其政权长久，我便毁其一千庄村，这有什么所难？'"王领悟，觉其错误，问教主之寓意为何。教主说："王啊！国之贵唯在教道，教道之兴唯在国君。君无民不荣，民无财不立。取财之道在于繁昌，繁昌之法在于公道。公道为安拉为万民所立之准衡，实行之者为王。王靠田亩而生，田靠人民而耕。现在贪官污吏横行，横敛暴取，压迫良民，民穷业废，财尽兵绝，邻邦知吾空虚，皆来侵犯矣。"王听罢大悟，夺官吏所敛，还之于民，严惩凶手，抑强扶弱，国富民强，一切好转。

由此可见，暴虐对社会兴隆之破坏。有人说，有些大城市，虽有暴虐剥削，其社会仍未败坏。我们说，此二者为相对之事，因为城市大，社会面广，情况复杂，暴虐之害处，不甚突出，逐渐暴露，住一个时期后即可看出，一发不可收拾。有时暴虐的朝代在城市败坏之前崩溃，由新的朝代弥补其隐晦之缺点，人们不易感知。但此究属少数。可见虐政之为害社会，乃确凿之事实。请勿认为暴虐只是无偿夺取人财，无故强占家私。其实暴虐之范围甚广。凡剥削他人财产、强迫徭役、非理要求、非法规定，皆为暴虐。多捐滥派，一切害民之事，都是暴政，其对社会国家之害处大矣！

因此，宗教对行剥夺霸道严加禁止，保障道、身、性、嗣、财五种人权。暴虐既出于强权者之所行，能致亡国灭种，故《古兰经》与圣训三令五申地阐述其罪恶，犯者从严，毫不宽容，像奸淫罪、杀人罪、酗酒罪一样受刑加处分。暴虐罪实际上比战争罪还大，因为后者可凭全民之力量抵抗之，前者则否。

对社会危害性最大之暴虐，首推非理役使人民，苛派徭役。因为劳动应有报酬，劳动之价值是满足所需。强迫劳动，克扣劳力，剥削劳动价值，便直接害民，间接祸国。其次，最大之暴虐，便是贱买贵卖，囤迟卖快，垄断行市。大的奸商靠资本之积累，从事剥削牟利，小商小贩、行商店铺，皆受其害。各行各业，皆有连带关系。资本少者慢慢耗尽，坐吃山空。生意倒闭，无税可收，国因民穷而破产。剥削之害比较暧昧，是对国家之慢性蚕食。

至于公开地侵害人民的生命、财产、名誉、自由，其危害性非常显著，如洪水猛兽一般。故宗教规定贸易法则，使人合法地比赛竞争，货真价廉，以便于民因为本教禁非法吞食人财，以绝败国之门径。暴虐之造成，皆因君主官吏享受耗财之过多，按理取财，不能满足，便用一切伎俩，直达目的，不择手段，于是一切罪恶生。俗谚云：“官吏即大盗。”实不诬也。

第四十四章　侍卫之产生过程

国初争执不多，国家赖政党而立，俭朴为政党之口号，宗教为国家之基础，故而强胜，而少争执和分歧。国初以俭朴相标榜，故元首尽量谦恭下士，平易近人，接触公众。地位巩固后，幕府庞大，常同大臣商讨国事，尽量避免公众打扰，以防意外不测事故，故特设门卫，把守衙门，专事传禀。后来国家发展，党派日多，纷争益甚，有国者之性格变为君王之性格，接触之者需要一定阅历及修养，一般人不投其脾味，故厌恶之，怕旧员不满，暗行报复，于是另设侍卫，防止前者进出。穆阿维叶、阿卜杜勒·麦利克及伍麦叶王朝诸哈里发即是这样。称侍卫为“哈吉布”，意为“遮掩者”，即此之谓。阿拔斯王朝，国家愈益昌兴，君主之性格日益国王化，哈里发宫门有两院，特殊的与普通的，故有二道侍卫之设。后到君主专制时代，实行国位传子制，怕外人知其内幕，有伤尊严，故又置第三道侍卫。越到国末，侍卫越多。此乃国家衰亡、国力消失之象征，国亡为自御之计，不得不如此加以小心耳。

第四十五章　国家之分裂

国家衰老之象征，首先就是分裂。国家强大，享乐到了一定程度，有国者专制独裁，怀疑近臣，忌妒元勋，怕其不轨，尽量不让其参与政事，高高在上，愈疏愈远。争权者得不到满足便向边陲发展，造成自己之势力。鞭长莫及，尾大不掉，看其长大成祸，分裂之局面遂成。考诸阿拉伯—伊斯兰国家，当其统一强胜之时，党团坚强，版图辽阔，虽有异端教派崛起闹事，然终非争国夺位，抗不过执政之阿卜德·麦纳夫家族，故一事无成。由伍麦叶王朝到阿拔斯王朝，国家相当强调享受，疏忽边政，阿卜杜·拉赫曼便趁机在其边区安达卢西亚建国，分裂为二。后来伊德里斯到北非，图谋其事，其子继其遗志，率阿鲁巴、麦额莱、扎纳塔等柏柏尔族，占领伊非利基亚和马格里布，国家日缩，艾格莱卜人阻止之，什叶派出，库塔麦、森哈杰继其事业，占领马格里布、埃及、叙利亚、希贾兹，胜伊德里斯王朝，国家分裂为二。阿拉伯国家此时鼎足而三：阿拔斯王朝、安达卢西亚伍麦叶王朝及法蒂玛王朝。阿拔斯王朝不久又再分裂，在河外地及呼罗珊者为萨曼王朝，在德莱姆及泰伯里斯坦者为布韦希王朝，最后由塞尔柱帝国统一起来。其国强大后，亦照样分裂，再如伊非利基亚和马格里布之森哈杰人的王朝，在巴迪斯时代，国势达到顶点，其叔哈马德叛之，在奥拉斯山至特莱姆森、穆卢耶河之地独立称王，在库塔麦山建立城堡，占领其中心区艾希尔。巴迪斯之国又有分裂，实际只剩凯鲁万附近之地，终于全部崩溃。穆瓦希德王朝鼎盛时，艾布·哈夫斯人在非洲起义独立，到了盛极之时，艾布·宰凯里雅分其国，占领贝贾亚及君士坦丁，后亦分裂，居伊非利基亚，后再分裂，以至两三国。如安达卢西亚之群雄割据及东方异族诸侯称霸。伊非利基亚的森哈杰人王朝末期，几乎每个城堡皆起义称王。此前伊非利基亚之杰里德与扎布，情况均是这样。一切国家，皆有盛衰强弱，分而合，合而分，物极必反，否极泰来，国归能者所有，此必然之理也。

第四十六章　国家衰老不可救治

前文说明了国家衰老之征候及原因。新生与衰老乃国家之必有现象，如生物之生死及其新陈代谢一样。衰老为天然症，故不能治疗，不可避免。天理不易，自然规律不变，国家之老不能革，寿命可以延长，但终不免一死。许多英明的政治家，多注意此点，以为国老可以治，把前朝之弊端加以改革既成。其实不然，此乃自然趋势也。阻碍人救国之因素为习惯，习惯势力，亦自然势力，不可抗拒。其他，见其父和家人皆穿绸缎，武器骑乘皆用金饰，起坐礼拜皆与人绝，则其不能相反前人，不守习惯，人必以为其人疯魔，国必不保。试观先知之奇迹，即在打破习惯，若非神佑天助，其危险大矣。国家靠党团及威严而立，党去则用威，威去则失民心。国老时，只有尽人事、听天命矣！国家末期，常有一种新生力量突起，如灰烬余光，垂死挣扎。人们不知，误以为返老还童，死灰复燃，老病可除。其实不然，油尽灯干时的余光，正是熄灭之兆。《古兰经》云："一切皆有定限，定限即止，不能推迟。"诚哉！斯言。

第四十七章　兵财为国家之命脉

国家之基础有二：一为党团，即所谓兵是也；二为财，财为兵之命。此二者实为国家之要务，国无此不立。建国之初，唯凭党团，强党统一小党，为有国者之臂助。元首成为君主，实行专政，排斥本党，由享乐独裁，导致战争。党人由忌妒而恐怖，享乐之资料尽被王夺去，党团瓦解。王靠国乡，另组新党，但不若本党之亲密有力。此时叛党四起，王一一击破。享福与战争，致国家于衰弱，边患频仍，野心者独立，国家分崩离析，势危累卵。伊斯兰国家初期之势力，远达安达卢西亚、印度和中国。伍麦叶王朝之苏莱曼王能杀科尔多瓦之阿卜杜勒·阿齐兹，无人抗之。阿拔斯王朝末年，安达卢西亚、北非相继独立，分裂现象，一波未平，一波又起。胜败总决定于兵力党团。升平之世，虽然可以免于此，但终是暂时现象。兵之于国，如营养之于身体，无前者后者不存。而兵之兴，又赖于财，“兵无粮草自散”。国初一切从简，后来一切渐繁，享乐与内战，皆需大量收入。取之不当，酿成大祸。养兵有道，用财有法，失掉分寸，斯害大矣！

第四十八章　新国之诞生

老国腐朽时，新国便应运而生。诞生之道有二：一为边疆官吏趁中央式微之时，称雄称霸，独立为王，代代相传，政权逐渐巩固。有力量者，常与之争，夺其所有。阿拔斯王朝衰老时，萨曼人独立于阿姆河外之地，哈马丹人独立于摩苏尔及叙利亚，图伦人独立于埃及。安达卢西亚末期，群雄割据，新生之国家更多。此诸侯国与旧国之间，无有战争，他们只求政权独立，不求武力推翻旧朝。这是旧朝衰老，自顾不暇之故。第二种是邻邦民族以主义叛之，或是本族大的强党叛之，独立称号，经长期斗争，逐渐推翻旧朝，统一为新的国家。

第四十九章　侯国推翻王国之要道

上文指出，新兴之国有两种：一为区域独立，不求推翻旧国；一为派系叛国，要求统一。后者与旧国常有战争，直到全部掌握政权。但欲取得最后胜利，在时而不在战，以逸待劳，争取时间，以待旧国之灭亡。因为战争之胜，虽取决于武力，但也取决于战术战略。旧国因传统势力强，一切较有基础，军、政、财都有相当成就，人民有正统观念，对旧国还有信心。新兴之国，百废待举，物质与精神，一切比不上旧势力，故以武力尚不能占上风。但新的是向上的，旧的是没落的，故以时间战，长期斗争，旧的必败。阿拔斯王朝，自呼罗珊什叶派起义，经十余年始推翻前朝。泰伯里斯坦的德莱姆人的王朝，经很多年始能推翻巴格达哈里发。法蒂玛王朝，自艾布·阿卜杜拉宣传，经十余年始占领马格里布，又三十三年占领埃及，消灭突格吉的王朝，建开罗城。哈里发穆仪兹来到开罗，自占领亚历山大，六十年始克开罗。

塞尔柱突厥人王朝，推翻萨曼王朝，渡阿姆河，停三十年，始占领呼罗珊之阿勒普特勤全国土，然后陷巴格达，几日之后即灭哈里发。鞑靼人自伊历六一七年起，四十年后才完成征伐工作。穆瓦希德王朝，经三十年始占领马拉喀什。马林王朝之扎纳塔人之叛穆瓦希德王朝，经六十年才彻底取胜。诸国历史，新旧交替情况，大抵如是。伊斯兰的征服事业，可谓例外。穆罕默德逝世后，穆斯林三四年占领波斯和罗马。宗教圣战，战士皆有坚强之信仰，为教牺牲进乐园之希望，故威风震四夷，攻无不克，战无不胜。奇迹不能以习惯相比，非常之事不同于平常之事也。

第五十章　盛极必衰

国初以道义和美德治国，施行仁政，遵守中庸，故民心振奋，社会繁荣，人多物丰。逐渐发展，一两代后，即可看出进步之景象。到了国末一切均达极盛，盛极而衰，物极必反。国末多天灾人祸，饥馑死亡。国末多战乱，多税收，田地荒芜，民无积蓄，遇上旱灾，生产不成，天灾兵燹，遭受饥馑，饿殍盈野，遍地尸骨。死亡之原因，半由于此，半由于繁闹。繁闹之区，污物太多，空气恶劣，不讲卫生，病菌乱飞，由呼吸进入肺部，由饮食混入肠胃，久而久之，成为大病。瘟疫霍乱，一切时疾，蔓延开去，一传十，十传百，大家病一起，死伤率骤增。故都市闹区，应有公园林野，以调剂空气，而立健康。由此可见，繁闹都市死亡较多，如东方的开罗，西方的非斯便是。

第五十一章　社会赖政治而制度化

社会是必须的，有社会必有总裁。总裁或借宗教，或借政治，令人服从。前者之利益在今后两世，后者之利益仅在今世。所谓文明政治，不在此类。文明政治，即社会之成员，从心理到行为皆受政治约束，无须政府官吏管理，此之谓法治，与公利的社会政治不同。此种文明，纯系空想和假设，事实上是鲜见的。理性政治之特点，是民众公利和君主私利兼顾，即武士政治。哈里发时代，公利亦皆凭教律，教律包括法律，故无须武士政治。一般君主政治，公利服从于主之私利。此为世界社会学人所重视者。伊斯兰君主，皆以教典治国，教典集法律、伦理、习惯、党规之大成，君主大臣、文武百官，皆奉教典为圭臬。哈里发马蒙派阿卜杜拉为拉卡和埃及之总督，其父塔希尔写书劝云，此为政治道德之最佳作品，全文要义如下：

汝应敬畏安拉，免其怒恼，昼夜保民，记念来生，功过自受。主赐汝特恩，管理下民，当公正廉明，奉公守法，负责尽职。保其生命财产，令其安居乐业，奖惩及时，不偏不倚。你专心职守，勿理杂务。沐浴礼拜，常诵天经，教育僚属，勿犯邪事，奉行圣训，效法贤哲，托靠安拉，遵守主谕，主持正义，履行公道，不徇私情，钻研教法，增加知识，慎独谨行，不犯错误，严肃认真，求王信任。万事皆守中和，没有偏差，中庸为幸福之向导，得道之基准，今生之事皆赖此以成。常追求后世，积德积福，修善爱人。要善测安拉，勿急勿躁，为人表率，勿冤枉歹猜，勿受邪魔之骗，误罹歧途。须先正身，然后正人，善待同志，爱护百姓，巡视访查，重视民需，解除民困。应有教门，有德有仁，实践诺言，勿寻民疵，说话诚实，远避是非，骗谎为罪恶之源，挑拨为罪恶之终，害人大矣。接近仁人君子，扶弱济困，且戒私欲暴虐，实行仁政，容忍海量，意念端正，说而必行。须知，国权归主所有，他任意予夺，君主昧主，福贵必失，勿积财宝，应积德政，财宝不能发展，德政力量无穷，有民即有财，库存用正教建设，公众利益，少税收，莫轻慢，谢主酬人，提防罪恶，打击败类奸人。谦恭下士，礼待穷人，有求必应，一切加以小心。常向宗教学者、智人学士、经验丰富之人领教，莫与鲜仁寡义者共事，其害多益少。勿贪得无厌，苛敛民财，应少取多施，以慷慨战败吝啬。要品行端正，体恤部属，宽其衣禄，以收其心，有兵有民，政权必固。法律为安拉之准衡，司法公正，执法以绳，除暴安良，社会井然，路不拾遗，百事俱兴。司法时要依据教律，谨言慎行，利用经验，考察证据，摒弃怀疑，不妄夸赞，不怀批评，镇定如故，深思熟虑，敬主爱人，勿轻动刑事，生命大矣哉。官为民仆，替民理事，应任用有知识、有阅历、有政治修养之官员，满足其生活要求，安心从政，无后顾之忧。锐意建设，军民皆喜，上下一致，物丰财盛，力量充沛，战败敌人。所属官员，皆派监督，注意其事，以免错误。命令一事，先考虑其后果，善则行之，否则作罢。凡事不能盲从，操之过急，人体累病矣！常接触名士博学，访问民间疾苦，解决难民需求，照顾鳏寡孤独，治疗病弱残疾，以除民怨民愤。应读主圣之言，历代帝王传记，近贤下士，熟悉属员之收支，不贪污，不浪费，大胆改过，接受忠谏，教训部属，多想敢干，为主道尽忠，为穆斯林服务，成为政教之功臣，求主使汝成功。书不尽言，凛遵勿远。

第五十二章　世界末日与救世者

全体穆斯林都知道，世界必有告终之日，那时从穆罕默德宗室有一人出现，支持宗教，阐扬公道，信士皆随之，掌有伊斯兰国家，称作“马赫迪”（救世者）。以后骗子出现，先知尔撒降世杀之，跟随“救世者”礼拜。伊斯兰学者对此争执不已，皆以圣训传述为凭。玄秘派（苏菲派）对法蒂玛人（什叶派），持另一见解。现在分述于下。

引述有关救世者、圣训的长老，有提尔密济、艾布·达乌德、伊本·马哲、哈基姆、泰布拉尼、艾布·耶阿莱。他们依靠诸位圣门弟子，如阿里、伊本·阿拔斯、伊本·欧麦尔、泰勒哈、伊本·麦斯欧德、艾布·胡莱赖、艾奈斯、艾布·赛义德、乌姆·赛莱迈、沙吾班、伊本·伊耶斯、希拉里、伊本·哈里斯等。反对者，有同样根据。圣训学的公例是：先反对后修正，发现传述人疏忽、错误，应依据正确之圣训。两大圣训实录都是正确的，教族公决，可以遂行。公决即最大之保证。提尔密济传述的圣训说：“假设世界只剩一日，安拉必使此日延长，从我之宗室中派一个人来，他的名字与我之名字相合。”阿里说：“穆罕默德说：‘假设世界只剩一日，安拉一定从我之宗室派一人来，给世界充满公道。’”阿里指其子哈桑说："此子如穆罕默德之所称，即世人之领袖，其后辈必有一人与穆罕默德之名相同，性格亦像他，遍施公道。"乌姆·赛莱迈的传述，穆罕默德云："救世者出自法蒂玛的后代。"艾布·赛义德的传述，穆罕默德云："救世者额宽鼻高。""世界末日有继任者出，均分财产，不做计算。""世纪末，救世者出，风调雨顺，五谷丰登，牲旺财盛，教族强大。"

玄秘派前人对此不做深入解释，伊玛目派及拉菲德派过于尊重阿里，强调穆罕默德有遗嘱，阿里可为哈里发。玄秘派后辈，皆主张伊玛目之具神性，根据星象之说，说救世者为法蒂玛后裔，伊本·阿拉比推定，救世者出世时间是伊历六八三年，有的说是七四三年，总不出乎一百年左右。穆罕默德云："余之教族学者，如以色列族之先知。"肯迪说："这位上人率众礼午拜，复兴正教，阐扬正义，克服安达卢西亚、罗马、东方君士坦丁堡，世界归他所有。"穆罕默德云："在我以后，哈里发为三十一代。"库思老崩后再无库思老，恺撒亡后再无恺撒，他俩的宝藏被充公用于主道。哈里发欧麦尔，已实现此言。先知尔撒的降世，亦宗奉伊斯兰教法典，并不停止之，而另设新教。救世者出于法蒂玛后代，因为政权靠党团，法蒂玛为古莱什族，该族本为大党，将来世尽时，该族可能复兴为大党，由救世者领导，治理世界。

相传在伊历八世纪初，在马塞出了一个玄秘派人，叫图瓦伊济里，自称为"期待的法蒂玛族救世者"，苏斯人从之者甚多，麦斯米德领袖惧之，命塞凯塞维暗杀之。伊历七世纪九十年代，在额玛拉出了一个人叫阿拔斯，也这样强调，进非斯城，烧其市房，卒被杀。伊历七世纪时，在伊非利基亚出了两个教士，一为卡西姆，一为萨阿德，都想借此闹事，但起义均无结果。由此可见，光有宗教学说，迎合群众心理，没有党团，起义是不能成功的。世界末日出救世者的说法，是象征一个朝代的灭亡，大乱之后，必有维新者出来整顿残局败象，走向一个新的世界。

第五十三章　人类初始及世界大限

人类心理状态，都想探知事情的前因后果、将生之事及玄妙之事，如生死、善恶、世界寿终、国家期限等。此乃人之常情，故一般人信梦兆与占卜、扶乩与星象，常有以此为职业者，愚弄思想简单之人，以此定吉凶。教法严禁之，以此为迷信邪说。实则人不能未卜先知，除遇梦兆、贤征、灵迹外，一般人没推测之能力。阿拉伯人原有西格、萨蒂哈之流，曾给也门王拉比阿圆梦，给波斯王预报阿拉伯国家的出现。柏柏尔人有穆萨者，有很多关于扎纳塔人之符箓。以色列人之先知，亦有不少关于世纪之预言。伊斯兰时代之预言，大都关于世界之大限、国家与文化之类。其依据，最初多为圣门弟子之格言，及部分革宗伊斯兰教的以色列学者之传述，如凯阿布·艾哈巴尔与瓦赫布·本·穆奈比希等人。一般人根据这些格言传说之表面意义，大肆铺衍，予以推测。后来翻译之书日多，一般根据星占家之言，制定术语学说，遂成一门学问。据苏海里的著作记载，世界的寿限，在圣教以后还有五百年。伊本·阿拔斯说，今世是后世之一部分。天经说安拉七日创造天地，一日即一千年。穆罕默德说："教族的寿限是自晡礼到昏礼，如食指到中指，估计为七十七分之一之一半，即五百年。”穆罕默德亦说，教族之寿命不能推延半日。可见伊斯兰教以前世界之年龄，为五千五百年。瓦赫布说是五千六百年。凯阿布说，世界的总龄为六千年。苏海理根据天经篇首之单字，推定为七百零三年。艾布·雅西尔及其兄汗义，推定为九百零四年。此种推算极不合理，乃无稽之谈。由各种传述之圣训看不出五百一十年或五百零一年。哈伦跟贾法尔传述之小皮书《占卜书》(加弗尔)，这种推测尤多。星占学家说，土星与木星二十年相遇一次，左右运行一次为六十年，再分大、中、小，再分气、火、水、土，大的表示改朝换代种种大事，小的表示天灾造反等小事。吉拉斯推定，火星转到天蝎宫，伊斯兰教必发生大事，因为这是圣教的征象，如穆罕默德的诞生、阿里的被刺、伍麦叶王朝麦尔旺及阿拔斯王朝穆泰瓦基勒的遇难，都是这样。肯迪推定，伊斯兰教的年龄为六百九十三年，这是学者所公认的。吉拉斯说，萨珊王朝的象征是木星，有四百二十七年之天下。阿拉伯之象征为水星，有一千零六十年天下。伍麦叶王朝时，罗马星占家努费勒说，伊斯兰的年龄为九百六十年。吉拉斯说，世界之坏是由于水火的占据，致使万物受灾。马蒙的天官肯迪，曾著《占卜书》，讲阿拔斯王朝的始末，预断该朝的亡期在七世纪中叶。符箓很多，著名的是伊本·穆兰奈关于拉姆图奈人穆拉比特王朝的预言，约一千联句，流行甚广。其次是某些犹太人为穆瓦希德王朝所作者，伊本·阿巴尔为哈夫斯王朝所作者。此外，艾布·叶海亚、哈威辛尼、伊本·阿拉比、伊本·西那、伊本·欧格布、巴贾尔巴基，皆有符箓传世。巴格达史学家说，穆格泰迪尔时代，有个人叫达尼雅里，会写古字，把纸弄湿。暗示官吏之名及其所好，据说甚为灵验。其实这些全是揣测，不足信也。

第四篇　论都市及其建设

第一章　国家先于都市

建筑和住宅之设施，乃享乐文明之产物，后于游牧生活而有。有宏伟宫殿及庞大建筑物之都市，乃众力造成，非私人能力之所及。大的工程既需众力，但其非为公众所需，对公众有害，不用强迫或奖励，实难令其就范，这就需要国家和政权之力量，故都市产生于国家。城市根据兴建者规划及天时地利之条件而建成，国家之年龄亦即城市之寿数。国家寿命短，城市亦因国家之亡而衰颓。国家寿命长，则城市亦逐渐扩建，蔚为壮观。巴格达诸城，即是这样。海推布氏写道：在哈里发马蒙时代，仅巴格达的澡堂，就有六万五千所。它包括许多毗连的城市，约四十座。因为过于繁华，无一城简陋落后。伊斯兰时代的凯鲁万、科尔多瓦、马赫迪亚诸城，及现代之开罗，皆是如此。国家灭亡后，凡城市郊区、山岭、平原住有游牧人民者，均能保存下来。因为牧民正在开化，到了一定富裕程度，他们需要住城市，过定居生活。如北非的非斯、贝贾亚、伊拉克诸城市，就是这样。如果城市没有供牧民开化的物质条件，则必随着国家的灭亡逐渐衰败下去。如埃及、东方的巴格达、库法，西方的凯鲁万、马赫迪亚、哈马德诸城，就是如此。如果前朝都市被新的朝代定为国都，则其一切仍可保存下来，而且随着新兴国家的发展日益繁荣起来，走到一个新生阶段。如现代的非斯及开罗，便是这样。

第二章　政权需要城市

民族或部落，取得政权后，势必占据城市。其理由有二：第一，国家需要安定休养，停止战时体制，补足文化之缺陷；第二，保卫政权，防御叛逆之攻袭。城市因有垣墙，如碉堡和工事一样，可以堵挡敌人，敌人虽费九牛二虎之力，亦难攻下。而且有城防，可以省去许多人力物力，尤其党团关系，一劳永逸，可以高枕无忧矣！为进取，为防御，国家均需要城市，故有城市，则扩充之。无城市，则兴建之。只有流寇，无须城市，因其流窜成性，城市是其限制，故遇城市则破坏之。故流寇偶得政权，亦不能长久。

第三章 大城、高宫非一代能建成

建筑和工程，与国力成正比。城市建成，需要许多人力物力的集中，合作互助，器具完备。许多工事，如起重，无机器，仅人力是办不到的。这只有大的国家，调动各处劳力，才能完成。如波斯皇宫、埃及金字塔、马格里布的空中拱门等古迹。一般人不知底细，误以为这是由于古人体高力大所为，而忽略了工程学所谓的起重机、转运机以及几何规划等方法。仅有力量，没有技巧，亦不能事半功倍。一般人所说的阿德人建筑，以为阿德人体格如何高大，其实不然。吾人见过许多宏大的工程，如波斯皇宫、北非什叶派法蒂玛王朝及森哈杰人的建筑、穆瓦希德王朝的建筑，但其人并不见得体高力大。这只是说书家对阿德人、赛莫德人、亚摩利人等各古代民族的演绎。吾人亦见过赛莫德人遗下的石堡，由其门户、屋顶、面积的大小，可知其人体格并不怎样高。圣训亦提到希贾兹商队曾经过其地。有人说，亚摩利时代是欧吉其人，能在海底捞鱼，放到太阳底下晒熟，这是反乎常识之神话。因为太阳本身无所谓热冷，热本来自光，光由地面反射而有热，太阳底下反而无热也（此言差矣）。此点吾人在第二篇中已详述，可参阅之。

第四章　大工程必须长时间

建筑需要人力互助，宏大之建筑需要众多之人力及精密之规划，故必需长时间方能完成。往往一代开始，三代完成。后人不察，乍看之，还以为一代之产物。史家所载马里卜水坝之工程，由赛伯邑始建，总汇七十道川谷，因死未成，后由希木叶尔诸王继续完成之。再如迦太基之水坝，也是这样。由此可见，大的工程，一代规划之，开其端倪，下代不继续之，便不能按要求完成。有许多前代建筑，后代欲毁之而不能。破坏比建设容易，破坏由有到无，建设由无到有。破坏既不能，可见其工程之浩巨。比如拉希德曾决意毁灭波斯皇宫，叶海亚阻止不听，数次举动，终未成功。马蒙亦锐意毁埃及金字塔，费很多劳力，始把墙壁钻透，据说他已发现其中宝藏。现在突尼斯人需用石块，派工人拆水坝，费很久时间，拆掉者寥寥无几。余幼年时常去赶会，还看到那些残迹。由此可见，大工程之不易，大建筑，是劳动的象征，是民众血汗的凝成，是强盛的纪念，不能随便破坏之。

第五章　建城应注意之事项

城市之建，为了定居，户户为邻，安居乐业。故建城之初，应全面考虑，注重公众利益，避免普遍伤害。第一，城市应有城垣防护，或背山或环水，仅有桥闸能过，敌人不易侵袭。第二，应择空气优良之地，以免天灾时疫。因为空气阻塞，或临恶水，或近污地，易于传染成灾。空气恶劣之城市，必多病。如伊非利基亚（突尼斯）的加贝斯城，人皆患伤寒病。伯克里说其原因是该地有穴，内有铜器，以铅封之，盖启烟升，为热病之源，乃邪符所致。其实不然，全在空气之流通与否。居民多，运动多，空气常换，故少疾病。居民少，则空气停滞，故多病疾。加贝斯城原来无热病，后来始有之，原因即在此。再如非斯京城，现在叫“新都”，最初因人口少，多疾病，现在人口增多，则情况好转。第三，城市应临河流或甜泉，水近便于居民饮用洗浣，其益大矣！第四，城市应近好的牧场，因家户多养家畜家禽，无牧场不行，近则方便，远则费时。第五，城市要近于农庄，生活赖于食粮，农庄近便于购运谷物。第六，要近于森林或多植树木，以便烧用和盖房制器之用。第七，要临海道，有水运，便于物资交流。这些皆因需要而定。一般建城者，多注意公众之急需者，忽略自然伊非利基亚所建之城市，首先注意骆驼牧场、树木水草之类，不顾田庄和一般牧场，如凯鲁万、库法、巴士拉等城。因自然条件不够，故容易败坏。沿海城市，应设在靠山或人多的地方附近，遇敌时便于防守和求援。否则，孤立无靠，海盗常袭，市民依赖成性，不懂战事，非常危险。如东方的亚历山大城，西方的的黎波里、布纳、萨拉诸城。亚历山大城在阿拔斯王朝特称“海岸”，且因后有巴尔格及伊非利基亚为助，虽是这样，仍受数次遇敌偷袭。再如塞卜泰、贝贾亚、古勒，诸城虽小，但因有山峰做屏障，山道难走，又有强大部落为邻，故遇事有救，危险不大。总之，城市建立，应重视民生意义及战略意义，不能率尔设城也。

第六章　世界大寺及圣地

安拉使某些地区特别贵重，为万民之朝向，进行功修，回赐无量。安拉爱惜下民，差使者传告之。据两大圣训实录所载，世界最贵重之寺殿圣地有三处：即麦加、麦地那、耶路撒冷。麦加城内之天房，乃先知易卜拉欣奉主命所建，让万民朝觐之。据《古兰经》云，易卜拉欣携其子伊斯玛仪修建天房，履行主命。伊斯玛仪随其母亲哈哲尔及朱尔胡木人居此，死后葬于此；耶路撒冷圣寺，由达乌德及其子先知苏莱曼奉主命建立，伊斯哈格之后诸位先知，均葬于它的附近；麦地那为穆罕默德奉主命迁徙之地，在此建圣寺，兴教务，穆罕默德葬于此。这三座大寺，为世界穆斯林之宗教中心，心爱圣地。圣哲对三寺之贵重及功修回赐之大，有很多训言。现在仅就其始末，笔之于此：

据云，最初阿丹修建麦加天房，后被山洪冲毁，此无可靠之传说。《古兰经》只说："昔日易卜拉欣及伊斯玛仪筑高屋基。"易卜拉欣之妻萨拉，忌前妻哈哲尔，将哈哲尔及其子伊斯玛仪安置到天房附近，发现渗渗泉，伊斯玛仪母子二人以天房之地为家，筑以围墙，圈做羊厩。易卜拉欣数次从叙利亚来省亲，最后在羊厩处率子建立天房，叫人朝觐。伊斯玛仪久居不去，母亲逝世后，他同朱尔胡木族舅父，主持天房事务。后来亚摩利人继之，为时甚久，四方之人皆来朝之。泰巴比阿人对之非常尊敬，给其穿上幔幕，制了门道，经常打扫。据称波斯人曾朝拜之，献上两只金的羚羊，后为阿卜杜勒·穆塔里布挖掘渗渗泉时所发现。易卜拉欣后，由其舅家朱尔胡木人，继管天房，后由胡扎阿族继之。后来易卜拉欣子孙繁殖越多，由克那奈而古莱什诸族，终由古莱什人管理天房。后来古赛伊·本·凯莱布修建之，以木材和枣叶为顶棚，后被山洪冲毁，一说被烧，麦加人齐心修之，在吉达海岸购破船，筑屋顶，墙高丈二，门高出之，下与地平，以免水冲。因为量不足，墙只完成六尺多高，用石砌之。伊本·祖拜尔起义，镇守麦加，穆阿维叶之子耶济德，率侯赛因于伊历六十四年攻之，用石油射之被烧，他不顾门弟子之纷争，而重修之，比以前更好。他根据穆罕默德对阿伊莎之言："设非你之族人离蒙昧时代不远，我一定恢复易卜拉欣之房基，东西各置一门。"遂掘出易卜拉欣屋基，照圣训指示修建，墙二丈七尺，置二门与地平，用白玉铺地，门用金片包镶，非常讲究。阿卜杜勒·麦利克时，派哈贾吉围攻麦加，用石炮轰倒天房墙垣，伊本·祖拜尔败，阿卜杜勒·麦利克重修之，恢复古莱什的房基，如现在之情况。天房的院井，都是朝觐者的巡游之地。穆罕默德及艾布·伯克尔时代，均无围墙。后来欧麦尔时买了些房子，拆毁重修天房，始有围墙。以后奥斯曼、伊本·祖拜尔、瓦利德，均有补修，并加上玉柱。曼苏尔及其子马赫迪又重修，保持至今。天房为神圣禁地，异教人不能进，信士进时只能穿一条裤子遮体，不杀牲伐木。从麦地那来，禁地为三密勒，至坦伊姆；从伊拉克来为七密勒，至山峡；从塔伊夫来为七密勒，至乃奈米拉；从吉达来为七密勒，至阿什伊尔。麦加称为“首邑”(乌姆·古拉)，天房称“克尔白”，意为“高”或“方”，因其为方形，故名。麦加又称“班克”，意为“拥挤”，因人多拥挤，故名。穆扎希德说，“麦”“班”二字音近，故通用之。自蒙昧时代以来，各民族皆敬重天房，各代君王皆献以金银财宝。穆罕默德克复麦加时，在天房地窖内发现七万欧基亚黄金，二百万金币，值二百肯塔尔。阿里建议用此作战费，穆罕默德未办。艾布·伯克尔时，亦未动用。欧麦尔时，欲分给穆斯林大众，但因穆罕默德、艾布·伯克尔未办，他终止之。侯赛因之子哈桑占麦加，尽取其宝藏，用于战争，从此库存尽矣。

耶路撒冷之圣寺称为“远寺”，在拜星教时代，这里是水星庙，有祭坛，专贡以油。以色列人占领后，改为朝堂。先知穆萨（摩西），奉主命率以色列人，出埃及，住旷野，制木亭，装“十诫”约柜，由哈伦（亚伦）掌坛献祭。占领叙利亚后，将木亭立于耶路撒冷祭坛处，作为朝房。先知达乌德（大卫）欲在此建寺，未成。其子先知苏莱曼（所罗门）执政四年始建寺，全用黄金涂成，背有坑，专置约柩及祭停。八百年后，尼布甲尼撒毁之，波斯王巴哈曼命以色列先知欧宰尔（以斯拉）重修之，但不能照原样。后以色列人在希腊、波斯、罗马辗转统治之下。希律按原样重建寺院，费六年时间始成，后被罗马王提图斯夷为平地。罗马人终于信奉了基督教，君士坦丁大帝的母亲，信教尤烈，亲到耶路撒冷，找钉死耶稣之十字架，据牧师说埋在他的坟下，遂在此建立教堂，在其所生地建立伯利恒。到伊斯兰时代，欧麦尔克复耶路撒冷，找出石坛，按原样建寺。瓦利德时按伊斯兰式建寺，称为“瓦利德宫”。伊历五世纪时，哈里发政权式微，法蒂玛王朝力不敌侵，欧洲人遂占耶路撒冷及叙利亚港口，在圣坛处建教堂，以显威风。后萨拉丁掌埃及，攻叙利亚，逐欧洲人，毁教堂，建寺院，时在伊历五八〇年。有人问第一所圣殿，穆罕默德说："在麦加和耶路撒冷建造之间，约离四十年。"

麦地那，原叫"叶斯里布"，因其为亚摩利人叶斯里布·本·麦哈莱伊勒所始建，故名。后来以色列人占领希贾兹时夺之，后为加萨尼王国格伊勒族所有。穆罕默德奉命迁徙于此，圣门弟子相继而至，在此建寺，圣教大兴，格伊勒人对穆斯林照顾备至，故称作"辅士"，穆罕默德葬于此。马立克传述说，麦地那贵于麦加。艾布·哈尼法及沙斐仪反对之。但无论如何，前者无后者贵，因有世界人类共朝之天房故。

以上为三大圣地之沿革，由此可以看出政教之盛衰过程及其因果关系。除此而外，世界之大寺不得而知也。据说人祖阿丹曾在印度之塞兰迪布岛（锡兰岛）建有寺院，此说不可考。古代教堂，有波斯人之火庙、希腊人之神殿、希贾兹阿拉伯人之庙堂，穆罕默德在战时已下令毁之。麦斯欧迪氏提及不少庙堂，但多缺乏宗教意义及历史价值，故不引述。

第七章　北非城市少

北非在伊斯兰前数千年来，就归柏柏尔人所有。其社会一直是游牧性质，不具备文明的条件。欧洲人和阿拉伯人虽占领之，但其时间不长，文明尚未扎根，建筑不多，仍保持原始状态。又，柏柏尔人短于工艺，因其近于原始，工艺从属于文明，建筑需要精练的工艺，柏柏尔人既无此技术，当然无有建筑，遑论城市。再，城市需要定居，柏柏尔人大都是牧民，住山野，搭帐幕，过部落血族生活，生活粗简，这些都不适于城市环境。异邦如安达卢西亚、叙利亚、埃及、伊拉克等，皆住乡镇和城堡，因其大多脱离了游牧部落生活。游牧人以部落为单位，有团结精神，习性勇敢，而城市市民单过，靠别人为生，故牧民不适于城市。

第八章　伊斯兰国家建筑不多

阿拉伯人亦较原始，短于工艺，远不如所占领的国家之文明，但其惯于游牧生活，虽有建筑物而不用之。同时，宗教最初禁止浪费，讲究适用，不许有多余和高大之建筑。库法城以前用竹叶所建，常遇火灾，欧麦尔在位时，人们要求用石块建屋，他说：“一口人不能有三间房子，建筑不能高，应遵守正道。”他派人监工，不能高出需要，不能违背节约原则，否则便是浪费。后来到了王朝时代，阿拉伯人利用波斯民族，跟其学习工艺建筑之术，生活享乐，逐渐建筑高楼大厦。这是将近国败之迹象。因为建城筑镇，大兴土木之工，无长久之统治时间是不行的。波斯已数千年历史，科普特、奈伯特、罗马初期之阿拉伯，都是这样，历长时期工艺才能发达，大的建筑才多，才能传流后世，永垂不朽。由此可见时间因素之重要。

第九章　阿拉伯人之建筑易于败坏

因为阿拉伯人比较原始，短于工艺，故建筑都欠坚固耐用。同时，他们短于计划，建城不加选择，不重视地势、空气、水流、农场等自然条件。城市之优劣，以此为转移。他们只注意骆驼之牧场，只要此点满足，其他一切不顾。他们逐水草而居，故食粮从远方运来。因为他们好流动，不定居，故气候较好，空气常新。比如他们所兴建的库法、巴士拉、凯鲁万诸城，都是近于荒野，缺少城市自然条件，无开化繁荣之望。一切皆从临时需要出发，无长远之计划，政权一失，马上即荒废矣！

第十章　城市破败之原理

城市初建之时，住宅少，建筑材料缺乏，如石块、石灰、白玉、玻璃、花石、贝壳等美化材料全无，故其建筑近于乡野，一切非常简略。城市进化，市民日多，营业齐备，器材全备，工人亦多，此时建筑必美观宏伟。城市退化，居民日少，行业不全备，材料无法运输，故建筑不多，亦失坚固精美。年久失修，有的房倒屋塌，有的破败不堪，扒旧盖新，由甲地转到乙地，转来转去，结果全完，一切复返于原始状态，以坯代砖，以简略代美观，城市与乡村无异，全呈乡野色彩。继续退化下去，便完全败坏不存。

第十一章　城市之优越在于富裕和文明

人不能独自生活，必须互助。每种必需品，都经很多手续和人力加工。比如日常生活之食粮，起码需要铁匠、木匠、饲养、耕种、收获、打碾等行业，一个人不能兼营，必须分工合作。所以，一家所得之粮食，必为共同之劳动，实为数倍之收获。社会工作，皆超出工作者之需要。假设按城市人的需要分配其工作，则很少工作即够其用矣。多余之劳动，必用于享受，供别的城市需要，以换取其他价值，他人亦因此致富。收获为工作之价值，工作量多，其价值亦多，收获量亦多，这时生活需要扩大范围，生活水平提高，需要阔绰和享福，讲求美观和排场，用仆婢和车马。所有这些，都是决定于劳动及劳动价值。勤于劳动，精于职业，市面繁荣，收支增多，人皆富有。社会越进化，工作越多，收入越高，享受越多，业务越杂，工作价值越大，城市越繁荣。如此类推。多余工作，属于富裕。基本工作，属于急需。某个城市，以某种特产见称，其必在此方面超越别的城市，其居民亦必因此而特别富裕享受。因此，虽都是城市，同样职业，但有高有低，有优有劣，收入不等，情况不同。比如北非之非斯城，与贝贾亚、特莱姆森、塞卜泰诸城，即有很大区别。一般职业差异很大，专门职业尤其如此，如非斯之法官就比特莱姆森法官情况好得多。特莱姆森比与瓦赫兰、阿尔及尔，后两城比之其他城市，情况亦然。城市比诸乡镇，又有不同。一切决于工作，城市犹如工作之市场，每个市场之消费皆与工作成正比。如非斯及特莱姆森的法官，其收入足够开支。收支越多，地位越高。非斯之劳动收入较高，故其情况较为优越。瓦赫兰、君士坦丁、阿尔及尔，比之于比斯克拉诸城亦然。工作不能补偿需求之城市，其实不算城市，与乡镇无异。故一般小城市，非常穷困，情况恶劣，无盈余，不能自给自足。再如各城市之贫穷状况，亦各不相同。非斯的乞丐，要比特莱姆森、瓦赫兰各城的乞丐生活好得多。余在非斯看到乞丐能讨到肉、油类高等食品及衣服家具等，但在后两个城市绝对不行。现代开罗和埃及人，均相当繁华富裕，马格里布之穷人听说这里济贫施散较多，皆长途跋涉来此乞食。考其原因，即这里较他处开化文明之故。各城之收支，皆有相同之准则，收入大开支亦大，反之亦然。收支越大，居民情况越好，城市供应齐全。越文明，进项越大，施费越多。再如各家所养之家畜，虽同居一城，有肥有瘦，情况亦不尽同。富家吃喝不尽，剩饭粮食满地抛撒，不但牲畜用不完，连野禽蚁类都满载满归。贫寒之家，自顾不暇，当然院不落雀，室无鼠猫。由此可见，优越在于富裕，富裕在于文明。

第十二章　论城市物价

市场供应一切需要。有必用品，如食粮、菜蔬、葱蒜等物；有副用品，如味料、水果、衣服、家具、车船、工艺、建筑等。城大人多，必用品必便宜，副用品比较昂贵。城小人少，则反之。原因是，粮食为家户所必需，人皆注意采购之，每家皆有一月一年之存粮，有盈余故粮价低廉。除非遇了天灾，有奸商垄断。否则，通常粮价会因文明进化而相当便宜，甚而白送给人。作料、水果之类，非全体市民所必须，有无均可，故积蓄不多，大城市多奢侈，物以稀为贵，争相购买，求过于供，故其价格自涨自高。

工艺品和劳力，在大城市价格亦高。原因第一是享受者需求得多，用大价争买抢雇；第二是生活容易，工人和手艺人重视其技术，故意提高其价格。

小城市人少，工作少，粮食运购少，人各囤起自家所需之口粮，市场缺粮，故价昂。副用品因小城市用的人少，有盈余，故价廉。其次征税与物价亦有关系，通常城市物税多，乡村税少，故城市不如乡村物价便宜。

产量亦影响物价，农具优良，土地肥沃，产量高，成本低，可耕面积广，一般粮价不会高，如柏柏尔居住区。农具落后，土地贫瘠，成本高，产量低，一般粮价必高，如现代安达卢西亚穆斯林居住区，自基督教徒得势后尽霸良田，迫使穆斯林耕山地或沼泽地。胜者垄断封锁，为价高之一大原因。

第十三章　乡民不适于住都市

大城市生活奢侈，物价贵、消费大，动辄皆需钱，无特殊之技术和能力，竞争不过别人，一家老小之生计无着，实难生存。同时市民多狡狯，老于世故，没有一定之阅历，实难对付，常受欺辱。

乡民自幼长于偏僻山野，积蓄不多，技能又少，短于交际，不善应酬，性格老实，思想简单，不习惯于繁闹复杂生活，故不适于住都市。勉强住之，无益反而有害。除非乡村之土财主或匪霸，可以搬入都市，尽享富贵矣！

第十四章　各国贫富相差之原因

国家像城市一样，越文明，民族越多，人口越多，情况越好，财富越多，城市林立，版图辽阔。其主要原因在于劳力多，工作量大。劳动为满足生活需求、富民强国之因素，劳动强度与文明程度成正比。有工作，即有收获，物阜民丰，国有收入，城市建筑，各项建设，自然蒸蒸日上，日新而月异。如东方之埃及、叙利亚、伊拉克、印度、中国及北方地中海沿岸诸国，都是物质文化进步之国家。再如现代到北非与穆斯林做交易的基督教商贾及伊拉克、印度、中国等远东之商贾，其富裕令人吃惊。

有的人以为这些国家之富庶，是由于其金矿银矿特多，或者祖辈遗产丰厚。其实不然。数金矿多，首推苏丹，但它并不富强。假设东方国家遗产多，则其绝不将货物运销海外。星占学家说，东方占的星位好，故强盛。其实不然。与其说东方星位好，不如说其地利好。

其实国家之穷富，唯在文明进化之程度。越进化，劳动越多，收入越大，故越富强。东方诸国，就是这样。如伊非利基亚和巴尔格，在什叶诸城及森哈杰人王朝何其盛，将财富从凯鲁万送给埃及元首去用，昭海尔征服埃及时，光兵饷战费，就驮了一千乘，但后来却衰败不堪。马格里布自古不及伊非利基亚，但在穆瓦希德王朝时，亦相当富庶。柏柏尔区亦曾富强一时，但目前多成为荒野矣。岂有他故哉，文明退化之缘故也。

第十五章　城市产业之形成及用途

城市大宗产业，非一蹴而就，非一朝一夕所积累。一个人再富，也不能一次购置那么多的产业，都是渐进地、逐步地积蓄和节俭。产业的形成，有两种方式：或由祖先近亲继承，多人财产归一人收受，因此特富；或由市面的变化，在朝代转折、青黄不接时期，行政废弛，纲纪荡然，城市败坏，社会紊乱，产业无益反而有害，被人轻视，价很便宜，有人乘机贱买，遂归自己管业。到了新朝兴起，城市复兴，情况好转，产业因有用而昂贵，于是投机者遂成富豪。此即谓转业变卖之意义。但此种财富，不是凭其经营和本领而得，因其无此能力也，只是时势造成之也。城市产业之进益，一般不够业主奢侈生活之需要，只能解决其生活之必需。据都市老人谈，一般市民置产业之目的，是为无能之后辈着想，有的下一代因天生羸弱，无谋生能力，前辈怕其受饥寒，遂撇下家业，供其需用。这是富人置产业之唯一企图。至于用产业赢利赚钱，则不多见也。即或有之，如转业，亦常被官家所注意，而充公，或强购之。这时做此交易者，害莫大矣！

第十六章　财主必求爵位以保其资产

树大招风，财大招祸。当人家产万贯、成为城市之富豪财主之时，万目睽睽，人人羡慕，君臣官吏，皆欲分其福。同时，侵略霸占，为人之天性，看其富贵，均想设法以夺之，或以犯法为借口，或以他事为理由，控之法庭，身家难保，资财自减。盖王法皆暴，欲充其财，何患无理由也。真正之公道，唯教法有之，恨其时间太短耳。穆罕默德云："余以后，哈里发仅三十载，余皆暴君。"故望族巨富，必须保障，借爵位以保其财，或求助君主，或投奔皇亲贵族，以其隐蔽之，以免侵掠之祸。财与势不可分离，卖官鬻爵，势所必然。否则，命财皆有可虑矣。

第十七章　文明与政治共兴亡

文明是社会之多余成分，文明因富裕程度及人口多寡而不同，文明有多种多样，像工艺一般，样样都需要精益求精。分类越多，文明职业越增加，文明的花样越翻新复杂。年深代灭，辈辈进步，这些职业者之技艺，达到相当成熟之程度，则其文明根深蒂固矣！此种情形，多由城市富裕开化之生活所造成。但所有一切，皆来自国家政权。因为国家征集民财，分给官吏，仕官情况优于农商，国家经济来之于民、用之于官及与官有关系之市民。因其占绝对多数，故其特别富有和享受。享福之方法越来越多，逐成一种专门技艺，此之谓文明。边远城市，社会虽已开化，但各方面仍带浓厚之乡野色调，一切不够文明。京都及中央地区之城市则不然，一切都文明十足。其原因不外是临近君主，君臣财富如水，滋润附近地区，使之不致干涸。前文曾言，元首及国家，为天下之市场，各种货色皆在市场及其附近地区。远者缺货，一切皆无。倘若一个都市，就为京师，代代相承，则其文化必精进，而牢不可破。考之犹太人，其政权在叙利亚长达一千四百年之久，故其衣、食、住、需生活方式，皆相当精进，其文明一直保存至今。其后罗马人有国六百载，亦极文明。科普特执政三千年，其文明在埃及颇有根基。后为希腊、罗马所继承。到了伊斯兰时代，则废除一切，独裁之文明，日新月异。也门，因阿拉伯人自亚摩利及泰巴比阿时起在此建朝数千年，后为埃及所继承，故其文明亦相当可观。伊拉克自迦勒底、凯叶尼耶、库思老时代，一直与奈伯特、波斯及后来之阿拉伯诸朝接触，达几千年。现代世界还数叙利亚、伊拉克、埃及最为文明，其文明最为悠久。安达卢西亚因接触伟大的哥特人的王朝及伍麦叶王朝数千年，故亦格外文明。马格里布和伊非利基亚，在伊斯兰以前，未有过大的朝代，欧洲人乘海占领其沿岸地区，该处柏柏尔人只假意屈从，仍守城堡抵抗之。北非不临一个国家，只遥遥服从海外之哥特人。伊斯兰昌兴后，阿拉伯人占领马格里布，兴建之朝代不久，还在原始阶段。而柏柏尔人均过游牧生活，亦无传统文明可言。后来伊非利基亚的柏柏尔人在希沙姆时代，经麦伊萨拉·穆塔俄里之经营而独立。虽曾拥护伊德里斯建朝，但并非阿拉伯王朝，因其执政者多为柏柏尔人，阿拉伯人寥寥无几。艾格莱卜王朝以来，因国家富强，凯鲁万之繁庶，故有部分文明。后由库塔麦及森哈杰人诸朝继承起来，但国祚不长，总共不到四百年，国亡后，文明亦变了样，终被希拉勒阿拉伯游牧人所败，文明只剩残迹矣。现在优努斯时代，还有些文明气息。马格里布大部城市，都是这样。伊非利基亚因艾格莱卜什叶派森哈杰人长期建朝，故各城市均较文明。安达卢西亚穆瓦希德王朝，对伊非利基亚文明贡献尤大。尤其该朝人吸引许多到此者，基督徒亦移民于此，对此地文明影响很大。如突尼斯城文明，便混合着埃及文明和侨民所传之文明。此种影响的结果之一，是人们之反动复古，重信其原始宗教。但无论如何，马格里布赶不上这文明，因伊非利基亚历史上出过朝代，其民又常去埃及，受其文明影响。此种奥理，很多人昧而不察。须知，国家的强弱，民族的多少，城市的大小，贫富的悬殊，一切一切都是相对的，相辅相成的。盖国家与政治，为人民与政权之反映，其资源皆来自人民与城市等。税收归官吏所有，他们之富裕，即其市场。王之收支皆在民，财帛在君民间循环不已，国富民亦富，反之亦然。富裕之基础，厥为开化及文明。详究世界诸国史实，即知余说之正确。

第十八章　文明为进化之极限

国家与政权是党团之目的，文明为野蛮之目的。整个社会，无论文野、君民，像自然界的生物一样，都有一定的寿限。经典及科学都证明，人之四十岁，为发育完美之成年期。到了四十岁，顿时停止发育，以后逐渐衰退。社会文明亦然，文明为进化之极限，至此不能向前发展，开始下降。有进化，就有享受，有享受就有文明，文明不外是生活方式之提高，享福娱乐之多样化。这些均为原始生活所不需。欲望无穷，生活得到满足后，又有他方面之要求。但欲望常受宗教之约束及实践之限制。请申述之：城市越文明，市民开销越大，文明因进化程度而不同，社会越进化，文明越完备。城市越进化，物价越高，税赋越多。盖文明乃国家末期特别繁昌之产物，此即国家用项过多、大量征税之时。税多物价自高，税赋及商贾全家之费用，皆出于货品。物价高，文明人之费用自多，浪费越多，收入越少，或只出不入，结果倾家荡产，坐吃山空，转富为贫，市面萧条，城市颓败。凡此种种，皆为过于文明享乐所致。其对城市一般社会之危害如此，而对民性之毒害尤甚。由于生活安逸，享乐日高，各种伤风败俗之罪恶，接踵而至。只管口腹之乐，不管合理与否，直达目的，不择手段。投机取巧，尔虞我诈，招摇撞骗，嫖赌下流，盗窃剥削，囤积居奇，放高利贷，营私舞弊，寡廉鲜耻，丑态百出，无恶不作，极尽其卑鄙龌龊之能事。不论远近亲疏，一概捉弄，失掉人性。诡计多端，谲诈成性，霸道成习。罪恶充满了城市，年轻的一代失了教养，虽出名门世家，亦多成为地痞流氓。人之贵在于德，人之为人，在于为善避恶。堕落之后，门楣何用？许多大家子弟，因道德败坏，沦为罪人，专做下流勾当。诚如此，全民如此，国家岂有不亡之理？《古兰经》云：“欲灭一地，必令其罪魁为非作乱，然后前言实现，统毁灭之。”其道理是，市民之经营，不能满足其需要，情况日益恶化，人人如此，则城市秩序大乱必毁。格言说：“城多植橘，城必坏。”其意不专指橘，概指松柏等花园水榭，此皆文明之极致，只图美观，而无实用，此即城市毁灭之象征。他如夹竹桃花园点缀，亦奢华之一种。纵情放欲，尽享口腹之乐，亦城市罪恶之一。由此可见，进化之目的是文明享受，到一定程度即衰颓，如生物之自然寿命然。所谓文明道德，实际上正是败坏。因为人之为人，在于凭已力招福除祸。文明人娇生惯养，不能自给自足，事事寄生他人，失掉人格和人性，行尸走肉，实际上已变为他物，衣冠禽兽。由此可见，文明破坏人之原生力量，文明为进化之寿终。《古兰经》云：“日日有新事，事事兼顾。”

第十九章　京都随国家而衰败

国崩，京都随之亦崩，理由如下：第一，国初尚俭，税少开支不多，京都在新兴朝代手里，失去奢华景象。因为民随国家，以国性为准，国家既尚俭，民不能从之。城市失去繁华，文明自失，无文明城市必败。第二，政权以强胜取得，弱肉强食，胜者王侯败者贼，新文明兴，旧文明亡，前朝的一切被否定，奢华文明既受鄙视，城市社会必败。第三，民族皆有祖国，为政权之基础，如侵占他国，一切城市属之，领土扩大，需要新都以辖之，新的中枢超越旧都，人心向之，旧都文明转入新都，旧都日渐衰败。如塞尔柱帝国之由巴格达迁都伊斯法罕，阿拉伯人之由麦达因迁都库法及巴士拉，阿拔斯王朝之由大马士革迁都巴格达，马格里布的马林王朝之由马拉喀什迁都非斯等，都有新兴旧废之情。第四，新朝往往接受旧朝之官员和晋绅，调到别处，加以改造利用，以免后患。这样一来，旧京都或城市只剩农商和一般市民，享乐者一去，文明自减，市面必败，除非新文明取而代之。犹如改建房屋，以新式代旧式，毁旧建新。此种兴衰情形，在一般京都，最为显著。总之，国家之与社会，如形式之与物质，社会之形式赖国家而存在。国家与文化，互相依存，缺一不可。故必有政治，或政教合一，或一般王政。政治与文化互相影响，共存共亡。倘若是整个国家覆灭，则文化受的影响必大，如罗马、波斯、阿拉伯、伍麦叶、阿拔斯王朝等。如果是改朝换代，或一个君主失位，则文化受的影响必小，如阿努席拉旺（库思老一世），或希拉克略，或阿卜杜勒·麦利克，或拉希德等。国家在于政党，党不失，文化损失不大，党一失，文化亦不存矣！

第二十章　城市之特有行业

社会需要互助，城市工作互助依赖，各城有其特殊之需要，故其行业各有不同，一地有一地之特点，某种行业在甲城独兴，在乙城则无，一切皆因需要而定，各地皆有特产，不能一概而论。一般生活所需，各城皆然，如木工、铁工、缝纫等。大都市因较文明，故有玻璃匠、油漆匠、首饰匠、屠夫等。再如澡堂业，大都市有之，中小城市则无。总之，行业之多，在于文明。其城某种行业之独盛，在于群众之需求，丝毫不能勉强之。有的官吏，为自己方便，硬将甲城之澡堂业搬于乙城，但因乙城群众无此需要，该业不久必败，因无利可图，浴池经理及职员相继而逃。

第二十一章　城邦之党争

联系团结，为人类之本性。虽非一个血统，一切朋党，皆有血缘关系之实质。市民人口多，亲连亲，友连友，拉拉扯扯，三五成群，由少而多，而成帮伙，党同伐异，成为一霸。当国家衰弱、鞭长莫及之时，市民要求保卫城防，维持秩序，开会共商办法，请有名望者出来领导民政。好胜之心，人皆有之。这时，晋绅乡耆趁朝廷昏庸无力，企图独立专政。于是各自拉拢党羽，物色打手，互相争斗，满城风雨，或杀或逐，闹成一团。斗争结果，弱者皆败，总有一强霸者统一之，而为一城之长。人欲无穷，胜者欲独立称帝，流传后辈。于是，国内之国，俨然一大国也，党团、王位、印玺、诏书、文武制度，一切学习帝王，邯郸学步，分毫不差。实在无此能力，只是时势造英雄而已。有觉悟的，亦安分守己，以免贻人笑柄。哈夫斯王朝末期，伊非利基亚的黎波里之杰里德、加贝斯、托泽尔、内夫特、加夫萨、比斯克拉、扎布诸城，都发生此类情形，偏爱一方，成为侯国，终被信士的长官艾布·阿拔斯各个击破，统一起来。森哈杰人王朝末期，杰里德城独立，后被穆瓦希德王朝君主阿卜杜·穆敏所灭。阿卜杜·穆敏的王朝末期，塞卜泰城亦宣告独立。这些都是望族豪门靠党羽而建城邦侯国。有时下层社会之平民，亦能结党起义，独立称号。一切在于党团及团结精神也。

第二十二章　城市语言

城市语言，以战胜民族或建城民族的语言为主体。故现代东方和西方伊斯兰各城市之语言，皆为阿拉伯语，虽然穆达尔阿拉伯语之语法及尾变已起变化。考其原因，伊斯兰国家，在政教方面之强盛，实为客观之事实及政权之反映。一切皆政治之形成，形式后于物质。宗教得此教典，教典为阿拉伯文，因穆罕默德为阿拉伯人，故在圣教所辖地区，应废除一切其他语文。欧麦尔曾禁用异族仆从，说其为欺骗和诈伪。宗教既摒除异族语言，执政者既操阿拉伯语，故所属地区，均阿拉伯语化。盖民随王俗，仆从主教，阿拉伯语之运用，成为信教服从之标志，故阿拉伯语通行全国各大城市，成为正式语言而定型化，他种语言反成不习用之外邦语。后来阿拉伯语与异种语言发生了同化作用，语法尾变非常混乱，但尚能表达原意及基本概念。这种语言称作城市语。后来波斯人占德莱姆，塞尔柱人占东方，扎纳塔和柏柏尔人占北非，伊斯兰领土被异族所分，此时阿拉伯语一蹶不振，每况愈下。设非穆斯林维系圣教，坚守天经圣训，则阿拉伯语必全部消逝。因此，各城市尚有穆达尔阿拉伯语的诗歌及散文存在。鞑靼蒙古人即掌东方，不奉伊斯兰教，这一条件不存，故阿拉伯语彻底废弃。在伊拉克、呼罗珊、波斯、印度、信德、河外地区、北方、罗马等伊斯兰地区，除了部分诗词风格外，阿拉伯语连一点残迹都没有了。学习阿拉伯语，成了一种职业，成了学校课程之冷门。穆达尔阿拉伯语，因宗教关系，尚保持在埃及、叙利亚、安达卢西亚等地。至于伊拉克各地，则已成历史之陈迹，甚而连教科书及一般著作，皆用异种语言矣！

第五篇　论生活方式、谋生之道及行业种类

第一章　财富之真义及营谋之价值

人自出生到老死，无时不需求生活资料，安拉为人类创造世界万物，供其享用。天经处处言之，如：“安拉为你们创造天地万有，征服上界，征服兽畜。”诸如此类，不胜枚举。由于安拉令人类为其代理者，故人类之手可伸向世界，囊括全球。此人所得者，必止于他人，唯以报酬交换。有为之人，不甘示弱，必自力更生，自给自足。《古兰经》云：“你们寻求天赐。”这是有偿财，需要人为之经营。有一种无偿财，不用人努力即能获得，如日光、雨水，但若用之于农，还须个人调理。故用一定之劳力，即能满足需求，用力过多，即能盈利。获取财富，在于享用，此之谓财富之真谛。穆罕默德云：“你用财富吃、穿和施散，随即你就亡去。”不享用，便不得称作财富（力兹格）。由人力取得财富为经营（克斯卜）。如遗产，对亡人说，只能为经营，不得叫财富，因其不能享用之故。对继承人说，一享用，即称为财富。以上是正统派（逊尼）给财富所下之定义。穆尔太齐勒派主张，财富必得有主权，无管辖权者不得称为财富，如非法霸占之财富便是。良暴贤愚，皆受安拉眷顾。该派言之成理，持之有故，自不赘述。

经营者，人力而为之，尽人事而听天命，以达所求和所愿。故财富必用工作得之，谋求之门路固然多种多样。安拉云："你们需求天赐。"一切来自安拉，人力必有天助和神示，但一切利益之得，必有人之劳动。如自己操作之行业，显而易见，出自人力。即如得之动、植、矿之利益，亦莫不需人之劳力者。否则，便不能取其益而享用。

安拉创造金银，为每个营利者之价值，世人多求之，储藏之。虽有时求诸他物，实际仍为金银，因他物在市面流通之故。故金银为所得所蓄之基准。明乎此，可知，人类追求之，若得之技艺，择其利润，即其劳动价值，此即营取之目的，除劳动别无他物，营取非其目的。若技艺外还伴有他物，如木工业及缝纫业，二者有木材和纺织，但二者劳动较多，故价值较大。若非技艺之财富，才有劳动价值，必有利润所得价值，因为无劳动即无收获。有的劳动明显，故或大或小，有其一定之价值。有的劳动较晦暗，如食品之价格，因劳动在于粮价，但在多粮地区，一般人不大感知之。由此可见，利润收获，为人类工作之价值，可称为财富，而享用之。到此财富及劳动之意义，昭然若揭矣！社会乱，工作失，无劳动，收获自失。如人口稀少之城市，因缺少工作，而财富进益亦乏。大城市则反是。常言道："国破水干。"水像奶子一样，越挤越多，不挤即干。水靠吸用疏通，国末之时，百业尽废，生活无着，人不工作劳动，别说社会变为荒芜，连流泉亦干涸矣！可见一切皆由劳动而来，工作之价值大矣哉！

第二章　生计与职业

生活即追求财富，获得资料。人赖生活以存，故以夸张之法称之。食禄之获取，不外以下几种方式：

(一) 根据一定法律，强取他人之财富，称为税赋。

(二) 射击野牲，捕鱼类，陆海兼攻，称为渔猎。

(三) 养家畜，以收其浮利，如羊奶、蚕丝、蜂蜜等，称为副业。

(四) 借种植，以取植物之利，称为农艺。

(五) 借一定资料，用人力取利，如书写、木工、缝织、骑射等，称为工艺。不用一定资料者，包括各种职业。

(六) 借货品之购销、囤积、周转取利，称为商业。

此即生计之门路及职业之种类。哈利里等哲人学士皆言之，说生计分士、农、工、商。士，非生活之自然门径。农为百业之本，最早、最普遍、最自然，为人类之本能，无须博学深知，由人类始祖阿丹创兴之，传授之，可见农最近于原始自然，先于一切行业。工业在农以后产生，因其比较复杂，需要知识和思考，常在城市有之，城市后于乡村，由人类第二祖先先知伊德里斯创兴之，受主启示，传给后人。商业虽为自然之经营，但其门路，多变化不定，以取买卖之两种价值，虽用赌赛式方法获得利润，但其并非无偿剥削人财，故教法许可之。

第三章　服役非正常之生活门路

君臣衙门，兵、警、书各种机关，皆需仆役杂差，供其食用。所有这些，均在官职之数，由国库开支，政权即其流源。其他之劳役，是由于富人之不屑或无能直接处理事务，故雇别人代劳。此种情况，不合正常之人性。因为赖人生活，为低能之表现。雇役加薪，乃浪费之现象。此二者皆违背人道。人之依赖无能，并非天生如此，乃习惯成自然。何况仆役多不可靠，有者等于白雇，有等于无。盖仆役不越乎四种：(一) 有才干，又可靠。这种人不易役使，其不满于低的职位和工资，时有过高之追求，只有权豪势要之家能用得起，能驾驭之。(二) 无才干，又不可靠。这种人等于废物，用之无益，反而有害，成事不足，败事有余。(三) 有才干，而不可靠。这种人，一般可以用之，能办事即成，但时常防其不忠才行。(四) 无才而忠。此种人不可用，人好而无用，用之误事，益少害多。此为用人之要道，应注意之。

第四章　挖掘宝藏不为正业

城市头脑简单之辈，试图挖掘地下财富，以为先民财富皆藏于地下，被符箓所封，只有懂其行术者，用诀念咒，贡香献祭，始能破之。伊非利基亚之市民，以为欧洲人在伊斯兰以前埋其财富，存有密画，因此他们设法发掘之。东方人对科普特、罗马（拜占庭）、波斯有同样之传说。很多不务正业者挖之不得，以为系财富沉陷，或不懂法术所致。马格里布之柏柏尔人，亦有这类懒汉，想靠术法挖掘宝藏升官发财。此实属一种妄想，不务农、工、商正当职业，想投机取巧，一本万利，大发横财，世上哪有这种便宜事。全是吃喝玩乐、荒淫无度之徒，挥霍无度，无一技之长，入不抵出，债台高筑，不务正业，专找奇门，掩耳盗铃，欺人自欺。这些人多为大城市之流氓闲汉，如埃及就有很多。他们从事炼丹，企图得出黄金。又说埃及宝藏在尼罗河流域，可以用咒把水吸干而掘之。其实全是愚弄群众，借以敲诈，无真知灼见也。埋藏财宝之事不多，即或藏之，必甚秘密，不易发掘。圣训教法虽曾提及蒙昧时代之宝藏，但发现很少，又出偶然。财富在于享用，留给后辈即成，埋于地下，若全不告人，久之必腐，若有人知，必盗用之，此明智之士所不为也。有人说：古代财富甚多，何处去者？须知，金银珠宝，像铜、铁、锡、铝一样都是矿物，社会进化，人力能开采之，能多能少，传承不已，处处流转，各地不同，马格里布和伊非利基亚财少，不见得斯拉夫、欧洲就少。埃及、叙利亚财少，不等于印度、中国亦少。财帛只是营利之工具，文明能使其增多或减少。又，矿物像万物一样，能受灾害腐蚀，珠宝更易损伤，五金犹然，很快即变质。至于埃及挖掘宝藏者持多之原因，是科普特朝数千年来，有用珍贵品殉葬之习惯。该朝崩，波斯人占领，遂在金字塔等古帝王墓进行挖掘，大有所获。希腊人亦有这种厚葬习惯，看重死人，金银棺椁，宝贵用器，尽陪葬之。数千年之科普特墓，成为探宝者之目标，甚而不惧国家之重罚而为之。异想天开，痴人说梦，真乃愚蠢之至。穆罕默德曾求主保佑莫走邪途，莫受鬼话之骗。吾人亦求主保佑人，莫非分妄想，投机取巧，懒惰成性，无知无能。应安分守己，足踏实地，率由正轨，寻求生活，做人而不做鬼也。

第五章　财随势来

财与势兼有者，总比有财无势者更富。原因是，有势者，处处受人巴结，或怕其势，或用其势，故人常对之献殷勤，免费工作，无偿劳动。一人有两种工作价值：一为本人用财富所赚者，一为凭权势所得者，双管齐下，发迹甚快，天长日久，成为巨子富翁矣。因此，仕官亦为生计之一种。无势之商人，虽凭自己之资本及经营而获厚利，但终赶不上亦官亦商富贵双全者也。再如有名位之法学家和宗教家，人们皆信仰之，欲借之博取安拉喜悦，故均愿为之效劳，帮助其现世生活之所需。故其不用钱经营，皆成大富，因其所取者皆他人之劳动价值。吾人常见城乡均有很多人，为他们代耕、代商，无偿奔跑，他们坐享其成，足不出户，而家缠万贯，不劳动而致富。别人不知内情，还称奇事，实则自有原因在。《古兰经》云："安拉无算地随意慈悯人。"诚哉斯言。

第六章　媚者多福

人之所得，即其工作价值。荒于业者，则毫无所获。人之价值，凭其工作能力、工作效果，因人之不同而定。其成就与收获，与此成正比。前辈曾云，官易致富，因人为利害常需要之，或贿以金钱，或代为劳役，故有势便有财。官有级别，位有高低，上自王公，下至贩夫，社会阶级差异甚大。安拉以此组织社会，满足生活所需，保护种族繁衍。人类借互助而生存，否则即亡。因人自由成性，知自私而不知公利，故社会互助应强迫为之。人之行动本出于思想，非出于自然。若不互助，便强制之，故需管理者，督促小我，成全大我，以行安拉保全种族之哲理。《古兰经》云："余使部分人之品位高于部分人，以便强者管理弱者。安拉之恩赐，胜于人们之积蓄。"即此之谓也。由是以观，权位乃支配之能力，使在下者唯命是从，招福卸祸，执法行政，刚正不阿。此为天意之主要目的，其他作用，乃其纵生观象。如前定中恶之与善，有许多好事，常带有些微坏事，但绝不因此而失掉好事，善之中含有恶，故有政治即不免有暴虐。不论城乡，社会分很多阶级，上者支配下者，下者依从上者。权势深入全部民生部分，因人所处的阶级和阶层而有大小之分。权势大，所得亦大，反之亦然。无权位者，虽有财产，其富有限，如农、工、商，其进益唯限其资本和经营。尤其工人，仅靠其手艺取利，勉强自顾，常有饥寒之虑，没有高官厚位，焉有大富大贵。权位不同，福利不同，上贵下贱，上偿下媚，故施恩为最大之幸福，献媚为升官发财之阶梯。许多富贵之人，都是靠谄媚奉承起家；许多孤傲倔强之人，反而无官可做，无进阶之机，度清苦之生活，以劳动维持生计。须知，骄傲自满，非优良之性格，其产生皆由于主观之优越感所成，自以为自己了不起，识多业精，为人所需求。一般学者、专家、作家、诗人及专门人才，均有此种孤芳自赏之想法。有些名门世家，破落之后，仍炫示其列祖列宗之光荣。一般有思想、有经验之人及有抱负之政治家，皆有此种自满清高之感。他们不屈从于当权者，安贫乐道，富而不淫，鄙视朝廷，怀志不遇，愤世嫉俗，忧郁沉闷，为真理受屈，遭人嫉恨，虽强权不能动其志，既无高官，亦无大富，潦倒一世，衔恨终生。常言道："智者多乖。"知识与财势皆为天赐特长，二者不可兼具，凡长于此者，必短于彼，此自然之理也。官场之升降情形，其原因皆在此。国强之时，君行专制，一人高高在上，余皆其走卒，上下相欺，互相倾轧。后来君主开明，采纳忠谏，许多平民亦能因此入朝居官，一般狡黠者利用吹捧谄媚而起家。但因后辈夸耀祖功，骄傲自大，对君不恭，君罢之，另用谦卑听话之辈，以补其缺，如此升降不已，直到国亡。满招损，谦受益。官场社交，唯靠吹拍圆滑。只大不小，只伸不屈，只方不圆，是不能适应的。适者幸存，不适者淘汰。此官场之常事也。

第七章　宗教界多清苦

收获为工作之价值，工作因需要而不同。对社会有普遍利益之工作，需要必大。社会急需者，其价值必大。宗教职业者，不为一般公众所急需，只有奉教之特殊人需要之。如教法学者，一般大众用之者甚少，只有有国者有时用之研究法理，制定判案，故其待遇菲薄，不能与一般要职同日而语，仅能维持生计而已。同时，一般教法学家及宗教人士，自命不凡，以清高自居，以自己之事业为神圣，瞧不起政治，不能奉迎权贵，料理杂务，忙于教事，无暇谋生，故其生活非常清苦，发家致富者，未之有也。一次余与人谈及此事，人多不以为然，余掌有哈里发马蒙时代之财经档案资料，包括国家全部收支，上载教法家、领拜师、宣礼师、宣讲师及教师的薪俸最低，让人读后，始信余说之不欺。

第八章　乡民以农为本

农田最近自然原始，在乡野最为普遍，故下层社会之人多经营之，市民及富豪耕田者甚少。穆罕默德看到辅士家造农具，就说："此物一进民家，必带来贱虐。"布哈里解释为农具过多、超出限界之意。其实是说，农业发达，官吏强征田赋，农夫受其勒索侮辱。穆罕默德云："世界末日之时，天课变成债务。"即指暴君之苛政而言。背守天道人情，横行霸道，恶索蔽赋，以为一切皆为王之私有，真是"普天之下，莫非王土。率土之滨，莫非王臣。"官为民盗，实不虚也。

第九章　商业之概念及目的

商业即通过货品之贱买贵卖，发展财富，生息剥利，有所收获。货物包括面粉、谷物、动物、布匹等。超出资本之所得量，即为利润。赢利之方法有二：或囤迟快卖，等行情波动，物价上涨；或由销量小的城市运到销量大的城市。此二者，皆能获大利。一位老商人揭穿商业之本质，概括为四个字："廉购昂售。"诚哉，商业之真相，不外如是。

第十章　商贾之伎俩

商业即为赚利，利润比之资本微乎其微。但资本多，利润必大。因为多者之少，即是多。利益之得，出价移货。商人公平者少，奸诈者多。有的称量不够，掺假冒真。有的拖价不还，推债不给。有的耍赖隐昧，捏造伪据。利润之得，常经挫折困难，诉讼告官。有的常常连本带利被人讹诈而去，毫无所获。故从商者，必须多奸、多辩、多谋、多毒，有如此伎俩，始能赢得交易，不吃亏上当。否则，得有势力，靠官方之力，强迫对方交易。腼腆老实、无权无势者，切忌从商，否则有害无益，最后必落奸商流氓之圈套，财货全被其吞食。经商如赌博，乃冒险家之乐道。人心不古，剥削成性，设非法律，则必公开掠夺。《古兰经》云："设非安拉以部分人抵抗部分人，则大地必乱。但安拉是有恩于世人的。"

第十一章　商人之习性

商人常置身于交易场所，交易须比心术和手腕。久而久之，狡黠成其习惯，失去仁厚、义气等优良之品质。下流人好争、欺骗、谎言、伪誓、捉弄，而商人，则集一切恶习之大成，无毒不丈夫，一切手段皆可以用，六亲不顾，唯利是图，无是非之心，无道德观念，一切以钱为上。有的当政者，大力禁止商人之此种劣性。有的素质好的商人，亦自动避免染此恶习。但究属少数，成绩不大。要想消灭商业中的罪行，除非取缔私有经营，限制私有财产才行。

第十二章　运销与谋利

有眼光之商人，运销之货物，都是贫富朝野普遍所需要者，这样才能销路广，获利大。所运之货品，只为部分人所需要，则其销路不广，获利必小。又，贩运货品，必拣需用之中等货色，人人可用，销得快，利润大。高价物品，只有极少数之富贵人家用之，销路窄，利必小。又，从道路难行之远地运货，去之者少，竞争者不多，货缺为贵，供不应求，物价必高，利润必大。从交通便利之近处运货不合算，竞争者多，货多必贱，供过于求，物价必低，无利可图。吾人常见许多资本巨大之商贾，不避颠簸风险之苦，长途跋涉，远道而到苏丹经商，这里百货奇缺，货物运来，销得又快，利益又高，一本万利，很快即成巨富。吾国许多去东方之客商，情况亦是这样。至于城与城之间短途运销，则贩运者多，货品充滞，销售慢，利润亦小。

第十三章　囤积与垄断

城市老练之商人佥谓：囤积粮食，高价出售，无良好后果，无利可获，反遭人恨。因为粮食为万民必需之物，人有钱皆买之食用，人心皆牵挂之，系念之。凡垄断剥削人心系念之物者，必受其害。故教法禁止垄断，以此为非法鲸吞人财。垄断虽非完全剥削，但断人口粮，招众人之怒，同样没好下场。五谷以外，其他物品，非公众所必需，只有富贵之家享受之，为生活之次要，故虽有人垄断，对大家之伤害不大，无人留意之。因此，凡经垄断、剥削人财、伤人心理者，便不能得利。马格里布法官艾布·哈桑说："凡物加税，人皆不喜。我若征税，拣选与人生活无关者，此即酒税。酒为娱乐奢侈之品，饮者不怕价大，与群众心理无涉，不招众怒。"众人听之，皆捧腹大笑。总之，利民者倡，害民者亡，害群之马必无好结果也。

第十四章　货贱伤工

生计靠工商，商业靠利润。物价长期低廉跌落，货物疲滞，市面冷落，商人无利可图，罢业净吃，资本耗尽。比如耕稼，谷贱伤农，粮食长期跌价，都不向农业投资，农业不振，农民、磨面、卖饼、木工、铁工及一切与农业有关之手工业，皆受其害，坐吃山空，跟着倒闭。农业衰，田赋少，军警难养，社会受其影响大矣。其他行业皆然，物价低，手艺人之劳动价值亦低，货品销不出，工人必停工，如是生活大成问题矣。由此可见，物价应守中庸，过昂与过贱，对工商、对社会，均无好处。利润为工商繁荣之刺激，应有适当之约束，以利主顾。粮为民本，为朝野贫富之所需，故粮价便宜，为良好形象。但亦得与其货品有适当之比例，反则农民受苦大，得利少，卖出的粮食多，换回的物品少，实为不公之至。一切以公平为准，允执厥中，偏则必差，其祸大矣！

第十五章　业精在于勤学

行行出状元。业务是一种才能，由思想行动养成。行动是具体的，凡具体的，都以亲身操练为最有成效，才能于连续不断的实践尝试，逐步达到熟练精确。人皆有才能之天赋，习练比传知更为有效，实践比理论生动，才能在于教者与学者双方的优良配合。业务有简繁之别，前者为主要的，后者为次要的，先有基本训练，由简单到复杂，由知到行，由可能性到现实性，由此知彼，由近及远，循序渐进，终达成功。才能不是一蹴而成的，需要长时间之锻炼。一切事物，由无到有，由储能到效实，皆需一定之时间，不能一跃而成。尤其工艺之事，全在乎时间，时间决定并创造一切。常见小城市之工艺最初简略，后来社会化，工艺亦随之精美。职业分两种：有关于生活需要的，如纺织、屠宰、木工、铁工、装订、抄录、歌唱、教育等；有关于思想文化的，如政治、军事、学术、艺术等。一切皆由传习而得。

第十六章　工艺随进化而完美

文明初开，人之目的，唯在求食。文明进化，需要多日，工作日增，一切加工，精益求精。求食为动物通有之本能，学术工艺为有思想之人独有之特性。学艺赖于生活，故物质先于文明。工艺之精粗，以城市开化之程度为转移。社会越进化富裕，工艺越精良。乡野或欠开化之地区，工艺必少，有亦简略。各种手艺，只以需要为限，只是手段，不是目的。后来进化，一切讲求美观阔绰，各行各业越增越多。以前只有木、铁、纺、缝，现在添上皮业、染房、屠户，再后油漆、裱画、饭店、浴池、歌舞、音乐、抄录、装订。各种职业，五花八门，应有尽有。由物质文明，趋向精神文明，工艺随进化而繁昌。甚而有些城市，专有杂技人员，或驯野禽野兽，或练空中走线，或用动物起重，等等，真是无奇不有。这些在埃及开罗有，马格里布城市均无，因其开化程度较差之故。

第十七章　工艺因文明而巩固

工艺为进化与时间之习惯，习惯因重复之多而巩固，年深代灭，遂成定型，牢不可破。因此，常见没落之城市，有不少工艺残迹，为新兴城市所不及。其原因，唯在时间之长短，传统势力不可侮。如现代之安达卢西亚，就是这样，其工艺成就相当可观，迄今犹存，像建筑、宫殿、娱乐、饮膳、用具等，都比他处精美。考其原因，不外伍麦叶王朝文明之有根底，加之前有哥特王朝，后有群雄割据，文明较他处为高。再如伊拉克、叙利亚、埃及、突尼斯等处，也是这样。突尼斯虽然较差，但又受埃及与安达卢西亚之影响，亦能追赶得上。现在在凯鲁万、马拉喀什、伊本·哈马德城堡，还能看到当时之文明遗迹。因古迹多毁，故一般人不易觉察，但蛛丝马迹，犹可寻找。由此可见，文明期长，工艺必根深叶壮，反之亦然。

第十八章　实业因需要而发达

人都不愿白劳动，愿做实用之工作。因为劳动为其经营，靠经营而生活。人大多终生工作，赖其生活，供本城人需求，而享用工作之价值。对工艺的需要，如畅销货物一样，人人求之，人人学之，俾借此谋生。工艺若是冷门，不为人需求，则学之者必少，日渐荒废矣。阿里有云："人之价值，即其所好者。"易言之，即其职业，即其借以生活之劳动价值。又，工艺之发达精进，在于国家之需要。国家需要什么，什么必发达。盖国家为最大之市场，其需要量大于一切城市市场，国家需要有普遍性，不像城市之受地域性所限制。故国家需要之职业，必幸运兴盛。

第十九章　城市败工艺必败

工艺因需要之多而精进。城市衰败，文化落伍，居民减少，生活返于原始，一切从简，工艺属于无用。工艺人不能生活，或逃或死，无人继承，技艺遂绝。如雕刻家、首饰家、书写家、歌唱家等，都日暮穷途，逐渐减少，最后完全失灭。由野蛮而文明，由文明而野蛮，循环不已，变化无穷。

第二十章　阿拉伯人短于工艺

阿拉伯人为最古老的游牧民族，距文明发展最为久远，故工艺最差。东方民族和基督教民族，比较文明，故工艺亦较发达。阿拉伯人习见之骆驼、沙漠、牧场，异邦人都未见，传为奇谈。伊斯兰时代，阿拉伯人虽然进化，但一般工艺还是从外处移入。印度、中国、突厥、基督教民族，其工艺均很进步，为其他民族之先驱。柏柏尔人像阿拉伯人一样，长期以来，过游牧生活，城市寥若晨星，工艺几等于零，如仅有之毛织业及熟皮业，又相当落后，产品极贵。东方波斯、希腊、罗马、埃及、以色列诸族，数千年建国立朝，不绝如缕，文化灿烂，工艺亦精。也门、巴林、阿曼、伊拉克，虽为阿拉伯人所占领，但均建立过很多朝代，城镇林立，工艺进步，迄今犹存，如刺绣、织绢等工艺，古今有名。

第二十一章　专精者不能兼通

如裁缝，长于缝纫，必失于土木之工，除非前者尚未专精定型。考其原因，才能为心理状态，应专注，不宜分化。有旁骛，此山望彼山，必一事无成。人有天赋本能，凡性之所近的东西，最易养成才能，亦有最出色之成就。基本才能养成后，再追求非性之所近的东西，必不易养成才能，往往毫无建树。很少见到精于此者，又长于彼，门门精通。再如学问，为思想才能，对甲科专精者，不能对乙科亦同样专精，纵虽努力求之，彼此总有差别，很少例外。其关键即吾人所谓之天赋本能及心理素质所决定也。俗语云："样样通，样样松。"业在精，不在通，良有以也。

第二十二章　重要之职业

人类社会，非常复杂，百行百业，三六九等，不可胜数。现在仅就社会需要而有重要地位者说明之，次要者不谈。农业、建筑业、缝纫、木工、纺织等，均为社会必需者。助产、书写、歌唱、医疗等，均为有重要地位者。助产之利益，非常普遍，有此母子才能安全，新生一代才能有保障。医疗保护健康，防治疾病，医学为物理学之一种，研究对象即人之身体。书写代人记事，免于遗忘，使人回顾历史，吸取前人思想成果、学术造诣，提高生存之地位。歌唱是声调之和谐，给听觉以美感，增加工作之乐趣。此三者，皆为国君所需要，对内对外，不可缺少，故有极高之价值。其他职业，各有重要性，因目的之不同而不同。正当之职业，均有公利，不可轻忽也。

第二十三章　农　业

农业之利益，在于收获粮食，须经耕种、除草、灌溉、收割、碾打、加工。农为百业之本，因为人赖食粮而生存，无农百业不立。乡村先于城市，故农为百业之始，乡村为农业之基础，乡民多操之，市民不务农。城市后于乡村，故城市职业均为次要的，为农业之附属。

第二十四章　建筑业

建筑业为城市职业之首，为文明之基础。人借此种知识，筑房以住。人有由因推果之本能，故常想御寒防热之方法，盖房采用围墙与顶棚，即此意思。但人之此种思想本能，亦各有不同，有的简单，有的复杂。乡民文化不开，不谙工艺，避山洞而居，加工甚少。后来住房，亦很简陋，互不相识，老死不相往来。有的为防止抢劫，筑上水寨，犹如城镇，推举仲裁，以办公益；有的筑上城堡，选出领袖，有贫富，有社交，俨然一大城市；有的建筑宫殿楼阁，质量坚固，外表美观，仆役成群，骡马满槽，宛如一大君主。社会到了城市和国家，宏伟之建筑林立，一切均极壮丽耐用。地球上四区建筑较多，南北偏僻地区，则少建筑。工匠技术不同，有高有低，有精有粗。建筑材料亦不尽同，有的墙用泥坯，有的用砖石，有的用木顶，有的用芦苇，有的用石灰、玉石、贝壳，有的地方有公园，有的有流泉，一切由技术质料而定，由文明程度而定。市民常因房产讼事，争执不下，如四室、通路、水道、墙壁、上下等，皆为纠纷之对象，一切在于利害问题。工艺之精美在于社会之进化，故国家初期，大的建筑常向外邦聘请有名之工程师。如瓦利德建造麦地那、耶路撒冷及大马士革各清真寺时，曾向君士坦丁堡罗马皇帝招聘精工，进行勘察设计，故能如愿以偿。建筑与工程学、几何学有关，通此学原理，始能有好的建筑。此外还得有进步之器具，如起重机等，否则，高大之建筑非单纯人力所能办到。

第二十五章　木工业

工业为社会之所需，其质料是木材。安拉造万物皆有利益，供人类需用。如树木之利益，不胜枚举，人所共知。树干时，可制各种木材，做燃料、手杖、梁柱等；乡民可用之造幕柱、弓箭、枪矛等；市民可用之制屋顶、房门、桌椅等。木材之用途甚广，只有借技术使之变为各种形式之器材。此种技术，便是木业。

木工之技艺，非常伟大，能以一定之原理及比例，造成各种用具。社会越进步，用具越多，设备越讲究，故木工之用处越大。日常生活之用具不说，就是舟车军舰，亦莫不需此业。请看现在庞大之军舰，以一定之载荷原理，像大鱼一样，游动于深水大洋，鱼游靠鳞，船动靠桨，原理则一。

由此可见，构造学、工程学之重要，工程师、建筑师之伟大。希腊之优秀工程师，皆擅长此业。撰写《几何原本》之欧几里得，即是有名之木匠。撰写《圆锥曲线》之阿波罗尼奥斯及米尼劳斯，亦是这样。据云，先知努哈（挪亚），为木工业之始祖，奉主命，造方舟，以防洪水，成其一大奇迹。

此种传说，虽有可能，但说努哈为木工之祖师，实属无据。其意只是暗示木工之由来已久，不可能追溯到努哈之前，故他仿佛初传之祖师。

第二十六章　纺织业与缝纫业

纺织与缝纫，为社会之需要。前者纺毛、麻、棉，而成线，然后组成经纬，而织成布，毛布当被，麻面做衣。后者用布，量体裁衣，用针线缝成一定之样式。此种职业，游牧人不需要，他们只用布裹身，只有文明人需用衣着。由此可见，朝觐时不许穿衣之意义，即在完全弃绝尘念，一心向主，如初生时一般，赤手空拳，一心无挂，一切享受，完全舍掉；如复生一般，衷心求主回报，如此真诚；始如婴儿一样，一罪不染。这两种职业，自古有之。寒带温带之人，皆需之取暖蔽体。热带人，不需之。故苏丹人因处热带而赤身裸体。最早发明之者，为先知伊德里斯，即赫耳墨斯得也。

第二十七章　助产业

助产业，帮助妇女生产，为婴儿安然出生做好准备及善后工作。此业常归妇女操持，因男女有别，多有不便。操此业者，称为“接生婆”(尕比勒)，意即她从产妇腹中接收婴儿一般。胎儿在子宫里发育成熟，通常是九个月，瓜熟蒂落，自然要求出世。产道很窄，往往很难，阴道破烂，子宫膜裂开，百骨百节皆开。胎儿之脐带与子宫连接，以取营养，出生时需要断离。收生者有此技术，深知阴户生理构造，使胎儿顺生，生后剪去脐带，涂药或火灸，端正婴儿形态，使阴部恢复正常，处理好排泄物，特别注重卫生消毒，以保母子安全。尤其遇着倒产、横产等难产现象，全凭助产士之调度。否则，母子皆有性命危险。故精明之助产士，不亚于名医大夫，能使失常之生理现象复原，使可能性之生命变为真实之生命，无相当本领，何克臻此。此种职业，为社会通常之需要。自然亦有不需助产而生者，如先知之出生，这是先知之感应。再如动物之产生，这是安拉之感悟。先知奇迹，屡见不鲜，如穆罕默德生时快乐，势皮已去，两手扶地，眼观上天。先知尔撒，亦是这样。动物之感悟很多，如蜜蜂之生产等。动物即能如此，何况万物至灵之人乎？一切婴儿均会就乳，足证普遍感悟之存在。天佑神助，比比皆是，有生之物，受惠莫浅。法拉比等人以为，无助产业，人类必绝种。伊本·西那则反是，称根据星象，泥胎受感悟，可自成为人。二者皆不够全面，不够合理。盖安拉既赐动物感悟，自己产生，人何不然？动物不助产能生存，人亦如是。安拉给人私人利益之感悟，总较利他之感悟为易。而安拉之感悟，并非自由大能，亦有其因果关系在，无须玄妙之解释。生物有适应之本能，安拉所赐之灵感时时皆有，因时代而不同，人之智力逐渐发展，一切困难皆可克服。医学越发达，病痛越减少，分娩之痛苦亦要随之减少。生命最宝贵，新生一代，有一种新的希望和力量，故生产应是快事。分娩时之痛苦感，亦心理作用也。

第二十八章　城市必求医术

城市必求医术，医术之功用，在于未病早防，有病速治，重卫生，以保健康。祸从口出，病从口入，百病皆源于食物。穆罕默德云：“胃为病之房，节为药之手，积为病之根。”寥寥数语，概括全部医理。肠胃之为害，不解自明。“节”者，节饮缩食、营养有定量也，不饥不食，食不求饱，百病自除。“积”者，贪馋多食，堆积肠胃，食而不化，阻塞不动，必病也。安拉造人，以营养维系其生命，使之吃饮、消化、生血、变肉、出骨、发长。消化作用，即以体内之热力，一再制造营养，经各种运动，使之变为肉体一部分。营养入口，经咀嚼而生一种混合素，入胃而成素精，输入肝，余渣送入肠，排泄出去。肝之热，使素精再加工，生出之渣滓，即胆汁及黑痰，把精华送入血管与筋筒，再经热化，变为血，再成为骨肉，最后把汗、唾、濞、泪等附余之物排泄出去。这就是消化运动之过程。饮食过多，积于肠胃，胃把它热化不了，送入肝脏，亦是这样，越积越多，在胃、肝、血管内日久腐化，物腐化即生热，如大便然，故“积”亦称“热”，积热为百病之源，如圣训所云。治疗之法在于节食，百病禁食一周，再换适宜食物，便见功效。无病节食，能够防患于未然。内科如此，外科亦然。有时人体局部生疮生疖，原因皆由饮食造成腐化所致。有病必须求医治疗，不可讳疾忌医，拖延时日。城市杂病较多，因为一则城市生活富裕，吃得又多、又杂，不按时，无定量，肉菜每日数十种，多不消化，积滞成疾；二则城市粪便、垃圾、腐败之物过多，空气恶劣，影响身心健康；三则市民常静不动，好逸恶劳，常体弱多病。故城市最需要医务。乡村贫苦少吃，食物简单，易于消化，兼以空气流通，或骑射或干活，体力劳动代替体育锻炼，故疾病不多，身体结实，故不求医。当然乡村亦不能全然无病，有病者亦当诊治之。

第二十九章　文字为百业之工具

语言表达心意，文字记录语言，文字后于语言。文书为高尚之职业，因为人类以书写区别于动物，文字能表达思想，传给远方、后代，又能借知古代学术、文化和著作，其对社会之裨益甚大。人之由能到行，皆凭学习教育。书法亦然，书法随社会进化而趋精美。因为它亦属城市公益一种，故乡村多文盲，不知书，不能写，偶有之，亦潦草不通。在文明都市里，书法教育，非常优良。如现代埃及，即是这样，教师教给学生一定书法原理，再循序实练，遂成精美技术。阿拉伯书法，在进步之泰巴比阿王朝，已达相当精美程度，称为“希木叶尔体”。由此传入希勒，因这里有继承泰巴比阿党、复兴伊拉克阿拉伯政权之蒙济尔人建朝，因其文化较前者低，故书法亦不如前者好。塔伊夫人及古莱什人，皆由希拉城学得书法，首先学会者为苏富扬，又叫哈尔卜，传授人为艾斯莱木，此说较正确。一说，他们跟伊拉克之伊雅德人学得，此说欠正确，因为伊雅德虽住伊拉克，但其还不开化，书法系文明之事。希木叶尔人有种断节体“穆斯奈德”，字不连接，他们不随便许人学之。埃及人曾跟他们学过阿拉伯书法，但未学好。阿拉伯人的原始书法，与现代之书法近似。他们现代之书法亦很优美，因其比较文明故。穆达尔人比也门人、伊拉克人、叙利亚人、埃及人落后，故伊斯兰初期的阿拉伯书法，还未达到精美程度，这在圣门弟子书写的《古兰经》经文中可以看得出来。很多人以仿行天经字体为幸，但有增删笔误之处。许多人以为书法原来即已完美，不知它也是发展的，由粗而精，由相对到绝对。这并非说宗教有缺陷，而是因为文字反映生活，生活是发展的，故一切文化，都不是一蹴而就的。文盲对穆罕默德来说是完美，他可不学而知。我们则否，我们一切需学。实业与科学，都非文盲所能胜任。阿拉伯进入王朝后，国家强盛，一切进步，书法在库法与巴士拉得到发展，形成所谓“库法体”。阿拔斯王朝，首都特别繁荣，形成“巴格达体”。此后在伊非利基亚形成“东方体”，在安达卢西亚形成“安达卢西亚体”。伊斯兰国家越来越文明，朝野需要图书，人人争学书法，此业大为兴盛。后来国弱，巴格达陷落，学艺和书法转入开罗，书法在此大为发展，成绩卓著。安达卢西亚人败于基督教人以后，逃入非斯，其书法战胜当地书法，只有杰里德城还保留当地书法。称马林王朝书法，也受安达卢西亚影响。一般说，伊非利基亚及马格里布之书法，都欠精美准确，因抄写潦草，一般书籍读着非常吃力。由此可见，工艺在于文明，一切均在文书中得到反映。

第三十章　造纸业与编修业

学术资料与机关档案，自古即注意抄录、校订、考核、编纂、装订。此种工作，是根据国家繁荣、社会进步而来，特别在都市尤为通行。此行一兴，自需纸张，因此造纸业亦兴盛起来，造纸术的发明，便于著作之推广。最初编修者为皇书，衙署公文，多用皮子，非常精致。后来行文和著作渐多，比较粗简。法德勒·本·叶海亚建议，造硬纸，抄录文书。造纸术与编修越来越精良进步，遍及甚广。学者之考证工作，非常详尽，尤其对圣训之传述系统及法学判决例，做得最为慎重深入。这在东方及安达卢西亚，已成学术之风气，后来成为研究各科学术之方法，流传甚广。现在马格里布之书法，考证都很差，一般手绘本错误甚多，一般判案都已失传，不知为哪家教长之主张，造成学术上之混乱，皆与编修功夫有关。考证学，一般说，马格里布不如东部地区（马希里格）进步，随意进行。但抄写之精确，还推异族人。埃及之抄写工作，像马格里布一样混乱，这与编者之责任感有关。

第三十一章　歌唱业

歌唱系按一定之韵律，用喉腔发出好听之诗词。声调皆有脚韵，歌曲皆有谱律，抑扬顿挫，变化不定，协调优美，听之悦耳，发生快感。据音乐学所讲，声有半音，四分之一，五分之一，十分之一等，由简单到复杂，构成乐谱。不是说每种结构皆悦耳，而是说凡好听之声音，皆有特殊之结构，此为乐理之公律。有的和声，借管、弦、笛、箫、笙、琴、琵琶、号等乐器，表达出来，均为口腔之送气及指头之拨动。美感产生于感者和被感者之交感共鸣，与主观反感便是痛苦。食物与味觉协调，气味与可触之物之触觉协调，均产生美感。香花令人精神愉悦，即因其气味与心灵相配合。声和色，都是以协调之形式，给人以美感。总之，美之义，在于主观与客观之交感融合。爱与爱情，亦是这样。主观和谐，多样统一，为真、善、美之原则，为一切美术之标准。主客之统一，意味着“民吾同胞，物吾与也”。小我与大我的结合，我与宇宙万物、绝对真理的交游，故其乐趣美感无穷。万物最接近人者，莫如人自己之形态，和声美色最近之天性。声有刚柔、高低、长短、粗细，加上歌谱、字韵，形成变幻莫测、复杂交合的乐音，令人神怡。单纯之音乐，为人类之本能，很多人不学而会，如鸟鸣兽吼，皆出自然，诚如当人愉快之时，不期而然地歌舞起来。很多诵经家，以乐理读《古兰经》，给人同样之美感。伊玛目马立克禁止之，沙斐仪许可之。因为唱与诵，虽却借声音以成，但二者有莫大之区别，不得混为一谈。诵虽有旋律，但不致使词义走样。诵在感化，不在取乐，此与唱迥乎不同。穆罕默德教诲像先知达乌德之读诗篇一样诵天经，即此义也。音乐为文明之产物，物质生活饱满之后，始需此种精神娱乐。伊斯兰教以前异邦国王，皆爱好之，波斯王尤甚。阿拉伯人最初只有诗篇、联句、赶驼歌等，诗与歌常混，伴舞而唱。伊斯兰初期，音乐很不发达，亦只有诵诗之类。到了王朝后，由波斯、罗马招来唱师，伴乐器而唱。阿拉伯人爱之，谱之以诗。最先唱诗者，为阿卜杜拉的仆人图瓦伊斯及萨伊布，欧拜杜拉及伊本·苏拉吉等继之。到阿拔斯王朝易卜拉欣·本·马赫迪及伊斯哈格时，音乐日趋完美，乐器舞具齐全。当时有种“木马舞”（库拉吉），很为时兴，有妇女表演。巴格达及伊拉克各城，遇了年节，好不热闹。由此传入他处。摩苏尔有个青年乐师，叫济尔雅布，传授歌唱，流入马格里布，他见哈克姆王，颇受其宠幸，歌唱由安达卢西亚传入伊非利基亚和马格里布各城。音乐为消遣职业，社会退化时即败。

第三十二章　实业能长才智

人之思想，是一种储能。由储能到效实，由可能到现实，是先经学理推论，再经实验锻炼，变为行动行为，再变为纯粹理性和精神实体，如此循环不已。故一切学理，皆可长人独特之才智。各种实业，均为一种才能，由才能归纳一种规律及定理，成为科学理论。因此，一切熟练之经验，成熟之文明，皆能产生智慧和思想。文明为处世、接物、修身、齐家、治国、平天下之综合体。凡此种种，皆有一定之规律，形成专门之学问，由此才智越发丰富起来。写作比百业功效都大，因其包括各种学理，其他行业则否。写作用文字代替语言，表达思想概念，给人以推理思维的知识，由不知到已知，由此及彼，由表入里，由具体到抽象，使人明礼达义、敏感警觉、洞彻万事万理。所以人一取得理论，必有不凡之行动作为。因此，波斯王称文理人员为魔师，即文人聪敏过人，洞悉天下大事，写算迅速，神奇莫测。庸俗之人，何克臻此。

第六篇　论学术、文教及著述

第一章　求学为人生之急务

人与动物共同之处，是食、宿、动、感。区别之处，是思想、互助、社会、信道、善行、后世观念。人常常考虑这些问题，毫不间断。思想运动，快如闪电，变化最速。由思想产生学术工艺，思想随人之活动，追求未有之意识，向知高识多者看齐，向先知贤哲学习。学而不厌，天天向上，一点一滴地贯通了一切本质和现象，实体和偶性。长期练习，使知识变为才能，使才能变为专业学问，供时代人来学习运用。由学到知，由知到用，由用到传，形成知、学、教之连环性。由此可见，学与教，为人类之特性，为人生之急务。

第二章　教学为高尚之职业

一种学问的掌握与精熟，在于尽知其原理、内容、难题，旁通种种才能的养成。无此才能，便无所谓精通。才能不等于理解和意识，普通人、初学者，像学者专家一样，能理解某门学科之问题，但他们皆无才能，才能只学者专家有之。由此可见，才能不是抽象之物。一切才能都是具体的，不论是有关肉体的、思维的、推算的，凡具体的，都是可感的，故需要教育。每种学术工艺传授，皆需教师。此为各时各地之通例。教育是方式不同、术语不同之业务。每个著名的学派领袖，皆有一套术语，来说明各种学艺。术语不是知识，否则大家之术语必同。比如辩证哲学（凯拉姆），其教学术语有前人、后人之不同。法理学、阿拉伯文学，都是这样。各门学问之传授，皆有不同之规程及术语。可见知识本身皆同，不同者教育方式耳。

现代马格里布之教育，因国败之故，几将失传。本来凯鲁万及科尔多瓦二城为马格里布及安达卢西亚之文化中心，教育自属进步。自二城衰败后，马格里布除马拉喀什之穆瓦希德王朝外，其教育均已中断。该朝崩后，伊历七世纪中叶法官艾布·卡西姆，由伊非利基亚游学东方，跟伊玛目伊本·海推布之门人学习，精于文理、宗教各科，回突尼斯传授所学。艾布·阿卜杜拉继其后，由马格里布到埃及留学，回突尼斯讲学，从之者甚众，门人代有所出。后来法官伊本·阿卜杜·萨拉姆在突尼斯讲学，其同学伊本·伊玛目在特莱姆森设帐，但其门人不多，教育传承有中断之虞。伊历七世纪末，纳绥尔丁从宰瓦沃跟艾布·阿慕尔的门人学习，与希哈布丁是同窗，回马格里布讲学，先住贝贾亚，后移特莱姆森，门人中有欧姆兰继其学。非斯及其他各地，教育均已失传，更谈不到才能。养成才能之最有效的办法，莫如学术辩论。而很多求学者，经常谨言不说话，只重死记，不重活用，根本谈不到才能。马格里布之学生，住学校十六年之久，但毫无才能，其原因皆教学法不良所致。安达卢西亚穆斯林失势数百年，除了阿拉伯文学、文字学外，其他学问已经绝迹，一般人忙于生活，很少有人学习文事。东方尚好，巴格达、巴士拉诸文化城虽败，但文化移入呼罗珊、开罗、马格里布等大都市，教育事业仍不绝如缕。故西方人常到东方留学，东方文化高于西方。有人说东方人比西方人聪明，天资高，其实不然，皆文化修养使然也。正如市民之较乡民聪明，并非先天之别，乃后天文明所使然，即知识才能所决定也。否则，乡民中亦有大智大贤者，城市中亦有大愚不肖者，如何解释哉！由此可见，智力及才能之差异，非由于生理，而由于教育。教师为德才之培植者，是社会文明的创建者，可见其地位之神圣。

第三章　学术与社会之关系

教育乃职业之一种，职业唯城市较多。职业之多精，在于社会之文明。社会工作多于生活所需，人之精力便向生活之外谋发展，这便是学术工艺。乡镇与小城市之人，有志于学者，因其家乡教育落后，不能满足其要求，必须游学大都市。考诸巴格达、科尔多瓦、凯鲁万、巴士拉及库法诸城，其学术工艺，在伊斯兰初胜之时，已登峰造极，丰富多彩，空前未有。但后来亦随着国家的式微，而一蹶不振，让位于其他伊斯兰都市。现代学术，首推开罗。埃及本有数千年悠久之文明，教育已有相当根基，近两百年来，突厥人王朝自萨拉丁，一直注意文教事业，拨巨资，建寺兴学，大搞福利，求学者多。不少莘莘学子，从伊拉克及马格里布，不远千里而来求学，学术文化从此传播四方。

第四章　现代学科之分类

人类钻研之学问很多，现在各地通行者共分两大类：一为自然的，全凭人之思想而得之；一为传述的，全跟建立者而学之。前者即哲理科学，人以天赋思想和智力，彻知其研究对象、范畴、内容、问题、证明、教授法，卒能使有理性之人，明是非、辨真伪。后者即宗教学科，皆可设教者之传授，理性无有余地。只有细则局部事件，用理性而类比之。但此种演绎法，因由原理导出细则，故仍不出传述之范围。此种传授之学问，皆为宗教的，由主圣规定之，分天经、圣训、教法、语言诸门学科。宗教学的科目很多，因为信士必据经训、公议、类比而认知安拉所定一切律例。第一，得了解天经之词义和语法，这便是经注学。第二，得了解天经之传述及读法，这便是诵读学。第三，得了解圣训、其系统、其传述者之情状，这便是圣训学。第四，得了解教律法令的原理原则、制法理由，这便是法理学。第五，了解信士当行之条规细则，这便是教法学。第六，得了解认主学或辩证哲学。第七，研究天经、圣训，须以语言学为辅助，这便是文字学、语法学、修辞学、文学等。下文将依次述之。这些学科，皆属伊斯兰教，纵然各种宗教都有之，但均被伊斯兰所废止，故其他宗教学皆被禁学。穆罕默德云：“你们勿信实有经之人，亦勿否认之。你们说：我们信仰降示给我们的及你们的经典，咱们的主宰是一个。”穆罕默德看见欧麦尔拿着《讨拉特》(《摩西五经》)的抄张便大怒地说：“我岂未给你们拿来纯洁无瑕的天经吗？假设先知穆萨在世，他必须追随我。”伊斯兰的宗教学，相当发达，达到相当高的水平，学科之多样精进无以复加，学者专家辈出，习之者甚多。东方比西方进步，宗教学尤其如此。

第五章　《古兰经》学

《古兰经》是安拉降给穆罕默德的经典，有文字记载，为教族传承。但其部分词句和字形，圣门弟子之传述各有不同，共有七种方式，称为七家读法。七家为根本，后加者甚多，势力不大。七家各有著述，有人反对之，但多数赞同之，东西代代传授，遂成专门之学问。阿米尔之仆穆贾希德掌东部安达卢西亚时，颇重视此门学科。艾布·阿慕尔这时对之颇有研究，其著作为后人之依据，代表著作为《读法捷径》。后为沙推布人艾布·卡西姆所继承，将此书加以缩编，按单字编为诗章，便于记取，人们以此教授学童。马格里布及安达卢西亚，均是这样。在《古兰经》上，常加添些字，帮助读法，如“亚”“艾利夫”“瓦乌”“塔”“哈”等，后来读法发生争执，由艾布·阿慕尔及其门人艾布·达乌德先后著述纠正之。后由赫拉兹又加以纠正，传播于马格里布。

《古兰经》以阿拉伯语及其修辞风格而颁降，阿拉伯人皆知其词义和结构，有总降，有零降，因时制宜，根据事实，阐明教理，有关信仰的，有关行为的，有先降的，有后降的。穆罕默德曾说明概括的，区别废止者与被废止者，将此传授给门弟子，他们认识颁降的动机及历史背景。如“安拉之胜利来临时”这节经文颁降时，有人推知穆罕默德的丧讯，诸如此类。此种知识，由先知经圣门弟子、再传弟子流传下来，著述宏富，遂成专门学问，即经注学。后来泰伯里、瓦基迪、撒尔赖比诸位解经家出，撰写其历史，给以总结。再后异族需要了解天经，得依靠语言科学，于是语法、修辞、构字、训诂诸学，皆成为经注学研究之范围。经注共分两种：一是历史的，一是文艺的。前者皆由先贤传授，如废止被废止、降示动机、经文宗旨等问题，只有跟圣门弟子及再传弟子口传而知。前辈学者，将此辑成帙，但其著述不无缺点：一则阿拉伯人为文盲游牧民族，不通书理；再则关于创世及宇宙奥理等重大问题，常请教新旧约的解说。如革宗伊斯兰教的犹太学者凯阿布·艾哈巴尔、瓦哈布·本·穆奈比希及阿卜杜拉·本·萨拉姆之辈，在其著作中，传抄《旧约》传说最多。一般经注家，亦不分皂白，引述其言，大家遂信为真。后来马格里布之艾布·穆罕默德，把《古兰经》经注加以考证，将其正确者，摘成概要，传流马格里布及安达卢西亚地区。古尔图比用同样方法，著成巨作，流布东方。文义的经注，主要在认识字义、语法、修辞、意境、风格、教训等问题。此种注释，不能脱离前者，独立存在，前者为中心主题，后者是工具门径。有些经注家多注意此，最佳者为花剌子模人宰姆罕舍里所著之《真经发征》（堪沙夫）。但著者在信仰方面，多传非正统思想，故此书地位逊色不少。此书在语文修辞方面之研究，为一般学者所称道。现代伊拉克学者舍尔夫丁，将该书加以扬弃和诠释，使其合于正统信仰，颇受后辈学者所欢迎。

第六章　圣训学

圣训学范围甚广，首先研究废止被废止问题，这是教典所许可的。因为废止在于适合信士利益，而减轻其责任，此乃安拉之特恩。《古兰经》云："我每废止或让人忘却一节经文，必另颁更好者或相等者。"两种事实，尖锐矛盾，无法解释，融会贯通，即知后者废止了前者。此种知识，为圣训学最重要、最困难之范畴。布哈里说，此乃法学家最无能为力之课题。伊玛目沙斐仪，对此颇有造诣。

其次，圣训学研究传述系统（塞乃代）。圣训之当遵与否，全决定于此。圣训之正确，有赖于传述人之公正精确。传述人品级不同，故传述系统亦不一样。接受最高者，摒弃最低者，居间者有争论。它们有一定的术语，如正确的、佳美的、羸弱的、连续的、中断的、晦奥的、奇异的等。每一种都分门别类，讲明异同。传述方式亦有各种，或读，或写，或明言，或暗许。注重圣训的真伪、难题、误传、异同。传述者有圣门弟子和再传弟子，都是当时当地驰名人士，有希贾兹人、巴士拉人、库法人、叙利亚人、埃及人等。希贾兹人因对传述圣训条件要求严格，故其传述系统为当代最高尚、最正确者。希贾兹学派后人中以麦地那学者伊玛目马立克为代表，其次为其门人伊玛目沙斐仪及伊玛目伊本·罕百勒。最初教法学纯是前人传授，经他们加以充实。

马立克撰写《穆宛塔圣训集》，使圣训按教法次序排列成帙，且注意圣训的道路及传述美德的种类，有时亦有重复之处。后由当代学者布哈里加以整理，综合希贾兹、伊拉克、叙利亚各地的圣训知识及方法，分门别类，加以编纂，共有九千六百段圣训，重复者三千段，每章传述系统不同，称为“圣训实录”。后由穆斯林·本·哈贾吉·古夏伊里继承，去其重复者，只选无异议者，亦按教法门类编排，但正确的圣训仍未录完。后由艾布·达乌德、提尔密济、奈萨仪诸人加以补充，把正确者和佳美者全收进来，以作行为之规范。以上为圣训之基础，圣训之主要参政。认识以上条件及术语之学问，称为“圣训学”。废止被废止问题往往独立，成为专门学科。奇异圣训，亦是这样。圣训学著作，汗牛充栋。最有名的圣训家是艾布·阿卜杜拉·哈基姆，其著作颇有名。伊历七世纪初，由艾布·阿慕尔·萨拉哈加以整编。后由穆哈伊丁·脑威集其大成。圣训学专门研究穆罕默德的言行，故为一门高尚的学问。因为前辈学者对收集圣训做到无以复加的程度，故现代人不再注意搜求工作，而转向圣训学著作及作家的考释，传述系统条件之规定，皆以五大圣训集基础为对象。

《布哈里圣训实录》地位虽高，但因传述系统复杂、且重复之圣训过多，故能给其作注者不多。如伊本·拜卡尔、伊本·穆哈拉布及伊本·蒂尼等，均想尝试之，而力不足。马格里布学者比较重视《穆斯林圣训实录》，马立克派之马里济曾为之作注，称为《穆斯林补遗》。后由法官阿雅德加以补充，脑威继之。其他圣训集，有关教法部分之注解较多。圣训之考证工作，前代学者做得很好，故现代学者能够借以辨别真伪、强弱，省了很大之精力。布哈里氏到巴格达时，圣训学家以可考之圣训考问之，他说：“余不知此，只知某人传述。”说罢，依据传述系统，而举出正确之圣训，大家遂奉之为圣训界之导师。四派法学家，对圣训学造诣有深有浅。据说伊玛目艾布·哈尼法，只传十七段圣训。马立克的《穆宛塔圣训集》，后有正确圣训三百段。伊本·罕百勒收集五万段。引述圣训之多寡，对法学家始祖说，不足以证明其对圣训之修养。因为创始教律，以天经圣训为本，法学家不通圣训者不多。至于引述圣训少，则必有其另外原因在。

大体言之，希贾兹人比伊拉克人传圣训较多，因为麦地那是伊斯兰首邑，部弟子多居此，有赴伊拉克创制者。艾布·哈尼法身在伊拉克，对传述之条件限制过严，又强调理性，故引述圣训较少，但不能以此而贬低其地位，仍为圣训之创制家。其他圣训家条件较宽，故传述圣训较多，后来条件更宽，引述圣训更多。如以塔哈维之著作为例子，但无两大圣训实录所传述之圣训正确，因后者为各位经师所公认者，塔哈维之条件则否。故两大圣训实录为一切圣训集之基础，地位仅次于《古兰经》。

第七章　教律学

教律学为认识有关人类行为之各种律例，行为分义务的、犯禁的、可爱的、可恶的及准许的五种，根据天经、圣训及法理而定。由这些依据制定律例，叫作“教律”(菲格亥)。前人之创制法律，虽有分歧，但皆有依据和事实。分歧之由来，一则因为法理皆为阿拉伯文，词多义广，各有所取。再则圣训之传述门径不同，着眼点互异。三则新事物不断产生，有些无明文规定，必须援例类比。凡此种种，说明争执之在所难免，在前后各家教长之间皆有之。圣门弟子大都不是公判家，宗教不是由之发出。最初有此能力者，多为传诵《古兰经》者，他们知其降示次序及明晦之经训，或亲授穆罕默德薪传，或得之于圣门弟子，他们称作“诵经家”(衮拉义)。因阿拉伯人为天然之民族，知书能文者凤毛麟角，故他们有此称号。后来国家发达，阿拉伯人逐渐有了文化，能创制法律，法学遂成专业，于是法学家之称号代替前者。

法学共分两派：意见派与圣训派。前者为伊拉克人，因此地圣训少，多用类比，故有此称，其代表为该派领袖艾布·哈尼法。后者为希贾兹人，其代表为马立克及后来之沙斐仪。有些学者反对类比（格亚斯），称为扎希里派（字面派或现象派）。他们只根据法文和公议（伊智玛尔），把类比及理由并入法文，其代表为达乌德及其门人。此三者为教族公认之法学家派，其他各派均不著名。什叶派及哈瓦利吉各派在东方西方皆有著作，传播其主义。亦有人研究之，不无效果，但公众否认之。扎希里派传布亦不甚广，且多变质。伊本·哈兹姆在安达卢西亚曾大反其领袖达乌德之学说，著书立说，独树一帜，但公众认为此二者皆为公议问题，公议不属于麦地那人，为全教族所推崇。公议是大众协商，创制教律。马立克不论此，只重圣训，一切教律都要直溯穆罕默德时代。但公议派亦非完全抛弃圣训，因为公议亦不免有依据，有原则，二者相合，比较妥当。马立克后为沙斐仪，常至伊拉克，从艾布·哈尼法学，折中希贾兹和伊拉克二派，独创一派，很多处与马立克有异议。其后为伊本·罕百勒，他原为圣训派，跟意见派肄业，遂独创一派。

各地只追随四大派，怕误入歧途，只有盲从前人，故称为“因袭家”。现在只有因袭家，没有创制家。至今旧教法学家派别，仍不出四派范围。罕百里派死守圣训，不事创制，现在盛行于叙利亚与伊拉克。艾布·哈尼法，盛行于伊拉克、印度、中国、河外地区等国，其门人多服务于阿拔斯王朝哈里发，著作很多，同沙斐仪派辩论异常激烈，他们对异案很有研究。此种比较法学，流行甚广，法官伊本·阿拉比及艾布·瓦利德诸人，在马格里布提倡尤烈。沙斐仪派盛行于埃及、伊拉克、呼罗珊、河外地等处，在各地司法与教学机关，同哈乃斐派并驾齐驱，彼此引经据典，争执不下，在东方各地造成一种辩论学风。伊玛目沙斐仪到埃及后，阿卜杜·哈克姆、艾希海布、伊本·卡西姆、伊本·麦瓦兹、哈里斯等人从其学说。后来因异端派执政，正统派学衰败。到了法蒂玛王朝，萨拉丁登基后，异端派下台，沙斐仪派从伊拉克、叙利亚返回埃及，较前更加昌兴。住在叙利亚阿尤布王朝的穆哈伊丁·脑威、伊兹丁、伊本·拉法阿、泰吉丁及现代之西拉吉丁，皆为当代埃及最伟大之沙斐仪派学家。马立克派传播于马格里布及安达卢西亚，他处不多，其人只留学于麦地那，因其社会比较落后，故接近该派。各派均需法学理论，该派处于四派之间，必须以法学对抗，光圣训不够。现代马格里布师承马立克派，门人分散于埃及、伊拉克，著名学者有伊斯玛仪、伊本·胡沃伊扎、伊本·莱巴奈、艾布·伯克尔、艾布·侯赛因、阿卜杜勒·瓦哈布等人。埃及有伊本·卡西姆等，阿卜杜勒·麦利克由安达卢西亚来跟伊本·卡西姆学习，该派始传入是地，阿卜杜勒·麦利克著有《法学浅说》。其门人奥特比，亦有著作传世。艾塞德从伊非利基亚来，先宗艾布·哈尼法派，后转入马立克派，到凯鲁万，有著作，萨海努继承之。伊本·艾比·栽德，根据遗著，写出《法学纲要》。艾布·赛义德，亦有同样著作。伊非利基亚著作家有伊本·优努斯、莱赫米、伊本·穆哈里扎等。安达卢西亚有伊本·路世德等，由伊本·艾比·栽德集其大成，综合各派教律。马立克派一直存在到科尔多瓦的王朝亡后，在埃及直到法蒂玛王朝以后。现在马格里布、贝贾亚的纳绥丁之学、伊本·阿卜杜·萨拉姆等皆有著作传世。

第八章　继承学

继承学是认识遗产分配、应继分、继承人资格诸问题的学科。人死留有遗产，如何处理，常发生纠纷，为社会一大问题，因此形成独立的学科。继承人有近有远，有亲有疏，有直系亲属。应继分有多有少，出入很大，需要一定标准，一定制度，公平分配，合理处理，精确计算，故继承法与算学有密切关系。此学著作很多，马立克派最著名者为安达卢西亚后学伊本·萨比特及艾布·卡西姆的著作，其次是贾阿迪及非洲后学伊本·奈米里的著作。其他各法学派别，关于继承法的著作，亦是汗牛充栋。证明法学家对法学及数学的努力研究，尤以艾布·麦阿里诸人为代表，对这方面的造诣，更是令人钦佩。继承法是一门重要的学问，理性知识与宗教知识兼顾，以精确之方法，使遗产权力达到均衡，以免社会纠纷。各地学人对此非常注意，有的为此对数学、三角、几何做深入的研究。虽然有很多假设脱离实际，但在理论方面进了一大步，使此门学问，日渐完密系统。有些学者，引证圣训，证明这种学问之贵重。艾布·胡莱赖的传述，穆罕默德云："继承学为知识的三分之一。"一说"知识的一半"，法学家皆以此为根据。其实，这里所谓的继承学，原文为"法拉伊德”，可解作“继承”，亦可解作“天命之学”，包括天道、人道、宗教、社会等天命知识，继承法为其中之一，如是才能占全部知识的一半或三分之一，仅继承法还达不到如此多的程度。解作“继承”，只是法学家强调此门学问的重要而已。伊斯兰初期，尚未形成专门的学问，后来才定术语，日益系统化，脱离法学而独立。

第九章　法理学与比较法学

法理学是最重要的宗教学科，其效用很大。法理学在于根据教典证据，制定法律，从事法学著述。宗教的依据，首先为天经，其次为圣训。

穆罕默德时代，法律直接由天经吸取，穆罕默德亲自用言行口授，无用传述、类比和理论。先知去世后，不能口授，只凭传述遵守天经圣训。

后来圣门弟子制定法学第三原理“公议”，集体具有免罪性，大家不会共作无证无据之事理。后来新事渐多，又产生第四根据“类比”，物以类比，找出事事相同之理由，演绎判决。这是法理四大根据，教族公认之，后二者稍有异议。

有人提出另外原理，皆不甚重要。法理学主要在研究这些原理。天经为确凿之奇迹，辗转传述，无怀疑余地。圣训为公议通过，一致遵守，不得偏废。公议、类比，亦是如此。

由此可见，法理学与《古兰经》学、圣训学、教法学均有关系，此三者皆为法理学之基础。

法理学为圣教新兴之学问，前人离穆罕默德时代不远，一切可直接领受，用不着原理。第一时期已过，学问皆成专业，法学家遂将法理学定为专门之学科。首先写出法理学著作者为沙斐仪，后来哈乃斐派法学家亦写出专书，大加发挥。认主学家，亦这样做。但前者较具体，凡事皆有例证。后者多抽象，注重推理。哈乃斐派学者，对此功劳很大。艾布·栽德·达布西论类比的著作，最为详尽，法理学至此已臻完整。认主学家以艾什尔里派之两圣地教长所写之《明证集》及安萨里所写之《精选集》为最佳，此四者为法理学之要著与基础。后来认主学家法赫尔丁著《选集》、赛夫丁著《律例集》，把四者加以摘录，且多考证。伊本·海推布最爱考证，阿密底最爱分析，锡拉真丁与塔真丁爱简略。希哈布丁的《要略》，拜达维的《法规》，皆为概括性之佳作，很多人为之作注。艾布·阿慕尔之《纲要》，在东西方流行颇广。哈乃斐派写的法理学著作很多，最好者为前人艾布·栽德的著作，后人赛夫丁的著作亦不错。伊本·萨阿提综合前书，写出《奇异集》，很受人欢迎。

法理学因创制家之观点不同，而产生不少异议。各地四大教派，争执剧烈，有时两家相合，反对他家，有时互相分歧。这些异案，成为专门学问，叫作“争辩学”或“比较法学”。它使人知道正面反面各种法理知识，比较异同，权衡得失，得出结论，故其裨益甚大。在这方面，哈乃斐派及沙斐仪派的著作，多于马立克派。因为哈乃斐派重类比和理论，马立克派重传述。安萨里著有《原则集》，艾布·栽德著有《关系集》，伊本·格萨尔著有《论据集》，伊本·萨阿提有综合性之著作。

附属争辩学者叫“辩论术”，认识各法学家辩论之规矩和方法。辩证双方，旁征博引，自圆其说，驳倒对方，论据和结论有对有错，故需一定之制度规则，为双方之凭借，评判曲直是非。此法分两种：拜兹德维式的，专讲教律论据；阿密笛式的，兼论一切论据。逻辑论据，有的近似诡辩，但其推理尚可采用。阿密笛先作出《指南集》，后学奈萨菲等步其后尘，著述甚多。此学因学术普遍落后而日渐衰败，不大需要，但已相当完备。

第十章 信仰学

信仰学以理性论据，研讨正教信仰问题，驳斥异端邪说。信仰的中心思想，是认主独一，请阐述之。宇宙万物，不论实体或人之行为，皆有其前因，每个因皆有创始者，他又需别因，以此类推，导出万因之因，即造物主安拉。万因异常复杂，理性无法穷究之。人类之行为，唯凭意志。意志乃心理现象，产生一系列之概念。概念即行动意志之因缘。概念因缘，有时乃其他概念。凡心理概念，其因皆不可知。无人能彻知心理现象，它是互相联系之思想产物，人不能知其底蕴，只能知其自然表面原因。自然有规律，故为心灵所知。概念范畴，较心理为广，概念属于超心灵之理性，许多概念，不为人所知，遑论彻知。因此教法禁止深究一切原因，它会使思想陷于彷徨之中。许多理性，皆因此而误入歧途。人之心理能力，既不能知万事因缘，更不能知一切因缘的创造者。因此教法只教我们研究形而下的事件，不穷究形而上的玄理。穆罕默德云："终生见证独一安拉者，必进乐园。"完全不研究现象，必定叛教。深究玄理，必定失败。因此，教法禁止人追求安拉本体，命令人绝对信主唯一。《古兰经》云："安拉，一也，主究竟也，无产，无所产，无一与之配。”思想无法穷究万事万理，宇宙无穷，即不为人所洞悉，想知安拉本体，谈何容易。人最初看存在，总是限于知识范围，思想能超出现实，但总不能超出太远。聋不知声，盲不知色，设非听人告诉，必否认之。一般动物亦然，一问三不知。由此可见，有一种超我们知识范围之意识，人之意识皆为新生的，安拉之创造大于人类之发明，宇宙无限广，除安拉无能洞悉之，吾人应遵教典指示，尽理性之能力而信仰，知足常乐，安分守己，不妄图奢望，想入非非，不切实际。理性为衡量一切之正确标准，但这不是唯一标准，不能用之衡量理性以外的安拉、后世、天启真相等信仰问题，这是徒劳无益的。犹如人以称黄金之小秤，去称大山。殊不知，理性亦有界限，理性为宇宙万物中之一尘，当然无法了解安拉本体一类的大事理。凡无法追知的事理，只有阙疑，交给安拉。先贤有云："知之为知之，不知为不知，是知也。”信仰之功效，不单是属于心理行为之抽象力，而在于借以获得使心理规范之性能。犹如苦修者，在于获得服从、忠纯、专心向主、抛弃尘务之才能，以至成为圣洁者。

在信仰方面，有知与成道的区别，即言与行的区别。大家知道，济贫为一种义举，人皆识之，但见之即躲，这便是能知无行，言不顾行。有者知之为美德，又能实行，慨解义囊，鼎力相助。信仰亦是这样，知识来于认识，认识赖于行为，连续实践，成为才能。信仰只有知识无用，必有实践才能成为一种力量。由此可见，抽象的知识，不若实践的知识高贵。教典对全部宗教行为之最高要求，唯在于令人获得此种实践才能。穆罕默德论天道之首说："礼拜即余之娱乐。”他得到拜功之真谛和效益，普通人之拜功徒有形式矣。《古兰经》云："伤哉！疏忽自己之拜功者。”由此可见，信仰即力量，信仰为幸福之源泉。上乘之信仰，即心口如一，知行合一，须臾不离。

穆罕默德云："奸夫行奸时，亦非信士。"罗马皇帝希拉克略问艾布·苏富扬："有人因不满穆罕默德之宗教而叛教否？"艾布·苏富扬答曰："无。"可见信仰力巩固以后，成为天性习惯，则不可动摇矣。其次，有信仰力者，有免罪性，此为先知之条件，但真正的信士，宗教修养到了高级阶段，亦能做到一尘不染，纯洁无瑕。此种力量，因信仰强度各有不同。布哈里氏在信仰篇里指出，信仰分言行，有增减，斋拜与知耻，皆为信仰。此即指健全之信仰，即行为信仰。教法规定，信仰之起码表现，在于心信舌认。穆罕默德论信仰曰："信安拉、天使、天经、使者、后世、好歹之前定。"此即信仰学所研究之范畴。

信主因对安拉有所认识，如此死后始能见主。首先，安拉之实体与属性皆不像万物，否则必不能创造之。安拉必是超然独一的，否则有冲突者在，便无法创造。安拉必是全知全能的，如此始能完成其行为。安拉必是意志自由的，否则创造必受限制。其次信仰先知，开导愚昧，遵循正路，信仰后世，赏善罚恶。这些信条，天经、圣训、先哲格言，皆有证据。但因经文有暧昧者，传述有歧义者，因此产生争执，辩证哲学（凯拉姆）遂起。天经对安拉属性有明言者，当坚信之。穆罕默德及圣门弟子之解说，当根据之。但天经有说安拉有手、足、面等字样，于是发生争端。字面派以为安拉果真如此，像人一样有肢体，使安拉具体化。意义派以此为比喻，肯定安拉之超然纯洁性。折中派更将矛盾统一起来，说安拉是物体，但不像一般物体。具体派把方向、占据、下降、声音、字迹等，皆肯定给安拉，以为这些在安拉皆有特种方式与世人不同。尽管有争端，大众还是尊奉古行，以免错误。如艾布·栽德的《认主学大纲》及哈菲兹的著作，都是如此。后来学术昌兴，著作日多，信仰学出现了分离派（穆尔太齐赖），认为安拉具有知、能、意、活等抽象属性，能产生无始者的有数可分性，遂一概否定之。其实这些都是安拉之属性，属性与本体迥乎不同，属性之多，不能证明本体之多，如一人发出多种行为，不能以为人多也。前人主张《古兰经》是被造的，该派否认之，以此说为异端。此派风潮很大，朝野注意之，正统派反对尤烈。从艾布·哈桑·艾什尔里大师起，折合众说，引经据典、否定比拟，肯定知、能、意、活、听、观、言七大属性，批判异端，权衡得失，又论教领问题，将此一切，汇集成帜，称为“凯拉姆”，意为“辩论”，缘其与异端辩论是非之故，或为“言语”，因安拉言语问题为该学之重要课题之故。艾氏拥护者日多，其门人伊本·穆贾希德继承其事业。法官艾布·伯克尔·巴基拉尼总结其经验，定出不少原则和理论：如单一原子及空间之肯定，偶性不能依附偶性，偶性不能存在于两种时间，以此为信仰之原则，重视证据，论据破论题亦破，给雄辩学打下了很好的基础。但因其哲学色彩浓厚，有悖信仰学法式，故人多弃之。巴基拉尼后，两圣地教长艾布·麦阿里起，著《指南》一书，综述信仰问题，被人尊为认主学之权威。后来逻辑学大兴，人多爱之，以为它与哲学不同，是论据之规律及准则，将之运用于信仰学。逻辑学产生于哲学及神学，以为论据之破不能说明论题亦破，此为后学之方法，与巴基拉尼不同。此辈对反对信仰之哲学家大加攻击，以其为正教之劲敌，多与正教异端相合。首先这样做的为安萨里，伊本·海推布诸人随其后。后来者将哲学与信仰学冶于一炉，混淆不清。信仰学家皆以自然现象，为证明造物主存在之证据，哲学家亦常引用之。但前者之视物体，在其表明施动者，后者之视物体，在其运动与静止方面。哲学家看神学，只做绝对之存在看。信仰家看存在，在于他证明创造者。总之，辩证家之对象，为信仰问题，以理性证据肯定信纲之合理，铲除异端与怀疑。哲学与信仰学的混合，虽无什么成就，但学者仍以此为出路，如拜达维之《光照》及其他外邦学者之著作，都有此种倾向。从纯信仰学，到哲学批判，到消融哲学，这是信仰学的发展过程。辩证学不为现在所需要，因旁门左道，异端邪说皆不存在（无逻辑性）。正统信仰大兴，只有舌战笔战时，用着理性证据。朱奈德氏论现代辩证学说："他们以证据清洗安拉残缺之属性，但在缺陷不存的地方否认缺陷。"当然有少数学者，专攻此门学问，以免失传，而备后用，亦不无益处。

第十一章　性理学

性理学（台蒜沃夫）是圣教新兴之宗教学科。性理学家遵循先贤遗规，追求真理正义，一心向主，专务功修，避开人世，抛弃尘念，高官、财势、一切荣华富贵，物质享受，皆掷之九霄云外，离群索居，潜心修炼。圣门弟子之作风，本来都是这样。到了第二代，人们妄念红尘，追求享乐，此时一般修炼者专称“苏菲”与“穆特蒜威法”。古夏伊里云：该词并非由阿拉伯文变化而来，只是一种称号。有的说，它与“精诚”（塞法）或“性能”（绥法）同一词源，此说不合语言学规则；有的说，它导源于“羊毛”（苏夫）一词，此说理由亦欠充实，因该派人不只穿毛衣。果真如此，这是大概而论，该派多穿廉价之毛衣，以别于凡人穿高贵衣料。这班人既避世修功，故有其特殊之意识形态。人之区别于人，唯凭意识。意识有两种：一种是关于信念、猜疑、想象等知识学理方面者；另一种是关于悲欢、喜怒、积散、忍耐、感谢等情愫方面者。精神支配肉体，精神产生于意识与意志，此即人之为人之特性。意识互相产生，如知识之产生于证据，哀乐之产生于痛感和快感，兴奋产生于沐浴，懒惰产生于疲劳等。道人修道时，必然产生一种情景。情景有功修的，久经锻炼，成为道人之境界。情景有非功修的，只是一种心理状态，如喜怒、哀乐、爱恶、勤惰等情绪境界。道人境境上升，直到与安拉合一，此种混同之认知，即其所追求之最高幸福、最终目的。穆罕默德云："终生见证独一安拉者，必进乐园。"道人必须向此阶段迈进。成道之基础是忠顺，信仰先之，由之产生情景，情景发出效果，由一境到一境，最后到达混合境、认一境。结果一有缺漏，即知以前各段之不逮，尤其心理状态之偏差。此时道人得重下慎独、深思、敏行之修炼功夫，由行为一定产生效果，由行为之失检必生缺陷。道人有此觉识，以清算其因缘，别与人交往。疏忽此点，一切皆废。修道之人，必达乎此境。其唯一法门，唯在觉识，行止有定，修身养性，境境上进，终于成功。道学家有特殊之礼仪规矩，术语专名。语言本为表达意念，既有不习惯之意念，必有专门之术语，便于人们了解。故该派学问，自成体系，与一般宗教学科迥乎不同。宗教学有两种：一种属于法学家和司法人员的，即天道人事之一般律例；另一种属于部分人的，即修身养性，探讨鉴赏力、进升及其通用术语之特殊成道法。学术分科，越来越细，法学、法理学、信仰学、经注学，都已独立，故性理学亦编纂成辑。古夏伊里先写《道学大纲》，苏哈尔瓦尔迪底后著《百科便览》，安萨里融会贯通，写出《圣学复苏》。性理学原来只重修炼功夫，现在已成一门学问。净心修炼的结果，往往能解除物障，窥出精神界之事理。其原因是人常想高深事理，由表及里，由具体到抽象，久而久之，感觉力弱，精神力强，故能由心眼发觉肉眼看不见之玄理。此种觉识，成为精神发展之营养素，结果能达到最高境，与天使为邻，恍然大悟，昭然若揭，学究天人，洞彻万理，接近神性神能，卜知来事，随心所欲，不越规矩。此景此情，可以体会，不可言传，神而往之，存乎其人。圣门弟子常有此种贤征，但多不注意，视为自然。四大哈里发，经验者尤多，习道之人，常仿行之。后人专注精神修炼，以求形而上事理之获知。达到此境者，常常上知天文，下通地理，宇宙万物皆在五内，真是天人合一，物吾与共，气宇非凡矣。安萨里在《圣学复苏》里讲到修道时说，欲达此境，必先求证。心如镜，物的正邪皆可由镜反映，总是以神秘之笔出之，如费尔干尼所作的那样。他写到安拉发出万物时说，宇宙皆出于唯一性，二者皆出于唯一实体，此即所谓“显现”。修道最高境地，即真体之显现。安拉云：“余乃宝藏，爱人识之，造人唯在认余。”此乃理世，包括穆罕默德真光、万性本质、仙笔、仙牌、列圣本质，由理世而象世，包括宝座（阿尔士）、宝椅（库尔西）、上界、元素、下界，即所谓由无极而太极。成道者，可以大我具备于小我。有些性理学家主张一本万殊、万有统一论，以为万物皆安拉之反映和写照。存在有各种力量，包括万物之本质、物质、形式，元素与复合物皆靠“力”以成，矿物力含有元素力，人性力含有矿物力，世界力含有人性力，神力乃为万有之综合，不论明、暗、质、形，表面看各一，实际看皆有真体之全称，属即类，特称即全称。伊本·德赫甘说：无真体之总，不显万物之零。无光即无色，无意识即无存在。无分析意识，万物皆为一物，毫无分别。人睡着时，失去感觉，万物亦失，只存幻想。醒时亦然，无分析意识，一切皆为总的概念。眼虽不见，仍承认许多事件之存在，如远方城市、天球星体等未经见之物。后辈性理学家说，成道者有两种境地：混合境和识别境，前者识统一，后者别万物，使万有统一于安拉，不易修炼也。后辈性理学家主张人神合一，神之人化，人具神性。如哈拉维曾著《仙境》一书倡行之，伊本·阿拉比、伊本·萨巴因、伊本·阿菲夫、伊本·法里德等人继承之。此派与伊斯玛仪派主张相合。又一派主张道长轮替说，以为一个道长地位最高，死后由别位继之，最高追溯到阿里。伊本·西那曾提及之。其实这是什叶派思想，否则，艾布·伯克尔和欧麦尔比阿里更高贵，一切圣门弟子皆为行教之楷模。总之，性理学内容，共分四项：(一)专讲修道、觉识、境界、成道。(二)揭蒙求真，得知形而上之玄理。(三)用贤征奇迹，调转一切事象。(四)意义蒙晦之词句。前两种皆正确，无可厚非。第三种多为寓言，合于感性事件者为对，合于寓言者弃之。第四种多荒唐不可靠，哈拉智之被杀即因此。前辈性理家，只重修炼，不做神秘莫测之玄理追求，安拉之知无限，人类之能力有穷，以向世之人，探索无穷之理世，往往费力多而获益少。性理学由实践走向空想冥思，逐渐失掉其应用价值和原来意义，成了一种神秘道学派别，甚而产生许多异端邪说。“学理之高，在于人行。”应慎思之。

第十二章　圆梦学

圆梦学为宗教学科之一，在学术成为专业之时兴起。梦和解梦，早已有之。古代民族关于此事，亦不可考，仅以伊斯兰圆梦学家之言为限。大体言之，人类之梦由来已久，必须圆解。据《古兰经》载，先知优素福曾圆过梦。正确圣训及先贤言论，均已提之。梦为玄学之事。穆罕默德云："清醒之梦为圣品的四十六分之一。"又说："预报之事，唯梦而已。善良之人，必见之。"

穆罕默德最初之启示，亦是梦兆，其梦如晨光破晓。每逢早拜完毕，穆罕默德必问圣门弟子做梦与否，借以预知圣教事业之强胜。梦为玄理之原因，在于心神，为微妙之气，来于肉质心房，遍于周身血管，以之产生运动与感觉。五官运用太多，心神疲乏，夜之温凉覆身，精神由全身缩于心部中央，脑力暂停，外感暂失，即为睡也。心神为理性之中枢，理性能感知客观事理，理性之本质即意识。意识因肉体物欲之障，无法感知形而上之玄理。意识全无物障，必能思索一切。脱离部分物障，便能暂失思索部分玄理。感觉之器为大脑，支配大脑者为想象力，它使物象抽象化，变为记忆，储存起来。心理过程，即抽象过程，由物到心，由感性到理性，想象力为二者之媒介。心感某物，便授之想象，赋予适当之形式，再授之统觉，眠者视之如实感，被感者由理性下降为感性，亦以想象为中介。此即梦境之真义。

由此可以看出真梦与假梦之区别，二者皆为睡眠状态下之想象景象。但景象若由觉识之理性下降而来便是真梦，若由记忆力而来便是杂梦。圆解之意，在于理性感知对象，授之想象力，想象赋予适当形式，以一定之概念暗示此一对象，如以海洋示权力，以蛇示仇视等。醒来时，若对海、蛇等情景记忆犹新，圆梦家便借比拟之法，抽象之力，迹象之兆，依事比附，补陈演绎。海与权力，皆为大事，蛇与敌皆能害人，均有共同之处。再如以器皿比女人，因其如器故。圆梦有理，非乱说一通。有的梦过于清晰，或象征之事易明，故无须圆解。圣训载，梦有三种：来自安拉者，来自天使者，来于邪魔者。前者为清梦，不解自明。中者为真梦，需要圆解。后者为杂梦，无用圆解。想象力给理性对象之形式，皆为外感之常例。无感觉过之事，不能赋予形式。如盲童，即不能以海示权，以蛇示敌，以器示女，故其未经见过这些东西。想象只能给予感觉范围内之类似物。

圆梦家应注意之，不可不循规律胡乱圆之。圆梦学即总的规律，学者据之而解说之。但不能拘于条文，应灵活运用。如海洋，有时解作权力，有时解作愤怒，有时解作忧患。蛇可解作仇敌、生活、保密等。

圆梦家掌握总定律，利用机缘和关系，如此始能运用自如。机缘有在梦中，有在醒时，有在解梦者心中，随机应变，当机立断。此种能力，有的是天赋，亦可人力养成。此种知识，先贤多传之。

穆罕默德·本·西林为最著名之圆梦学家，撰出很多定律，传至现在。凯尔马尼亦有相关著作。后辈信仰学家，对之著作尤多，流传在北非者，有伊本·艾比·塔利卜之《怡乐》及萨利米之《指南》。此种学问，可借先知启示之说解之，二者盖有共通之处，《圣训实录》即用此方法将之。

第十三章　理科之分类

理科为人类之天性，因人有思想故。理科不属于一个宗教，各宗教学人均研究之。自有史以来，人类便有之。理科最初称作哲理学科，其分四种：(一) 逻辑学，使人观察万物，殚思求真，由已知推出无知，明是非，辨真伪，以免思想谬误。(二) 物理学，研究动、植、矿、物体、运动、上界、下界、元素、心理等范畴。(三) 玄学，研究形而上之精神范畴。(四) 教育学，包括几何学、数学、音乐学及天文学。以上共为七种，每种又分类，物理学包括医学，数学包括算术、继承法及会计学，天文学包括历表、气星律等，后文将一一述之。伊斯兰教前最注意理科者，为波斯、罗马两大民族，因其比较开化，故学术发达。迦勒底人及其以前的叙利亚人与同代之科普特人，皆重视星占学和魔术，波斯人与希腊人因之。科普特人对此特别精通，如哈鲁特、马鲁特逸事，上埃及白拉里故事，皆为有名之魔术事迹。后来各宗教，皆禁止之，其学遂失传，只剩残迹败象而已。波斯因国大，理科非常进步，希腊人从之学。亚历山大大帝既杀大流士，胜阿契美尼德王朝，占有无数之图书。穆斯林克复波斯后，发现大量图书。赛尔德 · 本 · 艾比 · 瓦戛斯致书哈里发欧麦尔，询问如何处理之。欧麦尔回信，教投入海中。因为这些书理若非正道，我们已有最正确之天经，若系迷路，则安拉足矣，故当沉之或焚之。波斯之学因而失传。罗马本属希腊，理科在此广泛流传，哲人辈出。尤其逍遥学派及画廊学派，以优良之方法，传授之。他们强调理科得之于贤哲鲁格曼，其门人为苏格拉底，传其门人柏拉图，再传其门人亚里士多德，再传其门人亚历山大和泰米斯脱诸人。亚历山大曾征服波斯，对学术颇有造诣，故其师亚里士多德被称为“第一导师”，享受世界荣誉。希腊亡于恺撒，信基督教，严禁理科，著述皆束之高阁，存于书库。恺撒曾占有叙利亚，故这些著作在此亦有保存。穆斯林战胜罗马，跟神父探知这些著作。哈里发艾布·贾法尔·曼苏尔，派人向罗马皇帝索取之，送来欧几里得之书及物理学各书，穆斯林读之，欲知其余。哈里发马蒙，极爱学术，派使罗马，取希腊之学悉译之，于是精研之者日多。他们在很多方面，反对第一导师之主张，有很多新的见解，超越希腊学者。最有名者，在东方，为法拉比、伊本·西那，在安达卢西亚为伊本·路世德及伊本·萨伊额等。后来对各科有成就之学者，代不乏人。有的除精于哲学外，亦兼通星占及魔术，如安达卢西亚之麦斯莱迈便是。马格里布及安达卢西亚，在理科方面，赶不上东方进步。伊拉克及河外地区，出很多精博之学者。如呼罗珊属之赫拉特人赛尔德丁·特弗塔扎尼，有很多著作，不仅精于宗教学科，亦兼通理性学科。据说，现代欧洲各地此学甚盛，讲座很多，教者学者踊跃，学风颇有新气象。

第十四章　数　学

数学是研究数的配合特性，或连，或倍。有奇数，有偶数，有三角，由此构成各种数的变化。前人后人对此学的著作很多，大都把它并入教育科目，不另立学科。伊本·西那在《解脱》里，即如此做法。后人不重视算学，只重视数理，伊本·巴纳在《析难》里，即如此做法。

算术亦属数学之一种，分加、减、乘、除、分数、零数、根。此学社交用处很大，著作甚多，各地皆以此教小学生。初学此学最好，可以锻炼儿童之脑筋，养成儿童诚实之习惯。因为算学有一定规则，数是硬性的，不能随意变更。现代马格里布最好的算学著作是《小围攻》一书，伊本·巴纳把它加以修订和补充，称作《析难》，此书举证翔实，为极有价值之著作。

代数亦为数学之一种，由已知数推知未知数，分数、物、财三项。最先写代数学者为艾布·阿卜杜拉·花剌子密，其后为艾布·卡米勒，很多人学习之，安达卢西亚人为之作注，最好者为古拉希之书。东方人由六数分为二十多类。

会计学亦为数学之一，城市用此从事买卖、测量、征税等事。

此学靠锻炼实用，久之成为一种技能。安达卢西亚人此种著作很多，最有名者为宰哈拉维、伊本·赛木哈、艾布·穆斯林诸氏之会计学。

继承法亦为数学之一，用以分配遗产，与法学有关系，著作很多。最有名者为马立克派学者之著作，如伊本·萨比特、艾布·卡西姆、伊本·麦奈玛里、贾阿迪、苏拉迪等。苏莱曼曾为艾布·卡西姆之书作注。其他各派，均有不少有关著作。

第十五章 几何学

几何学研究数量和面积，分点、线、面、体等部。如凡三角之各角之和等于两直角，平行线不能交叉一点，等等。由希腊翻译过来的几何学著作，是欧几里得之书，称作《几何原本》，内容相当丰富。最先译希腊书在哈里发曼苏尔时代，各种译本都不尽相同，有侯奈尼译本，有萨比特译本，有伊本·哈贾吉译本。共有十五个范畴，四个讲平面，一个讲平均数，一个讲比较平面，三个讲数，一个讲根，五个讲物体。人们作的摘要很多，如伊本·西那的《治疗论》、伊本·萨拉特的《要略》等。有的学者，作了不少注释，为几何学初步知识之著作。几何学能锻炼思考，使其正确不偏，因其公理皆有一定，使人养成思想之条理化。据说，柏拉图的门首写着“非几何学者，不得进吾家”。穆斯林学者常说：“几何学之锻炼思考，有如碱之洗衣，去其污垢，令其洁白。”皆因该学之有规律之故。

图模学和工程学属于几何学。前者多用于绘制天体及地球仪，以希腊狄奥多西及米尼劳斯二氏之著作为最早，凡攻天文学者皆须读之。后者用以建筑、土木、起重等方面，此亦有专门著作，据说为沙克尔家族所著，非常难懂也。

测量学亦几何学之一种，用以丈量土地、出产、果品，以征税收。光学亦属几何学，用以正视觉之错误，视觉通过光线而达对象，常生错觉，如近者大、远者小、雨点成直线、直棍入水弯曲等。也可以用以观月明和月食。希腊人之有关著作颇多，穆斯林最著名者为伊本·海赛姆诸人之著作。

第十六章　天文学

天文学研究星体运行等天象诸问题。地中心因有旋转运动，故与日中心不同。星体亦运动，由小星体推动大星体。由星体运动，证明第八天体之存在。由一个星体倾向之多，证明其轨道之多。

天体运行，唯靠观测。希腊人颇重视之，制有仪器，成为“多环仪”。伊斯兰初不注意之，到马蒙时代，始有多环仪之制。他逝后，天文事业停顿，观测多用旧仪器。

天文学为重要学科，不在于它研究天象，而在于研究运动。最好的天文学著作，是托勒密的《天文学大成》。伊本·西那、伊本·路世德、伊本·塞木哈、伊本·萨勒特、伊本·费尔干尼，皆有要略之天文学著作传世。

星表或历表，为天文学之一部分。以一定的数学规律，推算每个星球的运动变速、方式和轨道。附属于此学的，是认识年、月、日、山巅、沟壑、偏垂弓力等。古今对此著作很多，如巴塔尼、伊本·凯马德等。

现代马格里布多用伊历七世纪初突尼斯天文学家伊本·伊斯哈格的历表，以为伊斯哈格以观测而得。西西里有个犹太人，精于天文观测，马格里布人学之。伊本·巴纳加以总结，称作《轨范》，因其深入浅出，人多爱之。

第十七章　逻辑学

定义在认识本质，论据在获得判断，逻辑学即辨明其正确与否之规律。五官为感觉之基础，动物皆有之。人之区别于动物者，在于总觉，即概括全称之智力，概括即可感事物之抽象，抽象即想象给复杂的个别事物以总的共同形式，由此得出门、种、属。如人为一种，但人与动物同为动物，与植物同为生物。以此类推，直到原子，不能再为抽象。人生来有思想，借思想知学术。知识有概念，即单纯之意识。有判断，即以一事肯定他事。思想追求一切事物，把一切全称组合起来，产生一种主观总印象，符合于客观个别事物，然后加以肯定判断。概念为知识之来源，因为知识之目的，在于认识万物之本质。思想努力之方法，有正确的，有错误的，指出思想正误之规律，即逻辑学。故人早已讲论理，但都不成系统。希腊亚里士多德出，使其分门别类，成为一门专门学问，故他被称为"第一导师"，其书成为"法典"，包括八部，前四部为比类形式，后四部为其本质。第一部为最高抽象之类属，称为范畴论。第二部论判断命题，第三部论比类，第四部论证据，第五部论辩论，第六部论诡辩，第七部论对话，第八部论诗。后人又加入一部论全称。穆斯林全部释之，伊斯兰哲学家予以注释和摘要，法拉比、伊本·西那及伊本·路世德，都是这样做法。伊本·西那的《治疗论》，包括了理科七门学问。后人对逻辑学有所变革，删去范畴论，视逻辑学为独立之学科，不是各科之工具，对它大肆发挥。伊本·海推布倡之于前，艾芙德鲁丁继之于后，现代东方多以其著作作为依据，其逻辑学巨著叫《揭秘》，并作简要之提纲，约四页，综述其基本原理，为佳美之教本，现代学生多用之，获益匪浅。古书因繁缛，反而不为人所知。

第十八章　物理学

物理学研究物体及其运动与静止，包括天体及云、气、雷、电等气象和动、植、矿、人类等自然现象。亚里士多德的物理学著作，在马蒙时代，已翻译过来，人们学习之，编著之。最完备者，为伊本·西那之《治疗论》，复缩写为《解脱》及《指南》，他处处反驳亚里士多德之论点，做出独立之论断。伊本·路世德则注释亚里士多德学说，师承之，不与之相左。其他人之著作亦很多，流行至今。东方学者颇重视伊本·西那之《指南》一书，伊本·海推布，曾为之作注。阿米迪及奈绥尔丁·图西，亦是这样。奈氏对此学造诣最深，比前人尤有研究，被东方人誉为"夫子"。

第十九章 医 学

医学属于物理学，研究人之病症及健康。医学家诊断病象、病因、配药、治疗，以保人之健康。医生注意物质、季节、年龄、病情、药性等。所有这些统称为医学。有时以每一窍为一科，如眼科、耳科、鼻科等。归纳起来，只有内外两科。有时把生理学，亦算入医学范围。最早之医学家为希腊之盖伦，其书已译过来。据说他与先知尔撒同时代，为采集药物死于西西里，其著作为后辈医学家之经典。

伊斯兰出了许多医学巨擘，成就超乎前人，如拉齐、马诸希、伊本·西那。安达卢西亚亦很多，最有名者为伊本·祖哈尔。医学本属文明，现代伊斯兰各城，均不甚发达。乡下人之医疗，常根据个人经验，由地方老人，尤其老太婆传授，相当落后。一般人之健康，皆循自然法则，很少由人为之调和。阿拉伯这样的医生很多，如哈里斯等。教典所传之医学知识，多属此类，非由启示而来，只是阿拉伯人传统方法。穆罕默德是宗教家，不是医生和其他专家，关于枣树嫁接问题，他说："俗物之事，你们比我通。"穆罕默德在生活琐事方面，常随就习惯，故某些圣训所载医疗之事，不得视作教规看。用作沾吉、镇定、信仰、精神安慰。心理治疗，尚无不可，不无裨益。但这并非系统之医理，只是格言之一种，如说“蜂蜜能治泻肚”等。

第二十章　农　学

农学属物理学，研究灌溉、耕稼及植物之生长等，故人多重视之。一般讲植物之种植及生长，有时与魔术、星占混在一起，掺杂些神话。由希腊翻译过来的，有《奈伯特农学书》，为奈伯特学者所作，内容相当丰富。伊斯兰教禁止邪术星占，故穆斯林学者专讲纯粹农学，删去迷信色彩。伊本·阿瓦姆，就是依此种方法，把奈伯特农学书加以简编的。魔术星占部分，一般人大都不知，专门研究者，如麦斯莱迈，将其收入魔术著作里，聊备一说。后人之农学著作很多，讨论耕植、保苗、防灾、防虫、节后等问题，愈益深入。

第二十一章　玄　学

玄学研究绝对存在。首先是讲物体和精神之一般状态，如本质、统一、殊多、必然性、可能性等。其次讲宇宙万物之初始、万物由精神产生之方式、灵魂离体、返于本初之情形。玄学家颇重视此学，以为可使人认识存在之真相，此即重大之幸福。此学因在物理学以后，故称为形而上学。“第一导师”的有关著作，已有译本，伊本·西那将之所写在《治疗论》与《解脱》二书里，伊本·路世德亦有简编，后人多研究之，安萨里予以批判。后人将之与辩证哲学混在一起，复将之与物理学混在一起，先讲一般事理，次讲物质界，再次讲精神界，终讲其他。伊本·海推布的《玄学论衡》及其以后之辩证哲学家，都是这样把哲学与信仰问题融合起来。其实信仰只凭传述，哲学只凭理性，二者很难调和。但信仰学家为驳斥异端邪说计，不得不用此法。天启虽然包括理性，但有时须用理性解释宗教。物理学及玄学，只是说明信仰学之手段，并非哲学家，为同一理由，将辩证哲学与玄秘哲学冶于一炉，其实二者有巨大之区别。各门学门，皆有其园地，不能越俎代庖也。

第二十二章　巫术学与星占学

巫术学以世间假象卜知事理，借助天象者为星占学，不借助天象者叫魔术学。巫术学因其迷信害人，诉诸自然之物，不凭安拉，故教典禁止之。其著作除穆萨为圣以前者，多已散失，如奈伯特人及迦勒底人之巫术。因为古代先知均无教律，其经典只是劝言、认主独一、乐园火狱之事。巫术学盛行于巴比伦之叙利亚人、迦勒底人、埃及之科普特人。他们皆有相关之著作，译本很少。如巴比伦之《奈伯特农学书》，许多人学习之。次如《七星书》及印度推姆推木之《星占书》，都是有名的著作。东方穆斯林，出了一位大魔术家，即贾比尔·本·哈彦，对此学颇有心得，有著作传世，讲巫术和炼丹术。物体由一种形式变为另一种形式，只凭心力，不凭实验，实际上亦为魔术之一种。后来安达卢西亚数学家兼巫术家麦斯莱迈·麦吉里蒂，综合群书之精华，著成《玄理正鹄》，其后再无人著书立说。

现在讲一下巫术之本质。人类虽皆有心，但心各不相同。此种心理差异，为天赋本能。先知之心，能认识神性，与天使对话，其行为影响万物，调运灵界，此为天助和神性所使然。巫祝方士之心智，虽亦具有预卜之特性，但此乃邪魔之力所使然。巫术心智，共有三品：其一，不借道具和助因而生重大作用，此为魔术。其二，借天象数理，此为星占。其三，借幻想力表演假象，看着有景物，其实则无，此为戏法。巫术皆靠人力以成，一切皆通过锻炼取得。锻炼之方法，不外注意上界星象，敬服邪魔。巫术因昧安拉大能，故教法断为叛教行为。有的法学家主张，术士只杀无赦。前两种术法有客观事实，后一种则无，故学者有的主张巫术为事实，有的主张其为幻想。其实只是对其方式看法不同，本质则一。魔术之为事实，因有作用，故人承认之。《古兰经》云："但邪魔昧主，传授魔术及在巴比伦降给哈鲁特、马鲁特二天使者。他两个每教一人，必说：'我们只是考验，切勿昧主。'于是人们由之学会离间夫妇之戏法，除安拉应允外，他们不能嫁祸一人。"穆罕默德亦借梳子和枣叶为符箓，埋在宰尔旺井中，安拉降示求主避邪两章，每念之，吹结妇之结皆开。巴比伦之邪术很多，天经与史记曾提之。穆萨为圣时代，巴比伦和埃及邪术正在猖獗，因此先知穆萨之奇迹，多为对付魔术之法术。在上埃及之白拉里一带，还有残迹可察。现在吾人见到许多扶乩者，能教一切故去之人临坛说话。有的能使皮子说话，使活羊的肠子落地。印度魔师能使人死，破其腹，无五脏六腑；使石榴炸开，内部无籽。苏丹和突厥魔师，能呼风唤雨。星占家借互爱之数字，能表演许多奇事，即"勒夫"，一为二百二十，一为八十四，每一部分为一半、三分之一、四分之一、五分之一等，与别数相加相等，此数能影响爱侣之感情，借花蕾月亮二物之配合，能求出夫妇白首偕老之结论。又有一种狮子图，有蛇蝎，如此变化，能求出君臣之相克相制。麦斯莱迈《玄理正鹄》中，讲的法术很多。伊本·海推布之《秘密》一书，在东方流行甚广，惜未一览。马格里布有一种术士，称为“刺腹者”，专门破家畜之腹，以此吓唬人，取其浮利。他们有降鬼神的邪符，称为“汉扎里耶”，靠此练为术法，捉弄公众。魔术戏法，以非常之方法，表演出来之动作，对人身心不无影响，如飞檐走壁、沿绳飞舞，皆由实际练习而来。有的说魔术师是精神与精灵的结合，星占是精神与物质的统一，即上界与下界的联系。此为二者不同之道理。巫术与圣验不同，圣验是神力，借天助。巫术是感力，借魔助。圣验为好人为好事发出，巫术为恶人为坏事发出。有些上人和成道者亦能表演反常之事迹，此为天助，不属巫术，因其宗奉圣道，专行善事故。因圣验由天助，故巫术不能抗之。如法老术士与先知穆萨蟒棒之争，结果是神棒胜。先知穆罕默德之“求护章”能破吹结妇之诡计。波斯罗斯图姆在卡迪西亚之役，战旗绣有避败符号，结果还是被穆斯林军所败。

由此可见，邪不压正，假不抵真。巫术对正教均无裨益，故教律全部禁止之。教法主张圣验纯事实，先知强调圣格。巫术则反是。眼害属于心害之一种，眼见一物，爱之过甚，能剥夺之。一切害人无益之事，教律皆禁止之。故一切邪门皆不能存在。

第二十三章　炼金学与化学

炼金学研究物质变为金银之方法、经过及步骤。首先，采访有此性质之物质，以矿物为最多，动物之骨、毛、蛋等亦要。经过蒸馏、清滤、燃烧、结晶、升华等过程，化解矿物而成金银。如铅、锡、铜，皆可变为纯金。他们有专门术语，如精、气、身、仙丹等，解释这些术语之学问，即炼金术或炼丹术，亦即化学是也。古今学者，相关著作甚多，晦奥难懂。贾比尔·本·哈彦，为最大炼丹学家，人们称其为“博士”或“方士”，称其学为“贾比尔学”。他有七十种有关论著，皆神秘莫测，非专门学者不易看通。突额拉伊为晚近东方之博士，有关著述及论述丰富。安达卢西亚哲人麦斯莱迈亦有相关论述，为《玄理阶梯》，与其魔术论述《玄理正鹄》，前后辉映。他强调这两种方术为哲学之结晶，为一切学术之神髓。不知者，即失一切学艺。该学派之著作，皆富神秘色彩，非常难懂，仅道其原因。炼丹术泰斗伊本·穆额伊利比，有专诗讲此学，依字母表编之，为最生涩之诗篇。有人说安萨里亦有相关之著作。此说不真，因该人见识虽高，尚不明该学派之荒谬，故看法批驳之。有人又说，哈里发耶济德之子哈立德亦有相关炼丹术之言论。此说法亦得商榷。一则哈立德为阿拉伯宗室，不太接近学术，势难通此深奥之学理。再则当时医学、物理学尚未介绍过来，本国又不发达，故不易有此造诣。余以为，可能有与哈立德姓名相同之方士，人遂附会之。伊本·毕什伦及艾布·赛木哈，皆麦斯莱迈之高足弟子，均有论文传世，阐述其学说，可参阅之。伊本·毕什伦说：

哲人之目的，皆在认识金石、宝贝、地理之本质。习此术者，应知三事：何在？为何？怎样？明乎此，始能达其鹄。研究其存在即形成之证据，仅仙丹足矣。次研究能化解之硝石。万物皆由四行化成，故均有实验之性能。但有的只有可能性，无现实性，故不可析解。有的二者兼有之，故可析解。应该彻知各种石料种类、性质、功能、清虑、煅烧、结晶、升华等化验方法。无此基本知识及本领，便无良好之结果。其次应知化验时，是一种要素或有他种要素加入，如何配合？火能否熔解？不能之原因何在？凡此皆需人心专意一，小心谨慎。哲学家皆称赞心之作用，说心为身之统帅，心死身亡，死亡由构造之不平衡所致。炼丹亦然，分解为生，故化解为该术之命脉。玄合玄容易，浊合浊困难，炼精比炼体易，石耐于火烘，铜、铁、金次之，硫、汞又次之，体能化精，故有内炼之分和外炼之分。化合皆有一定方法，一定比例，互相调配，不得有事外分子混入，否则必败。操作时应注意干、温、冷、热，火候最为重要，过热过冷，均极有害，哲人皆教提防烈火，即此意。关于化验所用之资料来源，学者主张不同，有的说在动物，有的说在植物，有的说二者全有之。哈拉尼氏说：变化有两种：形变，如白布之染上红花；质变，如土变植物，植物变动物。其所以能变，唯在一活机。动物为最后之变化，而活机最盛，故应取动物炼之。动物有母体，有生息，有新陈代谢作用，动者为活，静者为死。矿物亦然，凡能熔于火而燃者为之活物，反之为死物。方士便寻活物，唯有动物之活不能用，有时植物矿物亦利用之，但动物功效最高。把宝石粉碎，分出气、火、水、土四行，各装一器，用火洗之，逐渐净化洁白，形如蛋卵，即其热、冷、湿、干，与蛋之构造同。

以上为伊本·毕什伦所讲之要言，可见神秘之程度。因其神秘，故此术多与巫术相属，其实二者有别也。

第二十四章　哲学批判

此章及以后各章，均甚重要。因为这些学问随文明而生，流行各地，害教严重，故应揭穿其真相。智者佥谓，凡存在皆可感，超感者可借思维推比，而知其现象及关系。正确之宗教信仰，应以思辨为据，不能专靠传闻，因信仰亦属理性之范畴。此派人称为“哲学家”，希腊语为“法拉西法”，意为“爱智者”。他们致力于此学，以理性为准，做出定律，辨别真伪，称此方法为“逻辑学”。其要义不外对万物加以抽象、分类，分出概念和判断，由意识到存在，由感性到理性，由此使人有正确之思想方法及知识能力。其领袖为亚里士多德，他们以追求形而下的及形而上的宇宙万物，为人生最大之幸福。由下界推知上界，理性为一切之权威，宇宙像人一样皆有理性。虽无宗教，人亦有行善止恶、修身有德之伦理感。人知此，即为幸福而有快感，否则即薄运，此即为后世享福受罪之意义。其著作很多，其领袖为罗马马其顿人亚里士多德，其为柏拉图之门生，亚历山大之老师，创逻辑学及玄学。希腊书在阿拔斯王朝译为阿拉伯文后，有些穆斯林学者深研之。最有名者为伊历四世纪时之法拉比，伊历五世纪时之伊本·西那诸人。该派主张及各方面均极荒谬。他们只靠第一理念，追求必然性，他们只信理性，如自然学者之只信物质。其实宇宙如此之大，其知识和现象无穷，局限于理性或物质，怎能概括其余？缩小知识范围，不免孤陋寡闻，谬于一隅。用逻辑学的尺度，去衡量宇宙万物，同样不行，以小量大，法则有限，现象无穷，以管窥天，如何能尽善尽美？物理学同样以主观之推论，概括客观复杂之事物，以客观迁就主观，有许多物质不在意识之范围内，使灿然缤纷之现实装进狭隘的理性框框之内，自然界千变万化，千头万绪，物理学之定律，多为冥想假设，与客观事实风马牛不相及。玄学研究形而上之精神界，根本不可能，精神实体无法证明和推知，理性虽能从客观事物推行抽象，但只限于吾人之意识范围之内。因人所受物障所蔽，故精神实体及其本质，无法进行抽象、证明、分析和概括。吾人经常所见之梦境，哲学尚不能解释，何况其他。哲人有言，非物质者，不能证明；能证明者，必为实体。哲学大师说：玄学无有所底，所言皆或然揣测耳。人类思想之目的，在追求形而上之断然知识。费千辛万苦之后，只得出或然假设之知识，学习玄学有何益哉？哲学家说幸福在于以证明得知万有之真相，此话亦为臆说。盖人由躯体与灵魂组成，二者各有所感。身感靠大脑和感官，神感靠自身，神感能知心物二事。能感者皆以身其所感为乐为荣。幼儿之物感，初则以感声、光而自喜。可见无媒介直接自感之快乐最大，灵感之感即属于此，其乐趣能容。此种意识不靠思辨和学问，只靠揭除物障、忘却物感而成。玄秘哲学家所追求者，即此种超物欲、纯精神之灵修、灵悟、灵感。这些道师，终生修行悟道，又难如愿以偿，何况哲学家空谈虚论？他们说理性证据，即能得此灵感，其实大谬不然。因为明证产生于大脑之想象、思索、记忆，故属于物感范围。而灵感之得，首先在于脑力之消灭，因二者水火难容。有些人死啃亚里士多德、伊本·西那、伊本·路世德的著作，想在书堆里寻找此种幸福之要素，其实越找物障越多，越难达到目的。这几位哲人说，能得到原动理性、联系其生活者，即能获此幸运。所谓原动理性者，即感官所揭示精神现象之初阶，使此理念与知识联系一起。此种说法，亦欠正确，因为此种意识和联系，必属不借媒介之灵知，这只有除去物障始能得之。他们说，得此感知即为幸福。但此仅为幸福之一种，非后世之最大最终之幸福。他们说，人能获知真谛。这也是妄想，理性有限，宇宙无穷，欲穷究其本质，谈何容易。他们说，人能自修，有为善去恶之倾向性。此种能力只能借灵知得之，至于教典所定之伦理行为，其幸福非人所能知。伊本·西那在所著《始终集》里说，灵魂复生，可用明证求之，身体复生则否。哲学最好的一面，是其运用思考，举出证据，充实理由，找出规律，取得正确之本领，除此无甚可取者。信士应深习教典，批判地接受其优点，不可不分皂白轻易妄信也。

第二十五章　驳斥星占术

星占术家强调，能借星体对元素之影响，而卜知世界万有之理。古代方士认为，星象之认识唯凭经验，人之寿数有限，世界之寿命无穷，全人类之经验，亦难弄清上界之秘密。故其意志薄弱者说，此种知识，得于天赐和启示。请据证痛斥其妄。先知列圣，不学而能，生而知之，天聪超人，除得自安拉者外，均不轻言未见之事，更不以此为也，传授后人。托勒密之辈认为，日月皆能作用于万物，如四季之变更，五谷之成熟等。星体与日月有同样性质，同样能影响万物，故用之卜知一切。此理由甚为勉强。盖知识之因缘有四：施动因、物质因、形式因、目的因。星体性能，只是施动因，万有之元素为物质因，星力亦非全部施动因，还有其他施动因，参与物质部分，如父亲之生殖力及精液之种属特性。形象知识，既为一因，便不全面，故多为猜测假定，无证据证明，可见星占术之荒谬。托勒密以五星之力比太阳，理由弱甚，太阳之力统摄群星，日与星之差距，不可以道里计，如此相比，怎能得出正确之结论？信仰学所讲，除安拉外，无作用者。因果关系集宇宙万物之联系，实际上皆有神力操纵之。先知皆否认星象之影响，教律证明之。穆罕默德云："日月不因一人之生死而蚀。""仆民中，有信我者，昧我者。凡说下雨是安拉之慈悯者，即信我而昧星象者。凡说下雨是风云所使然者，即昧我而信星象者。"正确之圣训已经指出星占术之非理及其社会之危害。术士之言，有时与事实偶合，此乃百不获一之奇遇，非出自正确之推理，事实与天象风马牛不相及，凡庸之辈不知，随信之为真，造谣惑众，伤风败俗，莫此为甚。善恶为自然现象，吾人应择美而从。星占术对政教纯损无益，应禁止之。即如少数操此业者，亦应限制其自由活动，让公众监视之，以免借此煽动政变，愚弄百姓。应开展天经、圣训、教律之学习，以正代邪，获得坚决之知识，以定邦家，而利国民。

第二十六章　方术之妄谬

许多无生活能力者，不务正业，想走捷径，以方术为职业，想点石成金，变铜为银，投机取巧，牟取暴利，欲发横财。其实，损财劳神，得不偿失。其操作方法，各不相同，总不外取宝石以炼之，得出似金之化合物。其著作甚多，皆晦暗难懂。吾请安达卢西亚教长艾布·巴拉凯特看方士著作，看后他说："此辈必定失败。"方士常常造出镀金、镀银或合金，铸成官币，冒充欺骗，此辈罪同盗窃，应受处分。北非柏柏尔人有此种职业者，或居深山古洞，或住乡间寺院，以此为生，骗取富户，到处流窜，破坏币制，贻害社会，应严予制裁之。一般单纯之炼金术家，虽不进行诈骗，但把精力终年用在化验上，消耗人力财力，毫无结果。只凭传说，便有亲验，成功者百不之一。神话谣言，对社会之害处亦不小。操此业者，自古有之，古今之人皆有相关传说。法拉比说，所用之矿物为金、银、铜、铁、锡、铅、锌七种，方式有干、湿、软、硬，颜色有黄、白、黑。伊本·西那亦如此主张，但能变化，不能创造新的元素。他说有人能造动物，如由土造蝎，由发造蛇，有的农夫能自造蜂蜜，故炼丹术不为妄谬，由一元素变为另一元素，并非创造自然，只需时间，矿物之变化为金子自然时间需一千八百年。须知自然万有，皆具四种平均比例之元素，配比均衡，即能成化合物，强之分子战败一切。化合物皆需禀赋之热量效因，以保持其形式。万物皆有时序，有各种发展阶段，如人之由精而血、而肉、而胎、而生、而少壮老死，各阶段之构造、热量皆不相同，否则始与终为一矣。先哲有言："行之始乃思之终，思之终乃行之始。"可见炼金术不外按阶段而思行，但只能形式变化，如面之发酵然，而不能本质变化。人工造金，无异于人工造人，倘若信得过，皆可成专门学问。人能利用自然，不能创造自然，人有能力，但能力有限。炼金术只是摸索，传之者多，实行者少，掩耳盗铃，自欺欺人，白费力气而已。此不能与上人飞行之贤征及先知造禽鸟之圣迹相比，因其乃巫术之一种，非正经职业，皆穷无聊赖者为之，故连身为首相之伊本·西那亦断其为捕风捉影之儿戏耳。

第二十七章　著作繁杂有碍于学习

著作多，术语就杂，学说分歧，使学生无力穷究，无暇遍览，不能精专，有所成就，故其害大矣。学生往往毕生追求一门，结果一瓶不满，毫无建树，千头万绪，乱成一团，莫知所从。马立克派法学著作，就是这样，其注解之多，实在令人眼花头晕。如伊本·优努斯、莱赫米、伊本·拜希尔诸人之著作，说明、前提、指示等，还有凯鲁万、科尔多瓦、巴格达、埃及等法式。

凡此种种，皆重复累赘之言，意义却很简单，学生用毕生之力，只求一门法学，尚未读通，事倍功半，力多益少。假设只讲授比较法学，则易学易懂，教学效果必大。但守旧之病，由来已久，习惯成自然，牢不可破。

阿拉伯文字学，亦是这样。西伯韦之著作，其注解真是汗牛充栋。而又分巴士拉、库法、巴格达、安达卢西亚、前人后人等传统。很少学生有精力去啃这些老古董。现代马格里布有位埃及文法学家伊本·希沙姆，专攻文法学中西伯韦及伊本·吉尼两家学说，结果造诣甚佳。

由此可见，优越不在于古人，何况古法不佳，而在于改良创作。

语文本为学术之工具，并非学习之目的，假设一生学不通其中一门，其他学术文化怎去研究？

第二十八章　著作简略不便教授

后辈走简化学术的道路，各科皆编出提纲，只讲内容和例证，言简意赅，一句话包括许多事理。简则简矣，晦涩难懂，情辞欠美。过繁不好，过简亦然，过犹不及，中庸则好。如伊本·哈吉布之于法学、伊本·马立克之于文法学、赫万吉之于逻辑学等，皆从长篇累牍之基本著作中，提纲挈领，撰成要略，便于记忆，但不利于教学。因其学理，初学者很难领会，尤其专门术语，特设问题，令人思之头痛，有如猜谜，终不得其解。过繁过简，均不能使学者得到一定之才能，浪费精力，不能节省时间。空话连篇与惜墨如金，同样有害于读者。著作之目的，唯在经济时间，给人方便，失此效用，便于人有害，成为绊脚石，有不如无也。

第二十九章　正确的讲学方法

讲学欲有功效，必采渐进之法。每门学问，首先讲其基本知识，深入浅出地予以解释，注意学生之智力及接受能力，点滴地由始而终，使学生学完时得到该有之本领，能全部掌握运用。然后做第二阶段讲授，须比第一阶段加深、提高、详细。到第三阶段，一切异议、问题、难题，均予以详尽之解释。可见一门学问，分三周进行，重复三次，由浅入深，由简到繁，学生无有不能吸取消化者。分单元周教学法，为有效的正确方法。当然天分高者，无须三次，便恍然大悟。常见现代许多教师，不讲教学方法，不重教学成效，一开始便讲高深之道理，而且各科齐讲，表现渊博，不分始终，不分主次，不分宾主，不讲渐进，忘了学生之程度，学生听而不懂，食而不化，学有何益。超出学生之能力范围，其觉着困难，学习兴趣降低，往往养不成预期之才能。万事开始难，学生入门时感到容易，学习兴趣必定高涨，心路一开，触类旁通，成就必大矣。所以讲学切忌本末倒置、百货杂陈，一切皆看对象，浅显、概括、举例、渐进，教学尤该如是。其次应注意课程之连贯性，一种科目应连续讲授，不能间断分裂，否则必忘。盖才能由行为之连续尝试，多次反复而成，行为失掉连续性，易有间忘，才能便受影响。其次，不能让学生同时学习两门东西，这样导致分心，意志不专，顾此失彼，结果却学不好。须知思想为人类之天赋本能，产生于大脑中枢，为建构人类知识、组织人类行为之来源，使人不偏不倚，知行兼备。有此思想，再有表达正确思想之方法，即逻辑学。当然有些伟人只凭志愿，亦能学成才能。有了思想方法，需要表达思想心意之工具或方式，即语言文字。此三者为一切学艺之基础，具备此点，可以驰骋胸怀，开展自由思想，奔放不羁，追求理想，蒙主开导，必有所成。自然天性，为一切之本，应利用逻辑和语言，不可受其约束，发挥自由思想，茅塞顿开，得到真光，豁然明朗，天地机密全悉，成为灵悟哲人、学者专家矣！

第三十章　次要学科不宜深究

学问共分两种：主科与副科。前者如经注学、圣训学、信仰学等宗教学科，以及物理学、玄学、哲学等社会学科；后者如语言学、数学、逻辑学等工具学科。主要学科，无妨深究、细讲、分门别类，分条缕述。如此始能说明其主旨，帮助学生养成专业之才能。次要学科为他科之工具及媒介，不宜深究细讲，否则即超出其目的范围。如若求之，便是浪费无益。况且深究甚难，消耗年华，喧宾夺主，倒行逆施。后辈学者就是这样，注重副科、失掉主科，其实是一种概念游戏耳，于社会无益也。为人师者，应以此警惕学生，莫重蹈覆辙，误入歧途，造成学术之浪费，不切实用之偏差。

第三十一章　启蒙教育问题

教儿童学《古兰经》，乃正教之标帜，各地教胞皆注意之。因初时学一定之天经圣训，信仰必然根基牢固。以《古兰经》作为儿童以后各种才能之基础为最好，有良好之开端，必有良好之终结。此种教育，各地不同。

马格里布人教育儿童，学习天经阶段不掺杂任何学科，此门学好后，再加入他科。柏柏尔乡民，亦是这样，不分老幼，凡无学过天经者，皆应如是。因此，马格里布人对天经学得最好。安达卢西亚人在教天经的同时，还教诗歌、散文、文法、书法。直到青年期，一般学习成绩优良，可惜多不能继续升学。初级教育，做得不错。

伊非利基亚人亦采用混合式，教天经同时亦教圣训及其他学科和书法，尤其重视天经，教学方式接近安达卢西亚。以突尼斯为中心，儿童皆入学。东方人亦是这样，唯书法单另教，一般写得不好，欲致力于书法者，小学毕业后，跟专家学之。马格里布与伊非利基亚，因限于《古兰经》，天经非人力所能仿作，故一般都没养成语言才能，不能说话作文，不能运用。

伊非利基亚人因兼教其他语言学科，故比较能够活用仿作，但欠文采和典雅。

安达卢西亚人自幼多学文学，故书法写读能力较强。法官伊本·阿拉比在《游记》里肯定该地之教学方法，应该先教诗歌，次教算术，次教《古兰经》，并且不可同时教两科。他以为让儿童开始学习难懂的天经及宗教学科，不大合适。伊本·阿拉比之言甚是，但各地习惯先学天经，以沾其吉，故其言虽有道理，尚不能通行。一般人总以先习天经，扎下宗教及做人之根基，以免后有意外事故或失学之虞。

第三十二章　暴戾苛斥对学生之摧残

棍棒教育，有害于学生尤其学童之身心。对学生或用人管教过严，大骂申斥，结果奴化其思想，失去活泼锐气，造成阳奉阴违、奉承虚伪、诡计欺诈、懒惰依赖等卑鄙行为，失掉热情天真、自立自尊、爱强向上之人格，堕落到龌龊下流之地步。不仅个人如此，每个民族，凡遭人统治奴役者，莫不有此种劣性，此为社会普遍之现象。考诸犹太民族及其恶性，各时各地之人称为“海物”，即诡诈卑贱之别号，其原因已如上述。故为人师者、为人父者，不可行残暴之教训，不能对儿童鞭打捶杵。不得已时最多只打三下，以作敬诫。欧麦尔有言：“教法不教之人，安拉亦不教之。”意在避免苛训，维护人之尊严。宗教最明人之利益，故其规定，最有分寸。哈里发拉希德对其子艾敏之老师的嘱言，可为教师之座右铭。他说：“艾哈麦尔啊！信士的长官把心肝交给你，你应好好管教，他应绝对服从，你应守自己的职责，教他天经，授之以善，传之以诗，教之以礼，言行有定，端正严肃，敬长爱友。你常注意其利益，勿使之忧愁，多愁则心死。勿使其学业荒废，尽量亲柔待之。迫不得已时，则严厉管之……”

第三十三章　游学寻师有助学业之完成

人之品学，有借习传而得者，有借亲身体认而得者。后者所养成之才能，往往比较巩固扎实。越经老师多，所得之才越全面深入。许多术语学说，学生多混淆不清，以为其为知识之一部，而不得其解，只有访老寻师，经见多，听闻广，才能了解各派学理，学说原流，学术动态，举一反三，触类旁通，精益求精，丰富多彩，根深叶茂，青出于蓝必胜于蓝。如蜂采蜜，合众说为一家之言，既博且专，而成一代权威矣。由此可见，游学寻师，对学业之补益。

第三十四章 学者多不明政治

学者文人习惯于思考、想象、抽象、概括、归纳，多注意全称和一般化，追求主客相合，事事类比，不管特殊与个别。他们之观点和定律常在主观意识，经过观察研究，才能与客观相合。如教律之产生于天经圣训，但必须适用客观事实。所以学者多用脑力，致力于思想工作，精于此者失于彼，对他事为门外汉。政治要人注意客观现实及其各种情况，其变化莫测，使人难以类比，难以把握，难以用原理处理，不能用既成教条去对待新生现象。学术与政治性质不同，有时正相反。因文人不长于政治，与政治格格不入，故学者多脱离政治，不能从政，勉强为之，必生错误。过于聪明之人，亦不能从政，多思深虑，不切实际，束手无策，能想不敢做，做时多从空想出发，常犯错误。天性健康之通才，可以从政，长于具体杂事，善于处事应酬，故政绩卓著，无什弊病。行行出状元，学问无穷，天外还有天，一人不能兼通万事，分工合作，不可越俎代庖。由此可见，逻辑学之常出错误，即因其过于抽象、教条化、脱离客观、不切实用所致。

第三十五章　伊斯兰文人多为异族

伊斯兰虽发源于阿拉伯，教法创建者虽为阿拉伯人，但伊斯兰文化的健将，多为异族。不论宗教学和一般科学，都是这样，很少例外。其中虽有血统上的阿拉伯人参加，但其在教育上仍属异族。考其原因，圣教初期，一切从简，无学术可谈。天经圣训、教规法律，穆罕默德传之，人人受之。当时阿拉伯人尚未脱离游牧状态，不懂教育，不通著述，除少数诵读家外，大都为文盲。穆罕默德云：“你们坚持天经和圣训，即不会迷路。”

自哈伦·拉希德执政以后，宗教学科大兴。当时执学术文化运动之牛耳者，皆为非阿拉伯之异族人，尤其波斯人，有旧的文化传统，故对圣教学术，有显著贡献。如文法家西伯韦、法里斯、扎贾季及一般圣训学家、法理学家、《古兰经》注解家，多为异族，而学习阿拉伯语。

穆罕默德云：“假设学问写在天上，波斯人必能得之。”一般阿拉伯人为战胜者从事政务和国家大事，不屑文事，学术遂由异族来办。当时学术多以伊拉克、呼罗珊、河外地等异族地区为中心。后来学术转向文明的埃及，埃及遂成伊斯兰学术的策源地。别处除了河外地的赛尔德丁、伊本·海推布、奈绥伦丁·图西诸人外，别的学者并不多见。

第三十六章　阿拉伯语言学

语言学的要素有四：文字、语法、修辞、文学。宗教学家应认识之，因为教典之根据天经、圣训及先哲著述，皆为阿文，故应了解其有关各科，以期对教典有彻底认识。现在依次述之。

先讲语法。语法为表意之原理，借之认识主语、宾语、谓语、述语等。语法因研究尾变，词型变化，表达各种意念，故为语言学之基础。语言在于达意，相互认识。表达由口舌完成，各民族皆有此本领。各种概念皆需一定之词句表达之，阿拉伯语表达能力尤强，异族语言，均不如阿拉伯语简练。穆罕默德云："安拉使我说综合语和简练语。"即此之义。阿拉伯语之单词、音符、结构，皆可表意，自由无约束，儿童学着不难。伊斯兰勃兴后，阿拉伯人东征西讨，与异族杂居，听惯其言，听觉为语言才能之父。为保持阿拉伯语之纯洁及天经圣训之通行计，学者遂定出规则，做出语法，以为所本。如主语为主格，宾语为受格，谓语为主格等。后来以音符表意念之变化，即为尾变，将其致词尾变化之因素叫"格因"。语法学阿拉伯语叫"乃罕吴"，首先作文法书者，为凯奈纳族之艾布·艾斯瓦德·杜瓦里，据说他系受阿里之指示而作成。其后著作日多，到拉希德执政时代，人们迫切需要此学，哈利勒·本·艾哈迈德将之加以整编，由西伯韦继之，加以发挥，内容充实，为以后语法学著作之先河。嗣后艾布·阿里·法里斯和艾布·卡西姆·扎贾吉加以摘要，编成教材。不久产生库法派及巴士拉派，文法现象之争执日多，教学方法亦不相同，对《古兰经》之变革主张不一。伊本·马立克删繁去冗，著成《文法概要》。扎木赫夏里，配合教学，缩写《简明文法》。伊本·哈吉布，写出《文法导论》。很多人把文法写成诗意，如伊本·马立克及伊本·穆阿提的著作便是。总之，文法学著作，不胜其数，前后流派互为水火，如库法派、巴士拉派、巴格达派、安达卢西亚派等，不一而足。现在文法学，比较消沉，北非有埃及学者伊本·希沙姆的文集，叫作《变格总论》，内容相当丰富，颇有伊本·吉尼之风格。

其次为文字学，其对象为文字。阿拉伯语因受异族语言影响，很多词语之运用，发生混乱现象，文字学家为维护天经计，遂努力编文字学著作。海力勒首先编出《阿尼》词典，按阿文字母编排，分二字母、三字母、四字母、五字母，每类分二十七，按发音部位，由内而外，先喉音，次颚音，次舌音，后唇音，因以喉音字母“阿尼”开始，故有此名。另分出常用词与生僻词，前者三字母的较多，后者二字母、四字母、五字母的较多，因其难读故少用。伊历四世纪时，艾布·伯克尔·祖白迪为安达卢西亚希沙姆王编修辞书，专选常用词。东方之照海力按字母顺序撰成《考正词典》，由“赫姆宰”开始。在伊本·穆扎希德在位时，安达卢西亚人伊本·西代参照前书，撰成《简明词典》。后由突尼斯赫弗索朝穆斯探索王之好友穆罕默德·本·艾比·侯赛因，加以缩编。以上为文字学之基本著作。此外还有一些专门的要略著作，但结构比较差。扎木赫夏里曾著

《暗喻》一书，指出通用之阿拉伯语暗喻词句。赛阿利比曾著《词学原理》，用概括之法把同义词或近义词或多义词编在一起。现在伊本·西基特《辞书》和赛阿莱卜的《流利语》，皆为实用通行之著作，便于记忆和检查。

再次为修辞学，此学产生较晚，研究词句及其表达之方式。语言或词或句，表达单纯概念为语法学之范畴。若注意用词艺术，便是修辞学范畴。同为一句话，提前置后，添一词，意思均不一样。如“栽德站立着”与“栽德的确站立着”，后者语气加重，肯定此一叙述，使听者不得否认怀疑。句分叙述句和祈使句，前者有相合与否之事实，后者是命令、禁止之将生现象。句与句有用介词者，有省略者。语言有过简过繁者，有明喻、暗喻、借喻，如“栽德是狮”，即勇敢之义，“栽德多灰”，即慷慨之义。修辞学分三个部分：意境、修辞、辞藻。伊本·叶海亚、贾希兹、古达迈诸人首先做出草稿，以后逐渐补充，由赛卡克总集其成，著出《语法修辞入门》。后来伊本·马立克撰《修辞明灯》，哲拉伦丁著《修辞摘要》。现代东方人学习者很多，比西方进步。西方人把修辞学归入诗学，一并学习，因二者有密切关系故。伊非利基亚有伊本·拉希格，有辞藻部分之作品，叫《修辞津果》，在伊非利基亚及安达卢西亚均甚流行。修辞学主要目的，在认识《古兰经》之超绝行文及其艺术价值，借此养成人们之鉴赏力，故解经家多注意之。如贾鲁拉·扎马赫夏里之《古兰经注》，即用修辞学方法出之，设非他有异端信仰，其著作为一切经注之冠。

最后是文学。文学在示人以作文之法，多读模范之韵散文，亦涉及语法、历史、作家传记。文学之目的，亦在捍卫天经、圣训及诗词。此学之基本著作，为伊本·古太白之《作家礼仪》，包括穆巴拉特之《全集》，贾希兹之《简明集》，艾布·阿里·嘎里之《珍闻集》。以后著作日多，皆以此为根据。最初歌属于诗，阿拔斯王朝文人学士多操练之。艾布·法拉吉著有庞大之《诗歌集成》，历述阿拉伯史迹、诗歌、宗谱和朝代，气魄雄大。为空前之文学巨制，为后学之重要参仿书。

第三十七章　语言由操练而得

语言才能，像其他技能一样，可以由人为之力而得。语言在表达心意，其好坏由本领而定。语言重点，不在单词，而在结构。健全的语言才能，在组织单词，随机应变地表达自己的意愿，使对方会其意而信服，此即修辞之意义。才能由连续行动而得，行动最初形成一种状态，不断尝试，即成定型，此之谓才能或本领。操阿拉伯语，亦是这样，久经练习，便能养成一种技术。如小孩学话，初学单词，次学组织能力，耳与舌训练好后，即能运用自如。阿拉伯语自有传统，世代相因，老少皆懂，故称“自然才能”。各民族对自己之语言，都是这样自然相传。阿拉伯语受外邦语影响后，发生大的混乱，产生出各种语言学，以做澄清工作，遂有“人为的才能”。古莱什语因受异语的熏染不多，故为最流利最地道之阿拉伯语。该语包括塞基夫、胡扎伊勒、胡扎阿、凯纳奈、盖特芳、艾塞德、泰米姆等族语言。其他部族如拉比阿、拉赫姆、朱扎姆、阿萨奈、伊雅德、古达阿以及与波斯、罗马、埃塞俄比亚诸国为临之也门人，因与异邦语混杂，故其语言才能，均与古莱什诸族，相差甚远。

第三十八章　现代阿语为独立语

穆达尔语，有很多表达方式已经失传，如表示主语、受之音标及先说后说之格式。当然该语仍保有大部分之修辞现象。一定之词表示一定之意，意皆有意境，以完成不同之要求。阿拉伯语之表意，由结构状态决定之，词位之前后、省略、变格、虚词等，皆为表达方式不同之由来。故阿拉伯语最为简练、经济。有人说，阿拉伯语有废言，如说："栽德站立着，栽德确实站立着，栽德一定站立着。"尔撒听到答复说："否！其义不同也。前句对不知者说，中句对犹疑者说，末句对否认者说。"背景不同，遣法自异。此正为修辞学之技巧。有人说，现代阿拉伯语尾变已乱，故语彩已失。此说不合事实，有语言审美力者，看到现代诗词及文学作品，其修辞功夫，并不逊于往昔。部分尾变之乱，不足以否定全部语言之健康。尾变仅语法规律之一种，此外尚有许多规律。称代语因与异种言接触而失掉纯洁性，但天经圣训以该语为基础，学者又著各种语言学著作而捍卫之，故该语仍不失为标准语。固然现代阿拉伯语，自有规律，多与穆达尔语之规范不同，故可称为独立之语言。穆达尔语相对希木叶尔语来说，亦是这样，二者区别甚大，不得同日而语，混为一谈。二者之词汇、语法规律不同，不能通用，皆为独立语。穆达尔语之被重视，全为教典之故，现在无此需要。现代阿拉伯语一个共同的现象，是“尕”之读音，不按原来发音部位读，本由舌根和上颚发出，现在读成“尕”与“卡”之间之音。东西方之人皆然，以此为一种标志。凡如其群者，必归化之。用此可以区别纯粹阿拉伯人和归化之阿拉伯人。其实这正是穆达尔语，因为现代东西方之要人，皆为曼苏尔、阿米尔之后代，现代比较强盛文明之邦，大都为穆达尔人之后，都是如此读“尕”音。此种语言，非产生于现代，乃相续继承而来，似乎属于穆达尔语，穆罕默德的语言可能也属之。宗室法学家强调说：“凡不以现代之‘尕’音读天经学童‘导吾正路’一语者，其拜功无效。”此点余不得其解。市民及产生语言，只从前辈穆达尔人承受之。以上为城乡阿拉伯语之特征。

第三十九章　都市语之形成

城市社交通用之语言，既非古穆达尔语，亦非现代阿拉伯语，是一种独立的新语言。其证据即其具有独特之语态声调，又有不遵守文法约束之自由性。各城市语言，差异甚大，东方不同于西方，安达卢西亚又独具风格，但均能完成语言之任务，表达心意。尾变之丧失及语法之紊乱，并没伤害现代阿拉伯语，其一样能够通用。脱离母语，在于与异语相混，与异语接触越多，离原初语言距离越远。本领由学习而得，都市语是母语和子语的混合，需要两种本领的连接。越近异语，离母语越远。伊非利基亚、东部地区、马格里布、安达卢西亚各城，均是这样。伊非利基亚和马格里布之阿拉伯人与柏柏尔人融合起来，经同化程序，异种语胜于阿拉伯语，形成一种混合语，脱离母语。阿拉伯人占领波斯和突厥，与其人杂居，朝野皆用当地人服役，仆人、农夫、保姆、衙役，接触密切，语言遂起变化，形成新的独立语。安达卢西亚人与高卢人及欧洲人交往，故语言亦非原样。各城市语，皆与穆达尔语不同。各城市语相互又有不同，均成一种混合的独立语，一种新的本领。

第四十章　穆达尔语教习之途径

穆达尔语已脱离社会。现代通用之语言和《古兰经》下降时之穆达尔语迥乎不同，是一种与外邦语交融的混合语。但语言既属技能，皆可由学习而得。教习之途径，主要在记忆《古兰经》、圣训、古文之风格，熟读古今模范之诗词歌赋各种体裁，刻苦钻研，努力模仿，从词到句，从形式到内容，彻底掌握，熟练运用，久而久之，自成本能，养成技巧。强记多用，心领神会，随机应变，养成观察力和健全之天性，这便是学好穆达尔语之有效方法。备乎此，即占有该语，成为它之敏锐的批评家。俗语云："读会古诗千百首，不会作文亦会诌。"恂不悔也。

第四十一章 语文才能不在于文法成规

语言学是教人认识语言规律之方法，但不是语言本身，是理论，不是实践。懂得语言学，不一定有使用之才能。知是一回事，行是一回事。精于缝纫学，不一定会做衣服。能讲木工学，不等于会解木。其他理论知识，都是如此。精通语法，不一定能说话。熟读文章作法，不一定能作文。许多文字学家、文法学家，无字不识，无成规不懂，但就是不能应用，写一篇公文，写一封信，都不通顺，错误百出，令人发笑。相反地，许多诗豪和文豪，虽不懂文法成规，仍能作出情词并茂之第一流作品。可见才能之养成，在习，不在法。前人教文法，以文为例，法和文并重，知和行并举，故成绩较好。后人则反是，成为理论文法，与实际应用无关。现代安达卢西亚，即采用前一方法，一般成绩不坏。马格里布和伊非利基亚等地采用后一方法，像空泛的形式逻辑一样，无实践和练习，不读范文，不求创作，死背教条，毫无用处。总之，语言才能之养成，唯在多记多用，体会揣摩，功到自然成，久而久之，融会贯通，运用自如，自然如故，毫不勉强，便可成一代文豪矣。

第四十二章　鉴赏力之培养

注意修辞艺术者，常用“鉴赏”（糟格）一词，其意为掌握修辞优劣能力之获得，义即语文审美力之养成。语文之美，在于言达意，有语彩，有优美之结构，自然和谐，妙文天成。有此能力者，一闻而知，不假思索，能欣赏文章之雅俗，评判作品之合格与否。此种才能，由培养而来，由生而熟，逐渐成为自然。有人以为阿拉伯人有此天性，其实不然，幼时为天性，日后逐渐练习而得，非生而知之，一蹴而成；有人以为此种能力，可习成文法规而成，其实不然，皆由实地练习、经验、体会、多说、多做、多读、多看，像儿童之学国语，久练成习，自觉其得失好坏。异邦人之习阿拉伯语，亦当如是，在其环境中实感，久之养成一种审察力，优良与否，顿时可知。鉴赏力“糟格”一词，乃修辞学之借用，本指味觉，对各种食物之品味，二者有相似之处，故借用之。由此可见，一般归化之阿拉伯人，即阿拉伯语化之波斯人、罗马人、突厥人、柏柏尔人，因其对第二国语之不精不纯，故一般都无此种鉴赏力。他们大都在年长后，学习城市语，仅为交际应用，并无过高的修养。鉴赏和审美，乃高度之语言艺术，非一般大众所有，亦不从理论书中学之，必须长期亲身体验之。西伯韦、法里斯、扎木赫夏里之辈，虽非阿拉伯人，却有此种能力，而且修养极高。其血统虽为外族，但其文化教育，全为阿拉伯化，故像天生之阿拉伯人一样，深通阿拉伯语之究竟。今天城市外族，或攻阿拉伯语之外籍学生，都无如此水平。异族要想取得此种本领，必须与本国语完全绝缘，专心在阿拉伯语环境内学习始成，如此先入为主之成见始去，不用第一种语言去衡量第二种语言，这样必有超人之鉴赏力。墨守成规，空讲理论，是不行的。

第四十三章　市民不宜学习外语

学术先有城市语言才能，障碍他学习第二种语言。故许多教师主张，先教儿童语言，以免先入为主之弊。有的文法学家主张，先教儿童文法。其实不对，只能让儿童多动舌，与豁达阿拉伯语见面，文法可做帮助，光靠文法不行。城市语，最接近异族语，其根子最深，故市民不容易学穆达尔语，养成才能。比如伊非利基亚及马格里布之市民，其外族语观念最深，故完全不能学好阿拉伯文。伊本·拉基格引述一般凯鲁万著作家所写之书信，用词及文法，错误百出，读之令人喷饭。其诗作亦是如此，迄今犹然。除伊本·拉希格、伊本·夏拉夫有数几人外，伊非利基亚简直无优秀之人。安达卢西亚情况较好。历史大家伊本·哈彦为语言文学之泰斗，伊本·阿卜杜·拉比、格斯塔里等著名诗豪，代不乏人，因其有二百年之语言文学之经营。迨基督教胜，阿拉伯学术，每况愈下。后由塞卜泰塞维利亚派门徒伊本·夏拉夫及伊本·穆拉希勒，由安达卢西亚转移到伊非利基亚，因遇柏柏尔土语，故阿拉伯语已失传矣。后来出了伊本·毕西林、伊本·贾比尔、伊本·吉雅布、易卜拉欣、伊本·海推布诸位文豪，语文之学又稍有起色。主要原因，系安达卢西亚人异种语言根子不深，柏柏尔人则反之，故有两种不同情况。伍麦叶王朝及阿拔斯王朝之东方，因当时接触异种语言不多，故对阿拉伯语有良好之造诣，诗人文豪，比比皆是。如《诗歌集成》一书，其内容之丰富，文笔之流利，可以代表其时代。东方至今仍不失其传统，有些文士比蒙昧时代之诗人还更善于创作。到了德莱姆及塞尔柱帝国时代，异族专政，城市语得胜，阿拉伯语及文学遂一蹶不振。

第四十四章　诗与散文

阿拉伯语文分两种：诗与散文。诗有谱和韵脚，散文则无。二者各分许多种类和流派，非常讲究。诗分颂、讽、挽。散文有对仗排比的，有自由奔放的。后者多用于祈祷、讲演等群众场合。《古兰经》虽为散文，但无散文之性质，既不是绝对自由，又不是完全对偶，节与节有自然的段落，多样不一的韵脚，非诗非散，有二者之长，无二者之短。节尾叫"韵别"或"协韵"，既非韵脚，又非对仗。因此《古兰经》统称为"叠文"（默撒尼），首章称为"叠文七节"。《古兰经》云："安拉颁降最好之语录，相似相叠，敬畏之士，闻之战栗。"各种文章，皆有特殊之风格，不能混用。如诗歌、赞词、祷文、讲演等，不一而足。后人把诗律用于散文，除诗谱外，毫无差别。再后把诗律只用于君主演讲，东方人尤甚。他们忘掉散文之"散"，只求形式之美。这种体裁，并不适合群众场合。讲演需要亦庄亦谐、趣味横生、举例取喻、说理透彻、不嫌辞费。这些都非散文所能办到，因其受格式所限，思想不能奔放故。而且讲演需要因时制宜，或繁或简，或增或减，或明言或暗示，或假借或隐喻，皆可以凭需要取舍。故用散文做讲演，收不到预期之效果。这样作古者，多为被异种语言所操纵，讲不好流利之散文语言，不得不故意作假，扭扭捏捏，以示斯文高雅，其实令人作呕也。现代有些东方骚人墨客，为求对仗押韵，不惜破坏词法构造、句法规律，而勉强为之。绣花草包，外美内丑，何苦来着。

第四十五章　诗文兼优者少

先入为主，长于此者短于彼。语言才能亦然，被第一种才能所缠，即无力再通另一种才能。先入者比较接近天性，容易掌握。后入者因有前者排斥和抵触，故接受力差，掌握得慢，一般很难养成突出之本领。语言才能，犹如技术，对异种语言稍有根底，便永不能兼通阿拉伯语，很少例外。任何异邦人，学好本国语以后，再攻阿拉伯语，便永不能精通之。外国人跟阿拉伯人学习阿拉伯语功效大，学习一般学科功效小。因为阿拉伯语是其专长，一般学科有文字隔阂，不易透彻。语文如技能，技能不能排挤。长于此者，必短于彼。人有自满情绪，专优嗜好，好上思想，故总想一门通，不愿样样松。人有补偿心理，在这面差者，必在他方面优，以此来补偿自己之缺陷。故短于此者，必长于彼。所谓“塞翁失马，焉知非福”即此义也。

第四十六章　诗艺及习诗之道

诗为阿拉伯语言艺术之一，原文叫“士阿尔”。各种语言，皆有诗，现在只谈阿拉伯诗。各种语言，均有独特的修辞法，阿拉伯诗之修辞艺术，水平相当高，有旋律、有诗谱、有韵脚，分联句和诗篇，有褒奖、有讽喻、有吊惋，主题新颖，意境雅逸，风格不同，丰富多彩。诗戒晦涩、不协调，从爱慕到揄扬，从郊野到骑射，从颂英主到其军民，从吊唁到感动，一切吟咏，皆有联想，藕断丝连，有迹可循，前后相关，不能距离太远。诗贵含蓄，但忌阴暗。诗篇必守韵律，始终如一，不得随便改变韵脚，破坏韵谱之统一。诗韵有各种规格和法式，有音韵学专门讨论之。诗韵贵乎自然和谐，不能勉强凑合。诗家称诗律为“布侯尔”，共有十五种之多，皆天籁仙音，非人力之造作。阿拉伯人极重诗，有诗学、诗史，专门研究之，给习诗者以规范。语言是一种技术，可以习练以得。诗亦是这样，但诗首首不同，风格不一，更需才华和修养，故比较一般语言技术为难。诗家作诗，亦有技巧和程式。诗重风格、模式和造型，与语法学之表意、修辞学之结构、音韵学之韵律，迥乎不同，专靠这些，还不能为诗。诗是一种意识形态，诗在于想象、构思，给有深度之思想赋予特殊之形式，再做语言之加工、雕琢，即成为诗。诗境、诗意和诗律，为诗之要素，皆由作家创造之。诗律，犹之乎建筑师之模型，纺织家之纬板，光有这些还不行，还须有作家之匠心创作，独具心思，可以效法形式，也可以创造形式。语言艺术，各具风格，诗意皆由要求决定。语言结构亦然，无论句或非句、叙述句或祈使句、动词句或名词句、断句或连句，皆根据需要而来。诗律由作品抽象而来，可为诗人之参仿，不循规矩不能成方圆，艺术家不能完全背乎传统之法式，故诗人亦得遵守诗之戒律。习诗不能专凭修辞规律，因其为脱离语言实际之抽象公式，这是一种科学研究，一种归纳演绎，但不是活的诗，更非诗之习作秘诀。作诗无有成法，诗才只有多记、多思、多作，从作品中体会其形式，得手应心，成为自然。当然诗人不能完全抛弃语法、修辞、音韵等各种理论知识，这些都是必要条件，但不是决定条件。诗人需有才华，养成自家之风格，这除了读和写，恐怕没有什么窍门捷径。

诗之定义，言人人殊，迄无定论。音韵学家说，诗为有韵脚之语文，又不合吾人之要求。诗可以说是依靠借喻、形象化、韵脚、层次分明、互相连贯、各自独立、具有风格之优美的语言。这个定义，种、类、属，讲得清楚，划清了诗与非诗的界限。由此可见，许多作品，似诗非诗，如穆太奈比及麦阿里的作品便是，因其无具阿拉伯风格之故。我们明白了诗的本质，再来认识习作之方法。习诗条件很多，首先多背范作，由此培养诗才。读诗须经选择，不能乱读，应找自成一家风格者读之。如伊本·艾比·拉比阿、库赛耶尔、祖鲁迈、贾里尔、艾布·努瓦斯、哈比布、布赫图里、拉迪、艾布·费拉斯等伊斯兰诗人的作品。《诗歌集成》的诗，比较全面，综合了伊斯兰各个派别诗作及蒙昧时代的诗作。多读多记，如蜂采蜜，作诗如酿蜜。不读不记，即无诗可作。有人持相反意见说，不可记原作，否则受其文字和风格限制，倒不能运用自如、自由创作；其次，选择幽静环境，或水旁或花间，多听悦耳之音，使精神愉快，思路敞开，灵感四溢。作诗的时间亦很重要，最好在清晨，初醒未食，思想活跃。其次得有兴奋、热情创作欲。伊本·拉希格之诗论巨著《诗艺津梁》，为空前绝后之杰作，对作诗有详尽之论述，为诗者不得不读。他说，作诗不可勉强，灵感来时再作。应先注意全诗韵脚，能全一致即作之，否则另换韵脚，作成后韵脚即不易改动调换。写成后多修润，不到好处誓不休。诗为自己的思想结晶，匠心创作，人都热爱自己的创作，故语不惊人不搁笔，用最美之词条和结构，雕琢再雕琢。且忌晦涩难懂之词句，一个联句不可复杂之意义，致人费思难解。诗之选词，必须清晰易懂，词义相合，给读者以美感和共鸣。安达卢西亚诗人伊本·赫法贾的作品，意义拥杂，称穆太奈比及麦阿里的诗不守常规，故为诗家所诟病。诗忌赘语、废词、俚语、市语，如“火是热的”“天在上边”等，同语反复，概念游戏，俗不可耐。尤其少写人人皆听腻了的主宰、先知等宗教之事，以免俗套。诗贵优雅朴实，而忌庸俗熟套。作诗要多练，思想如奶，越挤越多，不挤即干。伊本·拉希格之书，论诗作方法甚详，有志者可取而读之。

第四十七章　习作在文不在义

不论诗或散文，习作重其文词，不重其意义。因为文词为根，义随词生。学问者唯在法乎原作之章法句读，多用多说，养成语文才能。学外语，尤当如是，只有连续实践，始能像土著人或其幼儿一样，掌握其语言。词不可造，义可造也。义在心中，人皆有之，凡有思想者，皆可自由表达心意，此无须学习也。要学者，表达之工具和方法，即语言是也。掌握语言工具，思想可尽量发挥矣。词为义之身，身不存，义亦无寄托。文如吸水之器，器分金、银、玻璃、陶瓷，但水一也。器因质量不同，文因习用不同，义理则天下皆一也。不懂章法结构、语文规格、无语言才能者，欲达意而不能，或能不佳。如瘫痪之人，欲行走而不能，因能力丧失之故。

第四十八章　强记必能文

攻文须多记，涉猎得越广，本领越精。背读哈比布、阿塔比、伊本·穆阿太兹、伊本·哈尼、夏里夫·拉迪、伊本·穆卡发、伊本·哈伦、伊本·兹耶特、白迪阿、萨比诸人的诗，比背诵伊本·塞海勒、伊本·奈比、白萨尼、伊玛德丁诸人的诗所得的才能要高，因为后者不如前者。凡有鉴赏力之批评家，率多知之。多记再加上善用，久之必养成优良之语文本领。人虽都有天赋本能，但因智力差异，天赋亦有不同，因而才能有高有低。才能可逐渐养成，诗才由记诗开始，学者多攻学术，法家多攻法学，道学家多修道，行行出状元，皆由锻炼而来。长于此者短于彼，一般法学家、文法家、信仰学家，虽亦习诗写文，但水平不高。

马林王朝作家艾布·卡西姆，给艾布·哈桑王的尚书伊本·舒阿卜读伊本·纳哈维的诗，一听即知为法学家之作品。一次余会见安达卢西亚艾赫玛尔王朝大臣伊本·海推布，其为诗坛巨擘，余谈及余不能为诗的原因，是读的一般著作太多，读的文学作品太少，其颇以为然。同时，伊斯兰诗人比蒙昧时代诗人之作品质量高，如伊本·萨比特、伊本·艾比·拉比阿、侯塔伊埃、贾里尔、法拉兹德格、努塞布、祖鲁迈、艾赫瓦斯、白夏尔等伍麦叶王朝、阿拔斯王朝初期之文豪，都比纳比额、安特拉、伊本·库勒苏姆、祖海尔、伊本·阿拜德等人造诣深。其原因是穆斯林诗人学过绝妙之天经、圣训，蒙昧时代之诗人无此修养，故前者之作品比后者艺术价值高。关于这个理由说明后，其云，“遵法甚是，应以金墨写之”。

第四十九章　诗之沿革

诗为阿拉伯学术、历史、哲理之总集，古代阿拉伯人，有地位者，多以诗为荣，以诗相争。他们利用欧卡兹市场，在大庭广众中，竞赛诗技，让权威人士，评其佳作，定其地位。好的作品，用金水写成，挂在天房的梁柱上，炫示于人，称为“悬诗”。乌姆鲁勒·盖斯、祖白雅尼、祖海尔、安塔拉、塔拉法、阿勒格迈、艾阿夏，是有名的七悬诗的作家。诗能悬挂天房，表示其在民族党众之间的地位和威信之高超。伊斯兰初期，人们忙于教务，被《古兰经》的绝异风格所吸引，后来得穆罕默德允许，始渐恢复旧观。当时古莱什族巨绅欧麦尔·本·艾比·拉比阿，在诗坛名位极高，常将其诗作呈于伊本·阿拔斯，颇蒙其奖赏。后来到王朝，文人常以诗对君主歌功颂德，佳作常受朝廷恩赐，名利双全。诗以言志，文以载道，人们在诗文中常得到文史之知识。因朝野之重视，故人皆令后辈学诗，以博扬名，而享高位。伍麦叶王朝及阿拔斯王朝初期，都是这样。《文学串珠》的作者，在论诗一篇里，记载哈里发拉希德与诗豪艾斯玛仪的夜谈，可以看出国主对诗之修养、造诣和关注。后来异族专政，人们习诗歌颂之，形成所谓宫廷诗人。如哈比布、布赫图里、穆泰纳比、伊本·哈尼之流，奴颜婢膝，阿谀奉承。诗文原来之高尚目的已失，成为投机撒谎的手段。因此，后人有志有德之君子，皆不言诗，视为下贱职业。后来情况又变，诗成为讽喻达官贵人、斥责权豪势要之工具，完成政治之企图。

第五十章　现代诗之流派

诗为语言现象，不独阿拉伯有之，各国皆有之。波斯和希腊，均出很多诗人。亚里士多德在《逻辑学》中，提及荷马，常称赞不已。古代希木叶尔，也出不少诗人。穆达尔语因与异族接触而生混乱，词条与语法，日新月异，与古语不同，形成所谓现代阿拉伯语。同时各城市又形成独立的都市语，东西各地之都市语又有不同，方言土语，一处一样，语言之变化很大。诗既离不开语文，故其词条、语法、格律，亦随时变化，因地而不同。现代阿拉伯语诗人作出《长诗集》，综述各类诗作，传抄日久，编者佚名。马格里布城市阿拉伯人，称此为“艾斯玛仪集”，以为艾斯玛仪所作所编。东方阿拉伯人，称之为“游牧诗”。他们以非音乐的方法，做出简单歌谱，以唱之，称为“胡拉尼歌”，继而这类诗歌流行于伊拉克与叙利亚边陲之胡拉尼地区，即古今阿拉伯牧民之家乡。又流传一种诗体，四行诗之前三行一韵，末一行一韵。后来之四行诗、五行诗，都是这样。现代阿拉伯人对诗学和语言学颇注意，诗相当进步，大诗人很多，鉴赏力很高，听人诗作，马上评出优劣。修辞学及语法学尤为发达，皆因诗发达之故。

安达卢西亚诗很是繁荣，后人发明一种诗体，叫“乐章”。这种诗歌分组分节，组节各为一韵，由一联句到七联句，非常讲究，因容易学，人多爱之。创兴者为安达卢西亚的伍麦叶王朝哈里发阿卜杜拉之御用诗人穆甘代姆·本·穆阿菲尔·法里勒。《文学串珠》的著者伊本·阿卜杜·拉比继之。但后人多不识之，二人之诗作流传不广。在此方面出类拔萃者，为阿巴德·甘扎兹，被称为群雄割据时代之乐章巨擘。文坛元老常说，塞维利亚常有一伙诗人聚在一堂，比赛诗技。一次，盲诗人图拉梯里，一鸣惊人，众皆敬服，伊本·白根遂败。与二人同时的有诗人艾布·伯克尔·艾卜耶杜、伊本·巴哲。有个著名故事，说伊本·巴哲一次出席萨拉戈萨王伊本·提法威特之宴会，吟其颂诗，王听之乐甚，拍案叫绝，誓以黄金铺地，请伊本·巴哲走至宫廷，后伊本·巴哲设法将金子装入靴筒，以全其誓。穆瓦希德王朝伊本·艾比·法德勒和伊布·祖海尔，都为有名之诗人。后人中伊本·赛海勒、伊本·海推布，都甚有造诣。总之，诗之美各地不同，各有风味，安达卢西亚不同于马格里布，东方不同于西方，此乃语言艺术之特色也。《古兰经》云：“天地之创造，语言、肤色不同，确为奇迹。”

伊历七七九年初秋脱稿

图书在版编目（CIP）数据

历史概论 /（突尼斯）伊本·赫勒敦著；陈克礼译.
-- 北京：华文出版社，2017.7（2022.8 重印）
ISBN 978-7-5075-4723-8
Ⅰ.①历… Ⅱ.①伊… ②陈… Ⅲ.①中东 – 历史
Ⅳ.①K372.0

中国版本图书馆CIP数据核字（2017）第171647号

历史概论

LISHI GAILUN

著　　者：〔突尼斯〕伊本·赫勒敦
译　　者：陈克礼
策　　划：杨　平
责任编辑：杨　宁　郭俊萍
特邀编辑：王　芳　陶　鹰
出版发行：華文出版社
社　　址：北京市西城区广外大街305号8区2号楼
邮政编码：100055
网　　址：http://www.hwcbs.cn
电子信箱：silkroadlibrary@qq.com
电　　话：总编室 010-58336239　发行部 010-58336267
　　　　　责任编辑 010-58336254
经　　销：新华书店
印　　刷：北京画中画印刷有限公司
开　　本：710×1000　1/16
印　　张：26.75
字　　数：220 千字
版　　次：2017 年 7 月第 1 版
印　　次：2022 年 8 月第 3 次印刷
标准书号：ISBN 978-7-5075-4723-8
定　　价：68.00 元